표준당구전과
ⓒ김성현 Printed in Seoul
2021년 06월 23일 초판 발행

지은이 | 김성현
발행인 | 박찬우
편집·디자인 | 김성현
편집진 | 빌리어드 프로선수_도경호·강승묵·조정호·탄도
교재 노트 총정리 | 김성현
펴낸 곳 | 파랑새미디어

등록번호 | 제313-2006-000085호
서울특별시 마포구 서교동 357-1 서교프라자 318
전화 | 02-333-8311
팩스 | 02-333-8326
메일 | adam3838@naver.com

가격 23,000원
979-11-5721-154-8 (13690)

표준 당구전과

3쿠션에 꼭 필요한 시스템 / 유튜버 선생님 핵심 강의 총정리

**당구뽀개기TV / 샤넬마스터 / 탄도 / 숭그리당당
Youtube 영상강의** 와 **교재 QR코드 연결**

파랑새미디어
BLUE BIRD MEDIA

3쿠션은 설계이다
쉬운 공은 실수 없이 안정적으로 / 어려운 공은 창조적으로

CHAPTER 01 3쿠션 기본 정리
- 자세, 브릿지 체크포인트   001
- 두께 훈련 도구 사용   007
- 기울기 측정 기준   009
- 스트로크의 기본 개념   010
- 공의 무게편 / 무겁게, 가볍게   011

CHAPTER 02 옆돌리기
- 옆 돌리기 볼 시스템   015
- 무회전 옆 돌리기 라인   019
- 쿠션에 붙어 있는 엇각 옆 돌리기   023
- 쿠션에 붙어 있는 옆 돌리기 끌어치기   028
- 옆 돌리기 10.5시스템   031

CHAPTER 03 앞돌리기
- 무회전 앞 돌리기 라인   034
- 앞 돌리기 1팁 시스템   038
- 앞 돌리기 짧게 포지션 플레이   041
- 엇각 앞돌리기 ×8 시스템   044

CHAPTER 04 뒤돌려치기
- 엇각 뒤돌려치기   047
- 짧은 뒤돌려치기   052
- 뒤돌려 치기 포지션 플레이   054
- −10 뒤돌려 치기 시스템   059

CHAPTER 05 비껴치기
- 일출 일몰 시스템   062
- 기울기 이용한 단·장·단 비껴치기   066
- 비껴치기 단·장·단 사우스 시스템   071
- 맥시멈 비껴치기 대회전 시스템   074
- 짱꼴라 볼 시스템   080

CHAPTER 06 되돌아오기
- 볼 퍼스트 더블레일(접시)   084
- 되돌아오기 더블레일   087
- 되돌아오기 16/20시스템   089

CHAPTER 07 플러스 시스템
- 플러스 시스템 1편   092
- 긴각 플러스 시스템 2편   094
- 15 플러스 시스템 3편   096

시스템이론도 중요하지만, 시스템이 요구하는 스트록을 정확히 구사하자 !!!

CHAPTER 08 볼 퍼스트 리버스시스템
- 리버스 믿고 치세요 — 099

CHAPTER 09 더블횡단
- 3단 횡단 샷 더블 쿠션 — 101

CHAPTER 10 원뱅크 구멍 넣어치기
- 장축 원뱅크 넣어치기 — 107
- 단축 원뱅크 넣어치기 — 111

CHAPTER 11 플레이트 샷
- 단축 역회전 원뱅크 시스템 — 115
- 장축 역회전 원뱅크 시스템 — 117

CHAPTER 12 바운딩[스네이크 샷]
- 바운딩 스네이크 샷 1편 — 120
- 바운딩 스네이크 샷 2편 — 122

CHAPTER 13 무회전 코너 시스템
- 무회전 코너 시스템 — 123

CHAPTER 14 무회전 쓰리뱅크 시스템
- 클레이 사격 / 장축출발 무회전 시스템 — 126
- 무회전 장단장(뉴욕 바비 시스템) — 128

CHAPTER 15 파이브앤하프 시스템
- 50라인의 비밀 1편 — 133
- 50라인의 비밀 2편 — 138
- 45라인 마스터 — 141
- 40라인 마스터 — 146
- 35라인 마스터 — 151
- 30라인 마스터 — 156
- 25라인 마스터 — 159
- 60라인 마스터 — 164
- 65라인 마스터 — 167
- 70라인 마스터 — 170
- 파이브앤하프 대회전 뱅크샷 — 172
- 맥시멈 5시스템 — 175
- 35와 1/2시스템 조이의 짧은 각 — 177

3쿠션은 설계이다 쉬운 공은 실수 없이 안정적으로 / 어려운 공은 창조적으로

Prologue

표준당구전과 교재를 집필한 필자는 여타 당구교재 저자와 달리 당구프로선수가 아닙니다. 그렇다고 당구를 굉장히 잘 치는 사람도 아닙니다. 그렇지만, 당구에 대한 열정만큼은 두 번째라면 서러울 정도로 당구에 심취되어 있는 사람 중에 한 사람입니다.

당구라는 스포츠를 대학교 1학년 때 처음 접하고 올해로 24년차입니다. 학창시절에는 100점에서 시작하여 직장생활을 할 때 쯤에는 200점을 치게 되었습니다. 당구를 치는 동호회원들이라면 대다수가 이정도의 구력을 갖고 있으실 거라 생각합니다.

2012년에는 방송업무를 하면서도 당구라는 스포츠에 매력을 더 갖게 되어 회사 앞에 부업으로 당구클럽을 운영하게 되었습니다. 아침 9시에 회사에 출근하고 6시 퇴근하면 저녁도 안 먹고 바로 당구장에 출근하고, 그곳에서 손님들과 식사도 하고 당구장에서 흔하게 볼 수 있는 모습, 짜장면 내기 당구도 치고, 그렇게 손님들과 당구를 즐기면서 새벽 2~3시에 영업을 마치고 다음날 9시에는 어김없이 방송국에 출근을 하고, 이런 반복된 생활을 3년을 하게 되었습니다.

3년 동안 이렇게 당구장을 운영하면서 열심히 당구를 치면 아마도 필자는 1000점 이상의 실력을 갖출 것이라고 구독자분들은 생각하실 수 있겠습니다. 그러나 여기서 중요한 사실이 있습니다. 그렇게 열심히 쳤지만 실력은 300수준밖에 되지 않았습니다. 아마도 당구를 저보다 더 오랜 기간을 치신 선배님들 역시 당구 점수가 그다지 높지 않다는 것을 알게 됩니다. 모든 스포츠가 그렇듯, 전문적으로 실력을 향상시키기 위해서는 아무런 상식도 없이 혼자서 연습하는 게 아니라, 훌륭한 스승님을 만나야만 가능하다는 것은 누구나 알고 있을거라 생각합니다.

그렇게 당구에 대한 실력이 정체되고 있을 때 쯤, 손님 중에 한 분이 당구에는 공의 득점 확률을 높일 수 있는 시스템이란 것이 있다며 파인앤하프시스템, 플러스 시스템, 기타 여러 가지 시스템을 저에게 알려주었습니다.

시스템이론도 중요하지만, 시스템이 요구하는 스트록을 정확히 구사하자 !!!

　그래서 필자는 좀 더 나아가 당구 시스템을 인터넷으로 검색해보니 이미 많은 동영상 강좌가 있다는 것을 확인하게 되었습니다. 그중에 양귀문 선생님, 김종석 선생님 동영상 강의가 가장 이해하기 쉽게 정리된 것을 알게 되면서 디자인을 전공한 필자는 그 동영상 강의를 정리해서 책을 한번 써봐야겠다는 결심 하고 20페이지 정도의 분량을 쓰게 되었습니다. 그리고는 서점에 방문하여 시중에 나와 있는 책들을 살펴보게 되었는데, 한 가지 문제를 발견하게 되었습니다. 대다수의 당구서적의 저자는 상당한 당구 실력과 현직 당구 프로선수들밖에 없었습니다.
　당구선수도 아니고 그렇다고 상당한 실력을 갖추지 못한 저로써는 프로필에 내세울 거 하나 없는 그냥 초라한 당구장클럽 사장이라는 타이틀, 하나밖에 없었던 것이었습니다. 그렇게 당구 교재를 집필하려고 했던 열정은 결국 포기라는 상황으로 가게 되었습니다.

　그때쯤 새로운 사업에 눈을 뜨게 되어 당구장을 폐업하고 직장생활도 그만두면서 5년이란 시간 동안 새로운 사업에 거창한 꿈을 갖고 도전을 하게 되었습니다. 그런데, 사업이란 것이 결코 생각했던 것만큼 순탄하지는 않았습니다. 자본력, 인맥, 시대가 요구하는 아이템, 그리고 행운 이 모든 요소들이 하나로 어우러져야 사업의 성공을 이룰 수 있는데, 늘 몇 % 부족함으로 인해 사업실패의 쓰라린 경험을 하고 몸과 마음의 상처가 너무나 커지면서 이대로 살다간 "죽겠다"는 생각까지 들 정도로 힘들었던 상황에 이르렀습니다.

　40세 불혹(사물의 이치를 터득하고 세상 일에 흔들리지 않는 나이)의 나이에 이르면서 필자는 이제부터는 안정적으로 인생을 다시 시작하고 허황된 돈 욕심, 꿈을 꾸는 것보다는 좀 더 현실적이고 치밀한 계획으로 "더 이상의 실패는 없다!!!" 라는 굳은 다짐을 하게 되었습니다.
　코로나라는 어려운 상황에서 다시 한 번 시련이 생겼지만 코로나 상황에 이겨낼 수 있는 상황으로 갈 수 있도록 직장과 여러 가지 노후준비를 위한 계획들을 생각하게 되었습니다.

3쿠션은 **설계**이다   쉬운 공은 실수 없이 **안정적으로** / 어려운 공은 **창조적으로**

그런데 2020년 12월에는 코로나 위험 3단계 격상으로 골목상권들이 문을 닫게 되면서 그렇게 좋아하는 당구를 치지 못하는 상황이 되자, 유튜브 당구 강의들을 접하게 되었고 새로운 사실을 깨닫게 되었습니다. 유튜브 강의를 하는 선생님들이 모두 당구 프로선수는 아니지만, 나름 알고 있는 당구이론과 실전을 알려주는 유튜브 영상들이 굉장히 많았습니다.

"이 많은 영상들 중에 정말 실전에 필요한 시스템과 방법들을 총정리한 책이 있으면 얼마나 좋을까?" 그리고 그 책을 좀 더 이해하기 쉽게 이 강의 영상과 하나의 세트가 되어서 연결하면 어떨까? 교제의 각 챕터마다 영상을 연결해주는 QR코드가 있으면 어떨까?" 라는 당구교재를 구상하게 되었습니다.

그러면서 5년 전에 당구교재 집필을 포기했던 것을 다시 한번 도전하는 계기가 되었습니다. 나의 실력은 많이 부족하지만, 현 유튜브 선생님 세분을 섭외하고 그 세분의 유튜브 강의 중에 최고의 장점들만 정리한 책을 한 번 써 봐야겠다는 생각을 하게 되었습니다.

매일 영상 강의를 시청을 하고 10분 강의 내용 이미지를 제작하고 제작된 이미지를 설명하는 것을 기본으로하여 2~3장으로 간단하게 정리를 하였습니다. 그리고 정리된 교재를 바탕으로 시험타구를 평균 3시간씩 연습하였습니다. 시타를 하는 동안 당구를 이해하게 되었으며, 시스템이 요구하는 스트록이 존재 한다는 것을 알게 되었습니다. 코로나 2단계 하향되면서 당구 클럽이 다시 open을 하게 되었고, 당구클럽에서 그동안 교재를 쓰고 시험타구를 했던 덕택인지, 나도 모르게 당구실력이 엄청나게 늘었다는 것을 확인하게 되었습니다. 두달 전 국제식 대대의 점수가 20점 평균 에버리지 0.4초반의 실력이었지만, 두달 동안 교재를 쓰면서 시타를 열심히 한 결과 평균 에버리지 0.5~0.6사이를 기록하게 되었고, 공이 잘 맞는 날은 1.0을 넘기는 경우도 몇 번 반복이 되어서, 대대 점수를 24점으로 올리게 되었습니다.

시스템이론도 중요하지만, 시스템이 요구하는 스트록을 정확히 구사하자 !!!

   대대를 치는 동호인이라면 2달 만에 이렇게 20점에서 24점으로 올리는 것이 얼마나 많은 성장을 했는지를 아실 거라 생각합니다.

   모든 스포츠가 그렇듯이 자세가 정말 중요합니다. 선수가 되기 위해서는 올바른 자세를 유지하고 피 땀흘린 노력 끝에 몸이 자연스럽게 반응을 하고 좋은 결과를 내곤 합니다. 그런데, 당구라는 스포츠는 몇 가지 다른 점이 있습니다. 당구 테이블에 배치된 공은 항상 똑같이 배치되지는 않습니다. 공이 배치가 수십 만 가지로 다양하게 배치됩니다. 당구를 치는 사람 으로써 이런 공들을 쉽게 치는 방법도 사람마다 선택폭이 엄청나게 다릅니다.

   결국 필자가 느끼는 것은 당구를 칠 때에는 '결' 이라는 것이 있다는 걸 알게 되었습니다. 여기 안성에서 서울로 갈 때 추천도로? 무료도로? 우선도로? 를 내비게이션에서 선택을 하고 이동하는 것 처럼, 당구를 칠 때에는 이런 공은 어떤 방법으로 해결하면 실수를 줄이고 득점 확률을 높일 수 있는지? 그리고 득점을 하면서 다음 타구에도 쉽게 칠 수 있는 즉, 포지션을 할 수 있는지를? 아니면 이 공을 칠 때 실패하더라도 상대방 선수에게 난구를 주어 디펜스를 할 수 있는지를? 이 모든 것을 선수들은 생각하고 설계하여 자세를 취하고 공을 칩니다.
   그런데, 매순간 이 모든 것들을 생각하고 설계하기에는 너무나 머리도 아프고 힘듭니다. 그래서 같은 공을 수십 번, 아니 수 백 번의 연습을 하고 그 공에 대해서는 내가 완전히 이해를 해서 이 공은 그냥 "내공" 이다. 라는 생각이 들때까지 연습을 합니다.
   표준당구전과는 감각적으로 치는 공에 대한 교재는 아닙니다. 위에서 말씀드렸듯이 당구공이 지나가는 편한 길, 즉 '결'을 이해하고, 그 결을 이해해서 당구를 좀 더 쉽고, 확률을 높게 칠 수 있는 방법에 대한 안내서입니다.

3쿠션은 설계이다   쉬운 공은 실수 없이 안정적으로 / 어려운 공은 창조적으로

몇 달 전 빌리어드 TV방송에서 어떤 해설자의 명언 한 구절이 내 머릿속을 항상 맴돌게 하였습니다. "설계가 중요한가? 감각이 중요한가? 선수들은 강한 스트록, 화려한 플레이보다 상대가 쉬운 공을 어떻게 안정적으로 치고 포지션을 하는지에 위축이 된다. 누가 봐도 쉬운 공을 어떻게 치느냐에 따라 경기 결과 승패가 갈린다!!" 해설자의 이 말한 마디가 당구라는 스포츠의 모든 것을 대표하는 명언처럼 와 닿았습니다.

그래서 필자는 표준당구전과를 집필하면서 한 가지 기준을 제시하고자 합니다. 테이블 위에 다양하게 배치되는 공들 중에, 이 공을 쉽게 득점을 하고 다음 공을 포지셔닝하기 위해서는 가장 적합한 시스템과 그에 맞는 스트록이 엄연히 존재합니다. 그런 시스템과 스트록을 정확히 알기 위해서, 실력을 향상시키기 위해서는 본 교재의 내용으로 충분히 연습하는 것이 매우 중요하다고 생각합니다.

본 교재는 대대에 입문하는 초심자와 당구를 처음 접하는 하점자가 쉽게 이해하고 칠 수 있는 시스템을 순차적으로 정리 하였습니다. 교재를 읽다가 정말 이해가 안 되었을 때, 교재를 강의한 영상을 핸드폰에 QR코드를 인식하게 하여, 영상으로 시청을 하시면 학습의 효과가 더욱 효율적이라 확신 합니다.

빌포드(빌리어드+스포이드 : 당구의 핵심 기술을 스포이드로 쭉 뽑아서 흡수시킨다는 의미)저자는 이 교재가 당구를 사랑하는 국내 모든 동호회원 분들이 실력향상에 크게 이바지할 수 있을 거라는 기대감에 보람을 느낍니다.

이 교재가 완성되기까지 훌륭한 강의를 해주신, 당구뽀개기 도경호 프로님, 숭그리당당에 강승묵 프로님, 조정호 프로님, 빌마트 고영건 대표님, 샤넬마스터님, 탄도프로님과 이 교재를 완성하기까지 아낌없는 관심을 갖고 지원해주신 김성만 님께 다시 한번 감사의 말씀을 드립니다.

빌포드 김성현

우등상장

제 1 학년 4 반
이름 김 성 현

이사람은 당구유튜브 강의를
꾸준히 시청하고
노트필기를 열심히 해서 2개월동안
대대 점수 4점을 올려서
다른사람의 모범이 되므로 이 상장을 줌

2021년 6월 10일

대한당구연맹학교장

유튜버 선생님 1대 1 맞춤식 레슨강의

당구뽀개기 TV **도경호 프로**

[약력] 현 인천 당구연맹 선수
전문 스포츠 지도사 자격증[문체부인정]
생활 스포츠 지도사 자격증[문체부인정]
현 인천 당구 아카데미 원장

[문의] 카카오톡 오픈채팅 "당구뽀개기 TV"

[주소] 인천시 부평구 길주로 505 우진빌딩 3층

숭그리당당 **강숭묵 프로**

[약력] 현 경기 당구연맹 선수

[문의] 카카오톡 오픈채팅

"숭그리당당의 탄당구"

[주소] 안양시 동안구 관양동 1420-39 3층

유튜버 선생님 1대 1 맞춤식 레슨강의

숭그리당당 **조정호 프로**

[약력] 현 경기 당구연맹 선수

[문의] 카카오톡 오픈채팅

　　　"숭그리당당의 탄당구"

[주소] 안양시 동안구 관양동 1420-39 3층

샤넬마스터 **탄도 프로**

[약력] 현 PBA

[문의] 카카오톡 오픈채팅

　　　"탄도연습실"

[주소] 경기 화성시 반송동

1 chapter 자세, 브릿지 체크포인트

주변 김성현
반장 김수진

1) 자세 키포인트 :
자세가 모양에 따라 좋다, 나쁘다 표현하기보다는 제 기준에서는
큐가 일자로 나갈 수 있는 자세인지?
일자로 나갈 수 없는 자세인지?
큐가 일자로 나갈 수 없는 자세는 안 좋은 자세입니다.
큐가 일자로 나갈 수 있는 자세가 좋은 자세입니다.
평소에 자세가 맞는지 확인할 수 있는 체크포인트를 만들면 좋습니다.
1. 큐가 내 오른발 등 위에 걸려 있는지?
2. 큐선이 내 오른쪽(주안시) 눈 밑에 와 있는지?
3. 그립을 어디를 잡고 있는지?
4. 내 브릿지가 어떤 모양인지? 당구가 안되실 때 한 번씩 확인을 해주시면
   심리적으로도 안정을 찾을 수 있습니다. 자세에 큰 변화를 일으키지
   않을 수 있는 좋은 방법이 될 수 있습니다.

▶YouTube 자세, 브릿지를 배워봅시다. 성현

▶유튜브에서 자세, 브릿지를 배워봅시다. 검색 또는 좌측에
QR코드를 통해서 배우실 수 있습니다.

자세 1번 ~ 2번

▶큐를 테이블 위에 일직선으로 올려놓습니다. ▶큐를 대략 30~40센티
떨어져서 정면으로 바라보고 ▶오른발 등이 큐 밑으로 자세를 취하고
▶오른발을 왼쪽으로 45도 꺾어주시고, 왼발은 60도 꺾어줍니다.

3쿠션은 설계이다
쉬운 공은 실수 없이 안정적으로 / 어려운 공은 창조적으로

3쿠션에 꼭 필요한 시스템 유튜브 핵심 강의 총정리  빌·포드

탄도 Tip — 자세 3번 ~ 4번

▶ 처음에는 큐를 정면으로 바라봤지만 지금은 큐를 대각선으로 바라보게 됩니다. 이 상태에서 고개만 정면으로 돌립니다.
이 자세에서 브릿지만 배워 보도록 하겠습니다.

탄도 Tip — 브릿지 5번 ~ 6번

▶ 브릿지는 주먹을 쥔 상태로 엄지손가락을 검지와 중지 사이에 놓습니다. 새끼손가락 있는 면을 바닥에 올려놓습니다.

3쿠션은 설계이다
쉬운 공은 실수 없이 안정적으로 / 어려운 공은 창조적으로

탄도 Tip — 브릿지 7번 ~ 8번

▶ 새끼손가락은 정면으로 향해 펴줍니다. 약지는 새끼손가락 기준 45도 선상에 펴줍니다.

탄도 Tip — 브릿지 9번 ~ 10번

▶ 중지는 새끼손가락 기준 90도 정도 펴줍니다. 삼각형이 됩니다. 검지만 엄지의 지문에 닿도록 합니다. 손가락이 긴 분들은 엄지로 접으셔도 됩니다.

3쿠션은 설계이다
쉬운 공은 실수 없이 안정적으로 / 어려운 공은 창조적으로

탄도 Tip — 브릿지 11번 ~ 12번

▶ 브릿지에서 가장 중요한 것은 **중지의 가운데(2번째) 마디와 엄지의 마디가 항상 붙어 있어야 합니다.** 이 두 개가 떨어지면 브릿지가 견고하지 못하게 됩니다. (스탠딩 브릿지), 손이 작으신 분들은 세 손가락을 모아서 높이를 잡아주는 것이 편합니다. 이 상태에서도 무조건 엄지와 중지의 가운데 마디는 붙어있게 하셔야 합니다.

탄도 Tip — 브릿지 13번 ~ 14번

▶ 상단 당점으로 치실 때에는 세워주시면 되고, 하단 당점으로 치실 때에는 엄지손가락을 내려서 쭈욱 펴주시면 용이합니다.

3쿠션은 설계이다
쉬운 공은 실수 없이 안정적으로 / 어려운 공은 창조적으로

탄도 Tip — 자세, 브릿지 15번 ~ 16번

▶ 앞에서 배운 자세에 브릿지를 체결하시고, 그대로 엎드립니다. 그러면 내 몸은 대각을 바라보고 있지만, 고개만 정면을 바라보는 자세가 됩니다. 밸런스는 왼쪽 발에 6~7 오른발에 3~4 무게 중심을 잡아줍니다.

탄도 Tip — 자세, 브릿지 17번 ~ 18번

▶ 브릿지 앞으로 나오는 **큐의 길이는 10~15cm** 정도(배치에 따라 달라집니다.) **팔꿈치의 각도는 90도**가 좋습니다. **허리와 큐사이의 공간은 주먹 1~2개 정도의 공간.** 너무 떨어져 있으면 정확성이 떨어집니다. 원하는 당점을 못 맞출 가능성이 있고, 너무 붙어있으면 스트록이 걸려서 잘 안 나가게 됩니다.

3쿠션은 설계이다
쉬운 공은 실수 없이 안정적으로 / 어려운 공은 창조적으로

탄도 Tip — 자세, 브릿지 19번 ~ 20번

▶ 오른손 그립은 다 붙지만, 날계란을 쥐듯이 계란이 깨지지 않게 힘이 들어가면 안됩니다. 손목에 힘이 들어갔을 때 흔들리지 않습니다. 손목이 흔들려야 됩니다. 손목에 힘이 들어가면 안 됩니다. 이 부분이 가장 중요합니다. 그런데 큐가 풀리면 안 되니까 그립이 손에 닿기는 해야 합니다.

탄도 Tip — 자세, 브릿지 21번 ~ 22번

▶ 정면에서 봤을 때 오른쪽 어깨가 안 보입니다. 뒤에 어깨가 보이면 큐가 일자로 나가는 게 불편할 수가 있습니다. 큐가 안으로 들어갈 확률이 큽니다. 평소에 자세가 맞는지 확인할 수 있는 체크포인트를 만들면 좋습니다. 큐가 일자로 나가는 것을 가장 중요하게 생각합니다.
1. 큐가 내 오른발 등 위에 걸려 있는지?
2. 큐선이 내 오른쪽(주안시)눈 밑에 와 있는지?
3. 그립을 어디를 잡고 있는지?
4. 내 브릿지가 어떤 모양인지? 당구가 안되실 때 한 번씩 확인을 해주시면 심리적으로도 안정을 찾을 수 있습니다. 자세에 큰 변화를 일으키지 않을 수 있는 좋은 방법이 될 수 있습니다.

3쿠션은 설계이다
쉬운 공은 실수 없이 안정적으로 / 어려운 공은 창조적으로

chapter 1 두께 훈련 도구사용

▶ 다음 페이지에 있는 당구공 크기 61.5mm 24개의 1목적구 이미지를 활용해서 연습하시길 바랍니다.

▶ 초구 배치 지점인 2포인트 라인 끝에 초크를 올려 놓습니다.

▶ 라인 밑에 종이로 만든 1목적구 끝을 라인 선에 올려놓고 붙입니다.

▶ 1목적구 끝을 라인선에서 1/16지점 ~ 4/8지점까지 움직이면서 초크를 향해 겨냥하시고 공을 치시면 두께에 대한 감각이 생깁니다.

▶ 유튜브에서 **10분 투자하시고 두께 잡으세요.** 검색 또는 좌측에 **QR코드**를 통해서 배우실 수 있습니다.

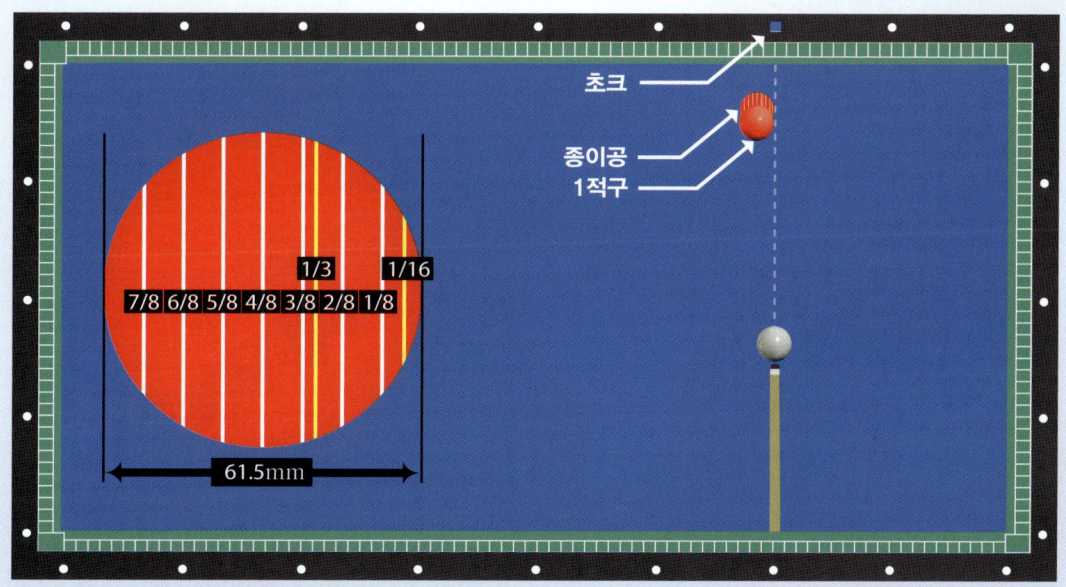

3쿠션은 설계이다
쉬운 공은 실수 없이 안정적으로 / 어려운 공은 창조적으로

3구 공 크기 61.5mm 61.5÷8등분 = 7.6875mm 약 = 7.7mm(1등분)
제작된 두께 연습 공입니다. 가위로 자르셔서 사용하세요

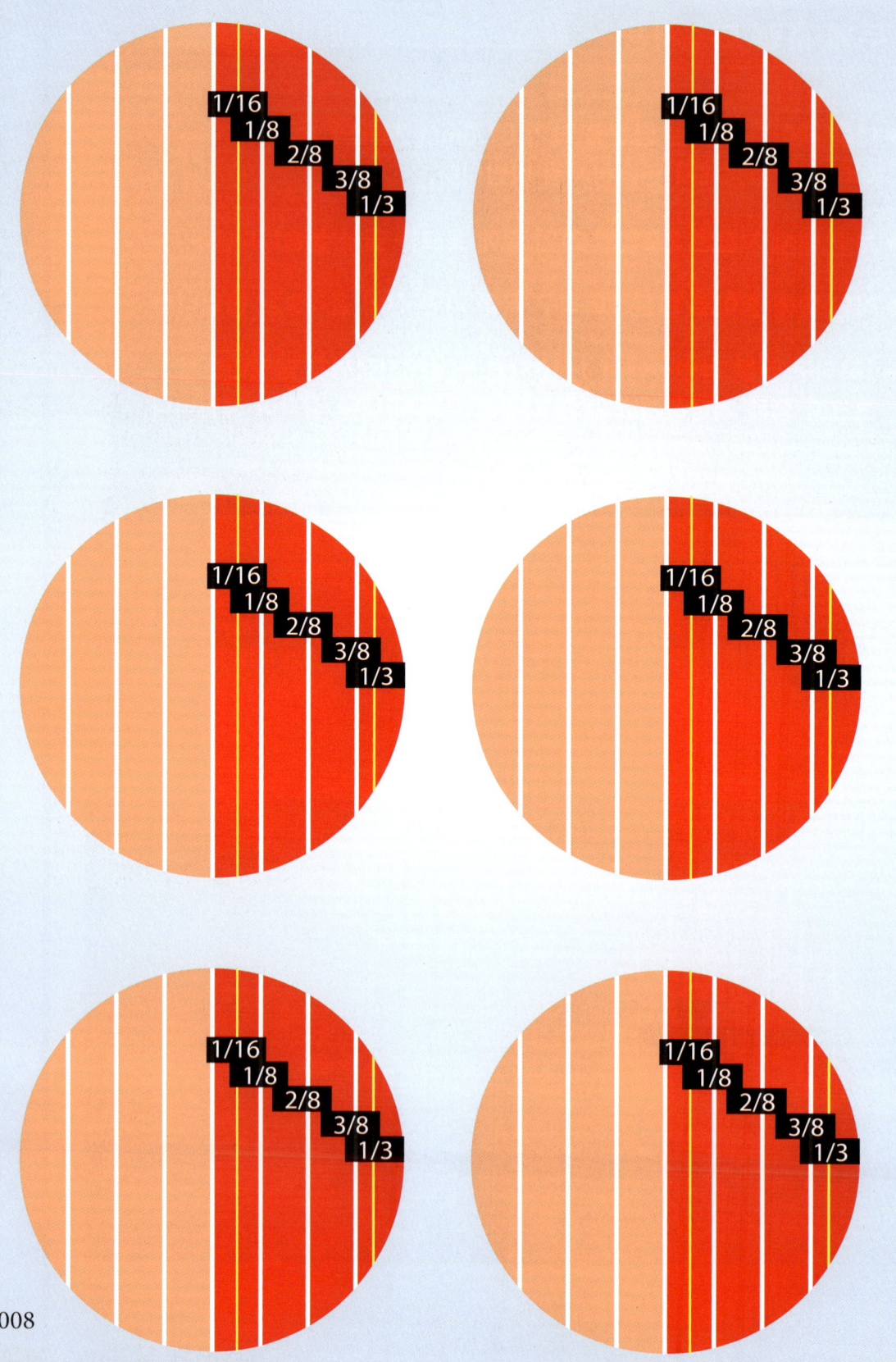

당구 뽀개기 Tip

① 기울기 측정 기준

▶ 흰 색선:**기울기 1** 빨강 선:**기울기 2** 노랑 선:**기울기 3** 파랑 선:**기울기 4**
　수구와 1적구 연결선이 프레임 포인트에 연결했을 때 다음과 같은 배치

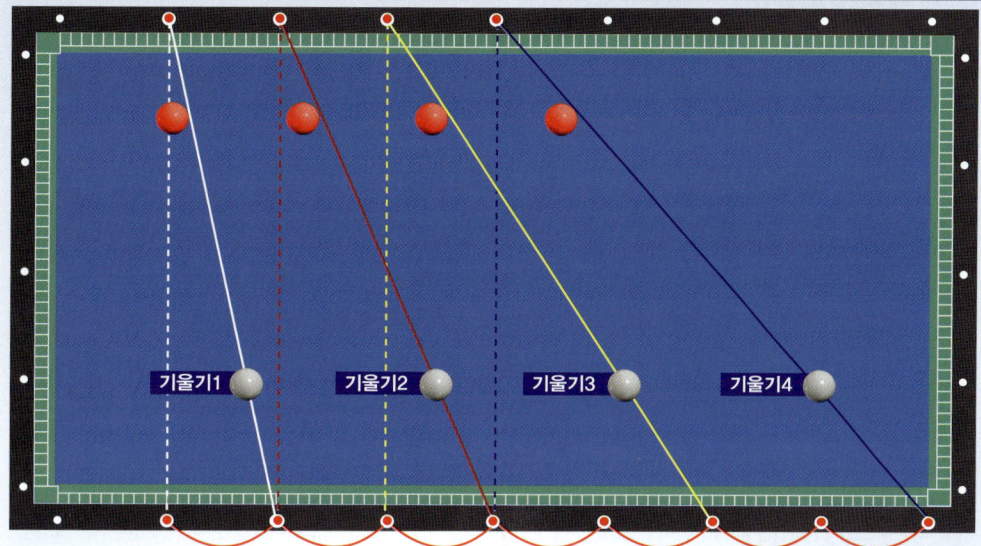

▶ 유튜브에서 검색 또는 좌측에 QR코드를 통해서 책 내용을 자세히 배우실 수 있습니다.

당구 뽀개기 Tip

② 3등분 당점과 4등분 당점 비교

▶ **3등분 당점**에서는 0회전 1회전 2회전 3회전 기준으로 0팁 1팁 2팁 3팁
▶ **4등분 당점**에서는 0회전 1회전 2회전 3회전 4회전 기준으로
　0팁 1팁 2팁 3팁

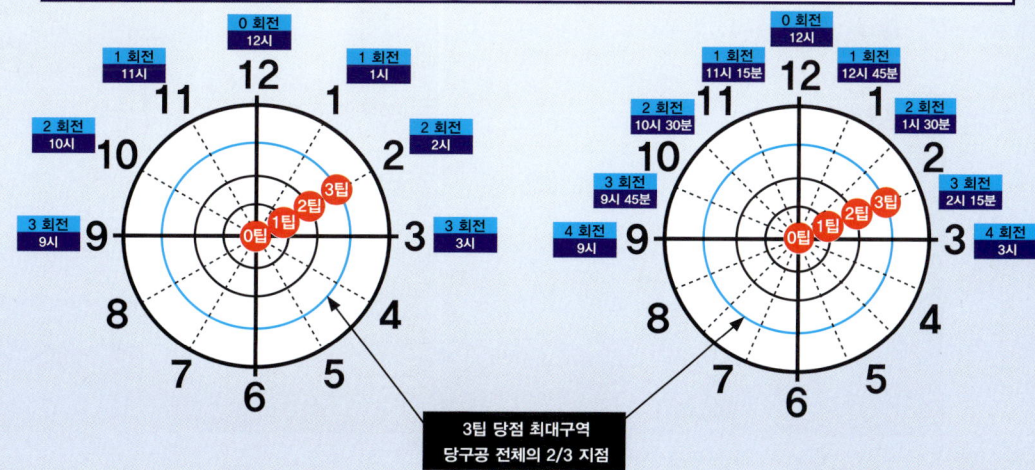

3팁 당점 최대구역
당구공 전체의 2/3 지점

3쿠션은 설계이다
쉬운 공은 실수 없이 안정적으로 / 어려운 공은 창조적으로

스트로크의 기본 개념

1 chapter 스트로크의 기본 개념

1) 가장 기본적인 스트로크 하는 방법 :
기본 스트로크가 가능한 많은 배치를 해결하는 것이 좋다고 생각합니다.
임팩트 타이밍을 찾는 것이라고 표현을 할 수도 있습니다.
당구 치는 것을 제외하고 라켓을 이용한 모든 스포츠, 테니스, 탁구, 등의 도구를 사용하는 운동들을 봤을 때 백스윙이 전진 스윙 보다 빠른 것은 하나도 없습니다.
백스윙이 빠를수록 빨리 가는 물체를 멈추었다가 앞으로 가야 하니까 힘이 두 배로 듭니다.
새총을 쏘는 이미지를 생각합니다. 새총을 쏠 때 쭈~욱 탕!! 이것을 당구 스트록에 대입을 하는 것입니다.   이 방법이 회전력과 전진력을 잘 살릴 수 있는 좋은 방법이라 생각합니다.

▶ YouTube 당구 레슨 2 스트로크의 기본 개념

▶ 유튜브에서 **당구 레슨 2 스트로크의 기본 개념** 검색 또는 좌측에 **QR코드**를 통해서 배우실 수 있습니다.

탄도 Tip — 탄도 스트로크

▶ 예비 스트로크 횟수를 루틴화 시켜 봅니다. 하나, 둘, 셋, 쭈~욱, 탕!!
프로선수들도 멈춰서 잘 치는 사람이 많아요. 저는 멈추는 것까지 사용 안 하는데 **뒤로 가는 속도가 느리게 합니다.**
특별한 배치를 제외하고 **손목에 힘이 많이 들어가면 좋지 않습니다.**
손목에 힘이 많이 들어가신 분들은 대부분 임팩트가 너무 강합니다.
수구 경로(거리)와 큐가 나가는 길이는 비례합니다.

3쿠션은 설계이다
쉬운 공은 실수 없이 안정적으로 / 어려운 공은 창조적으로

공의 무게 편 무겁게 가볍게

1) 가볍게 치는 요소 : ㄱ. 그립의 악력을 풀어준다.
ㄴ. 당구공 그려놓고 그 안에 500원짜리 동전이 있다고 생각하고 테두리의 밖을 치면 수구의 힘이 많이 빠진다.

2) 무겁게 치는 요소 : ㄱ. 그립의 악력이 살짝 들어간 느낌
ㄴ. 당구공 중심부를 타격할수록 직진성이 강해짐

3) 공의 성질 : 분리각과 연관이 많다

 ▶ YouTube  공의 무게 편 무겁게 가볍게

▶ 유튜브에서 **공의 무게 편 무겁게 가볍게** 검색 또는 좌측에 **QR코드**를 통해서 배우실 수 있습니다.

탄도 Tip ①. 공의 무게 가볍게 치는 빗겨 치기 짧게

▶ 얇은 두께로 강제로 가져가야 하는 배치, **가볍게 치면 첫 번째 공을 맞았을 때 분리각이 커지고 힘이 없으므로** 전진력이 약하고 퍼지는 현상을 보여줍니다.

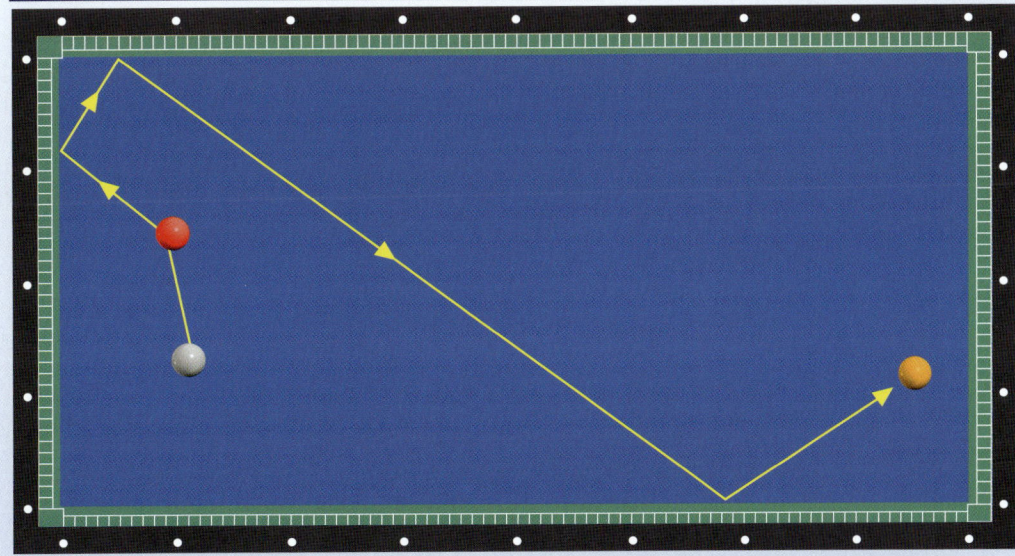

3쿠션은 설계이다
쉬운 공은 실수 없이 안정적으로 / 어려운 공은 창조적으로

3쿠션에 꼭 필요한 시스템 유튜브 핵심 강의 총정리

탄도 Tip ②. 공의 무게 가볍게 치는 뒤돌리기 길게 빠지는 위치

▶수구가 1목적구보다 공반 개 정도 올라온 경우 편하게 똑같은 당점으로 안밀리게 치시려면 내공이 가볍다면 분리각이 편해져서 득점이 유리합니다.
가볍게 던져놓으면 힘이 없기 때문에 마지막에서 많이 꺾이면서 득점이 됩니다.
경쾌하고 밝은 소리가 나옵니다.

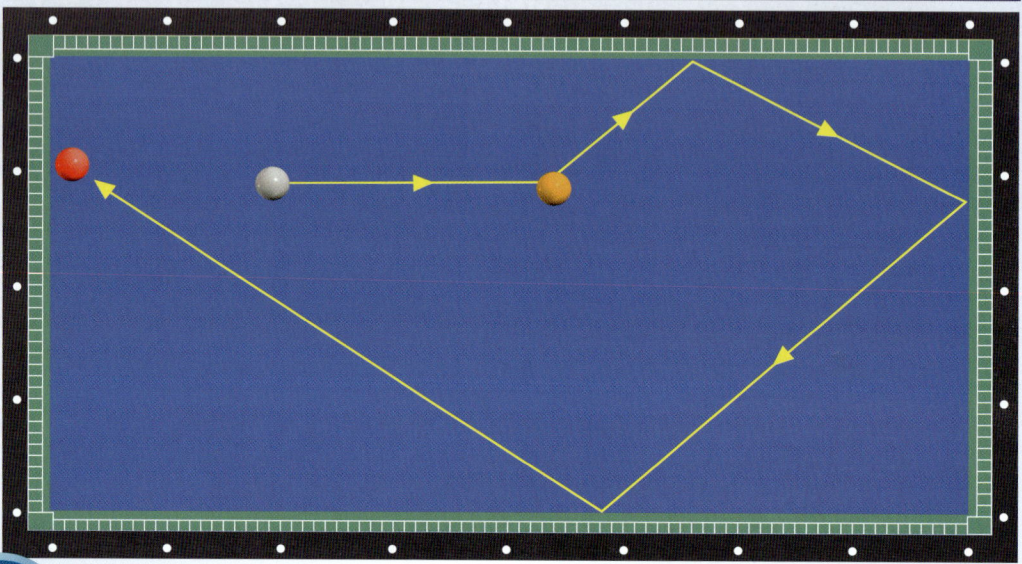

탄도 Tip ③. 공의 무게 가볍게 치는 앞돌리기 짧게

▶회전을 많이 사용하게 되면 두께 맞추기가 어렵다. 회전은 그대로 2팁을 사용하고 1포인트(플러스 시스템에서 30라인)으로 가볍게 언혀 놓아도 충분히 분리가 쉽게 됩니다. 1적구의 제어가 정말 쉬워지고, 적구의 움직임을 최소화 하면서 다음 배치도 예상 가능합니다.

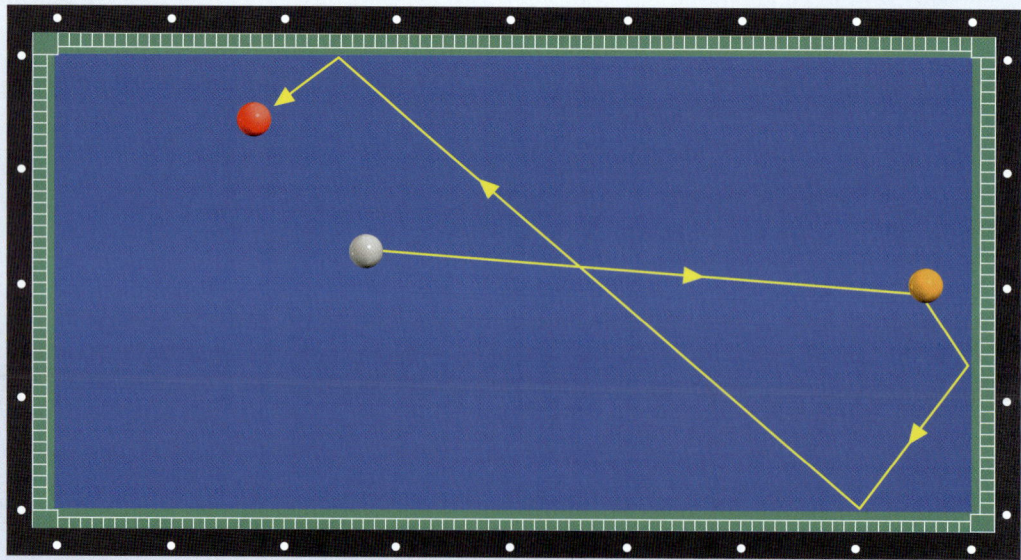

3쿠션은 설계이다
쉬운 공은 실수 없이 안정적으로 / 어려운 공은 창조적으로

④. 공의 무게 무겁게 치는 빗겨치기 짧게

▶40포인트로 보내서 짧게 코너로 보내는 위치, 아래 배치는 각도상 퍼져나가기 쉬운 배치입니다. 두께, 회전에서 실수를 할 수 있는데, 이것을 커버하기 위해 분리각을 줄여주고 수구의 힘을 많이 전달하기 위해 당점을 중심 쪽으로 향하고 그립 손에 악력을 조금 쥐여준다는 느낌으로 무겁게 공략하시면 득점에 유리합니다.

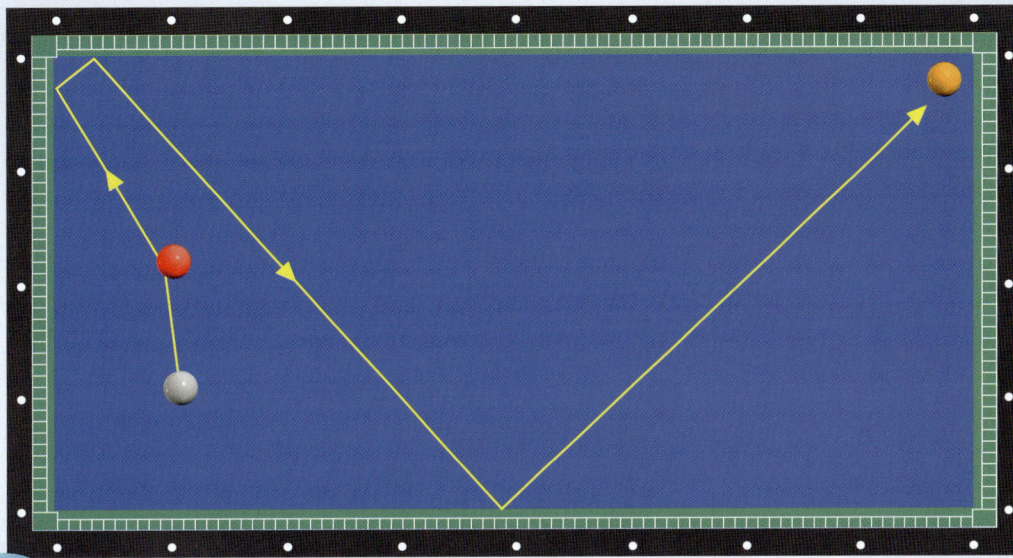

⑤. 공의 무게 무겁게 치는 뒤돌리기 겔게

▶수구가 아래 이미지와 같이 회전력을 많이 주어도 짧아질 수 있는 유형입니다. 이공 역시 분리각을 줄여주고 수구의 힘을 많이 전달하기 위해 당점을 중심 쪽으로 향하고 그립 손에 악력을 조금 쥐여준다는 느낌으로 무겁게 공략하시면 득점이 유리합니다.

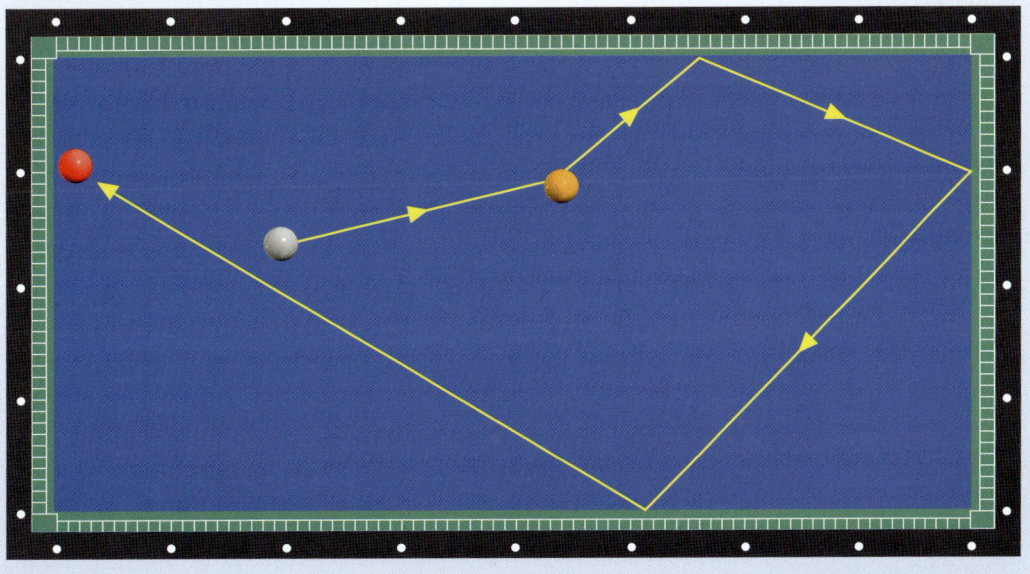

3쿠션은 설계이다
쉬운 공은 실수 없이 안정적으로 / 어려운 공은 창조적으로

탄도 Tip

⑥. 공의 무게 무겁게 치는 앞 돌리기 길게

▶아래 이미지와 같이 수구가 1목적구보다 바깥쪽으로 들어온 경우 길게 공략을 하는데, 당점이 중심부로 향하게 하고 그립 악력을 사용하여 무거운 성질을 공략하시면 득점에 유리합니다.

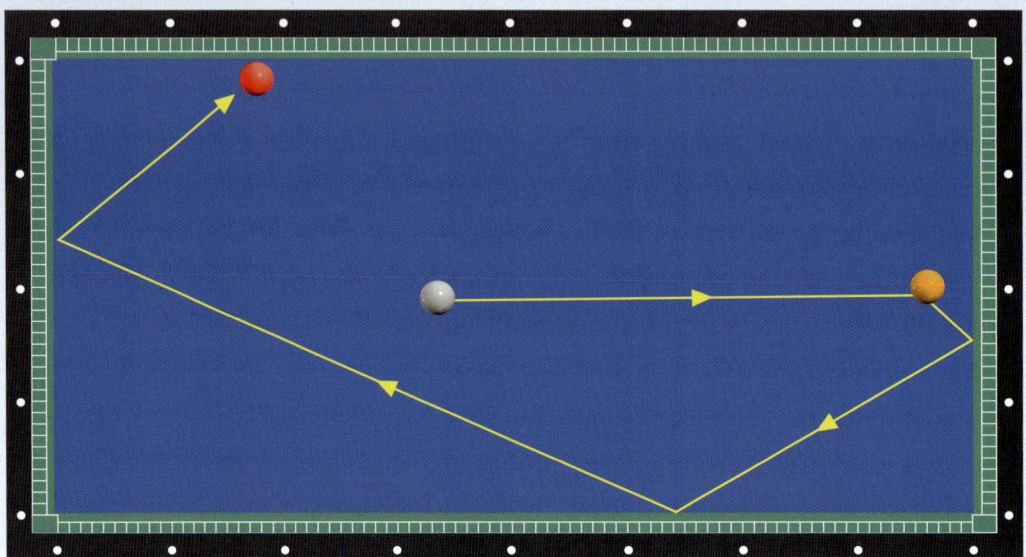

2 chapter 옆 돌리기 볼 시스템

1) 1목적구 위치 : 각 포인트 하프라인에서 오른쪽으로 걸쳐있는 위치
2) 3쿠션 위치 : 레일 포인트
3) 주의사항 : 무회전 당점은 느낌 팁으로 공략
   ㄱ. 일자 라인 ▶ 상단당점/부드러운 팔로우 자연스러운 분리각 형성 스피드는 2~2.5정도
   ㄴ. 엇각 라인 ▶ 한 칸당 +1 밀리지 않게, 롱팔로우가 아닌 편안한 스트록
   ㄷ. 순각 라인 ▶ 한 칸당 -1.5 브릿지 짧게 잡고 부드러운 관통샷, 백스윙 짧게, 순각기울기
      -2이상일 경우 볼 시스템 보다는 파이브앤 하프시스템 적용 추천
   ㄹ. 장 쿠션에 붙어있는 경우 ▶ - 0.5 보정
4) 이상적인 구간 : 장 쿠션 0.5포인트에서 1포인트 사이
5) 두께 선택 지양 : 4/8(쿠션에 붙은경우), 5/8, 6/8, 7/8두께

▶ YouTube No51. 옆돌리기 볼시스템

▶ 유튜브에서 No51. 옆돌리기 볼시스템 검색 또는
  좌측에 QR코드를 통해서 배우실 수 있습니다.

당구 뽀개기 Tip

① 제1적구 + 3쿠션수 + 기울기 = 두께 + 회전

예시 ▶ 제1적구 + 3쿠션수 + 기울기 = (두께와 회전 조합) 두께 + 회전
          3   +   2   +   1   =   6   6   0
                                                          5   1
두께와 회전을 내 마음대로 조절해서 칠 수 있어서   4   2
키스와 포지션 플레이에 쓸 수 있는 시스템   3   3
                                                   2   4

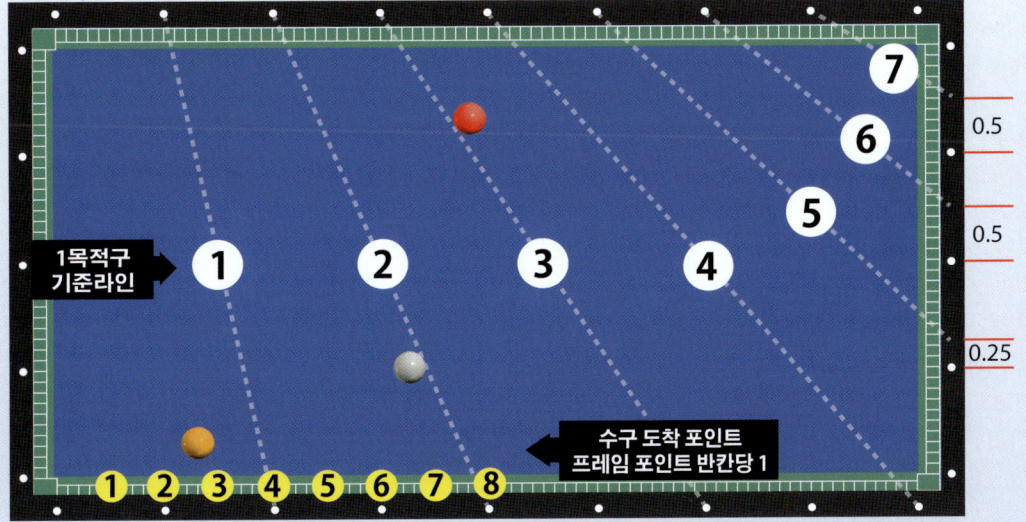

3쿠션은 **설계**이다
쉬운 공은 실수 없이 안정적으로 / 어려운 공은 창조적으로

옆돌리기

② 기울기 0 일반적 기준

▶ 1적구는 **2라인**, 3쿠션은 **2포인트**, 기울기는 **0** 볼값은 **4**가 됩니다.
이상적인 조합은 **4두께와 무회전 팁으로 공략**하시면 득점이 됩니다.
(느낌 팁 : 머리카락 한두 개 정도의 약간의 회전, 스피드: 2~2.5)

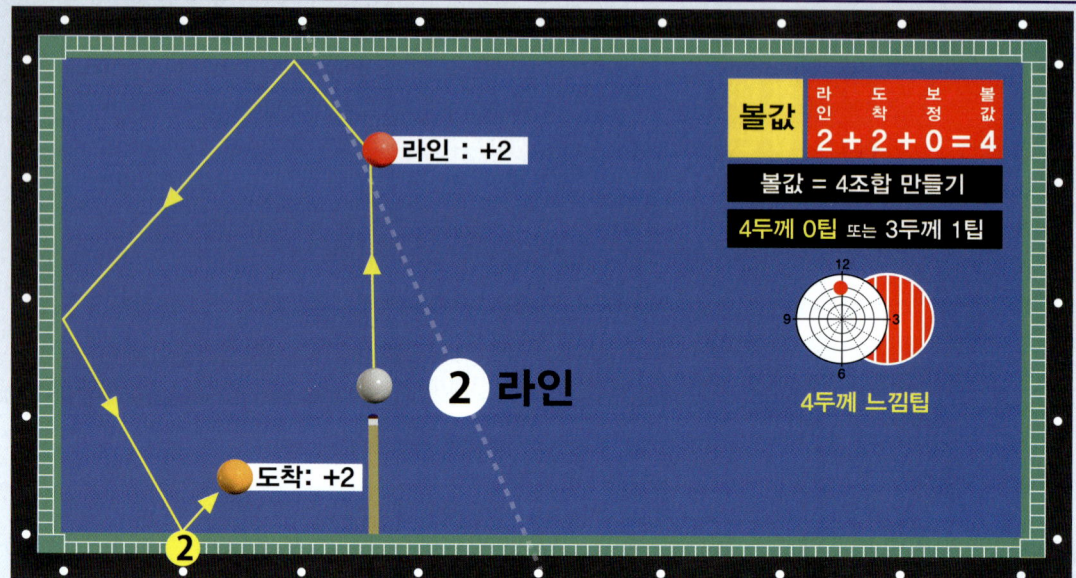

③ 기울기 엇각 +2 일때

▶ 1적구는 **2라인**, 3쿠션은 **2포인트**, 기울기는 **엇각 +1** 볼값은 **5**가 됩니다.
5볼값에서 밀리지 않게 **2두께와 3팁으로 공략**하시면 득점이 됩니다.
(스트록 : 밀리지 않게, 롱 팔로우가 아닌 분리시키는 편안한 스트록)

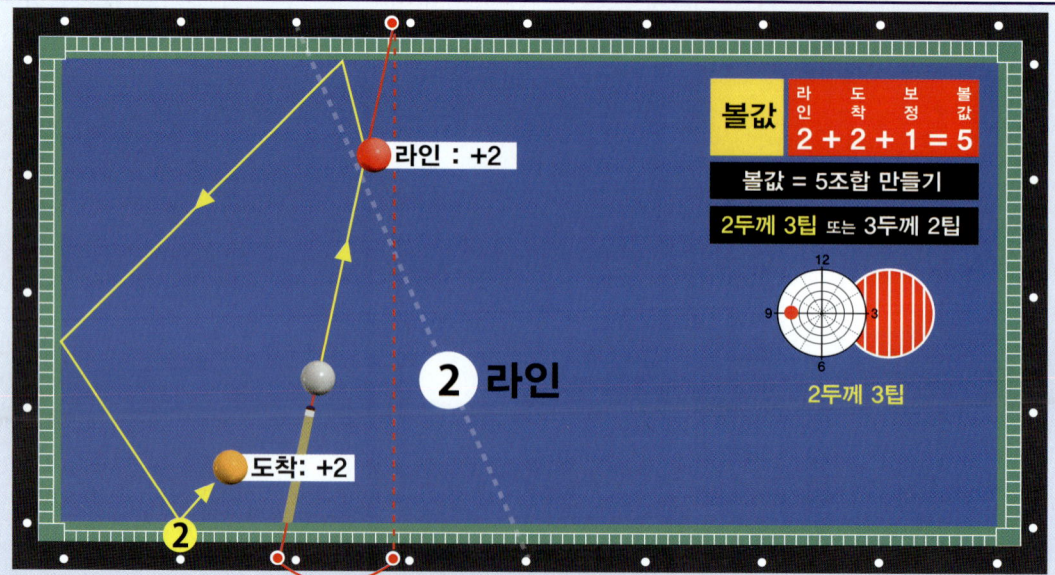

3쿠션은 설계이다
쉬운 공은 실수 없이 안정적으로 / 어려운 공은 창조적으로

④ 기울기 순각 −1.5 일때

당구 뽀개기 Tip

▶ 1적구는 2라인, 3쿠션은 2포인트, 기울기는 순각 −1.5 볼 값은 2.5가 됩니다. 5볼값에서 밀리지 않게 2두께와 0.5팁으로 공략하시면 득점이 됩니다. (스트록 : 백스윙 짧게, 브릿지 짧게 잡고 부르러운 관통 샷)

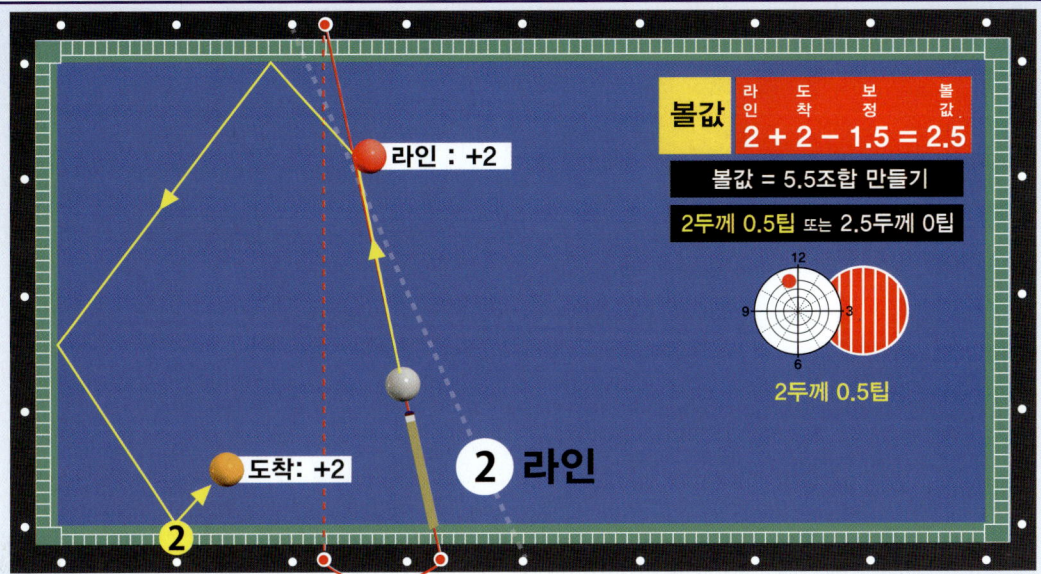

⑤ 1적구가 쿠션에 붙어있는 경우

당구 뽀개기 Tip

▶ 1적구는 2라인, 3쿠션은 4포인트, 1적구 장 쿠션에 붙어 있는 경우 보정 − 0.5 볼값은 5.5가 됩니다. 5.5볼값에서 곡구현상 억제를 위해 3두께와 2.5팁으로 공략하시면 득점이 됩니다. (중단 당점도 분리각이 커져서 위험합니다.)

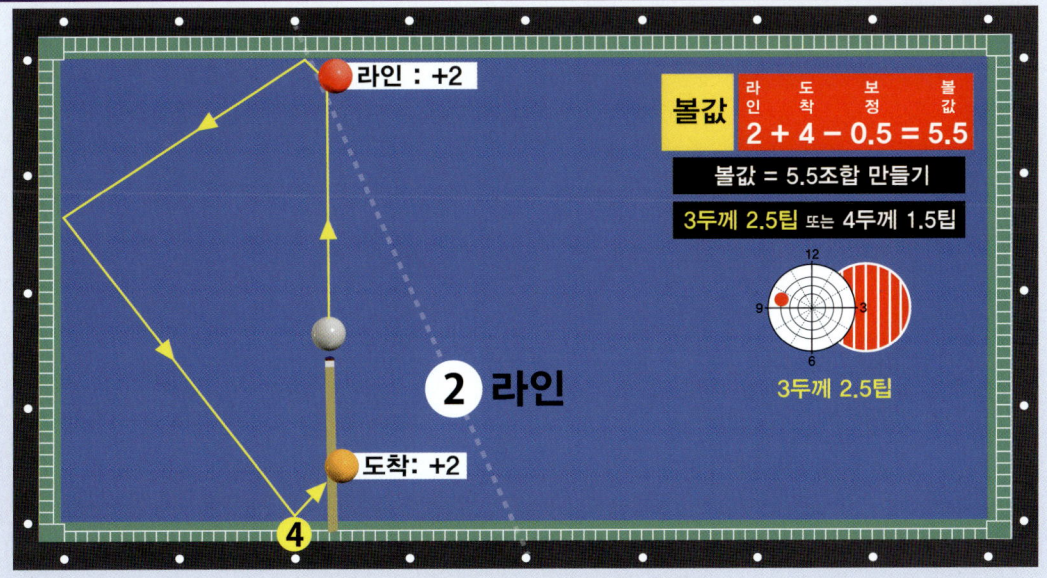

3쿠션은 설계이다
쉬운 공은 실수 없이 안정적으로 / 어려운 공은 창조적으로

⑥ 장쿠션에 붙어있는 공 4/8두께를 이용하는 경우

당구 뽀개기 Tip

▶ 1적구는 **3라인**, 3쿠션은 **4포인트**, 기울기는 엇각 **+2** 1적구 장쿠션에 붙어 있는 경우 보정 **– 0.5** 볼값은 8.5가 됩니다. 5.5볼값에서 **4.5두께와 4팁으로 공략**하시면 득점이 됩니다. (하단이나 중단 당점은 4/8두께 가능, 하단 당점 끌어치시면 안 됨)

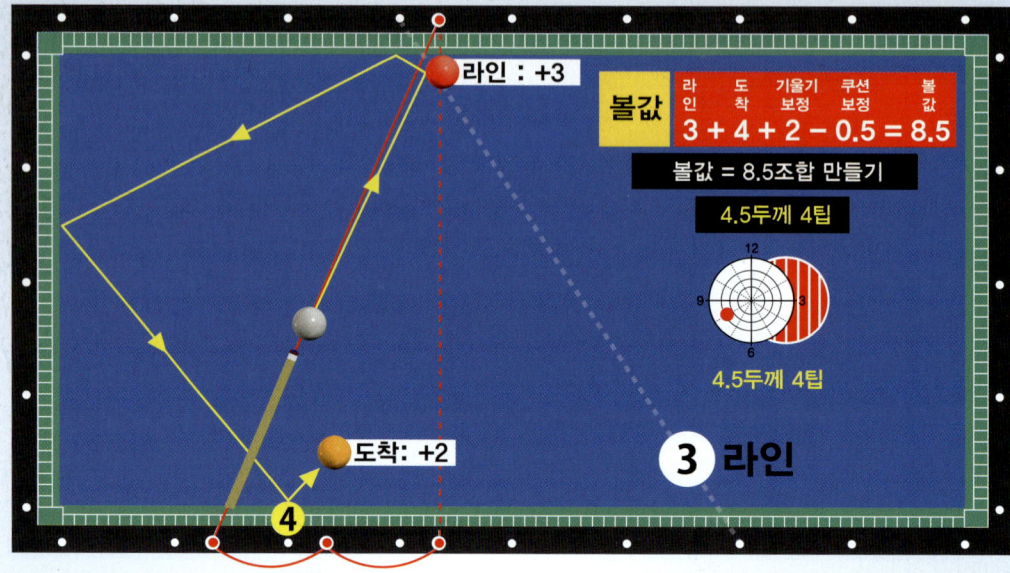

3쿠션은 설계이다
쉬운 공은 실수 없이 안정적으로 / 어려운 공은 창조적으로

옆 돌리기

2 chapter 무회전 옆 돌리기 라인

주번 김성현
반장 김수진

1) 전제조건 : 테이블 중앙 4포인트 안쪽

2) 당 점 : 12시 방향 2팁 무회전 기준

3) 스트록 : 부드러운 미들팔로우

 ㄱ. 수구와 1적구가 일직선 위치(A기준 구역)
    4포인트 라인에서는 0.5포인트 도착   3포인트 라인에서는 1포인트 도착
    2포인트 라인에서는 1.5포인트 도착   1포인트 라인에서는 2포인트 도착
 ㄴ. 수구와 1적구가 공하나 빠진 위치(A기준 구역)
    일직선 위치보다 0.5포인트 길어짐
 ㄷ. B구역 +0.5포인트 증가   C구역 1포인트 증가

4) 0.5포트 증감의 조건 : 두께 1/8당, 구간당, 당점, 공이빠진 위치당

▶ YouTube 옆 돌리기 무회전 마스터합시다 성현

▶ 유튜브에서 **옆 돌리기 무회전 마스터합시다** 검색 또는 좌측에 **QR코드**를 통해서 배우실 수 있습니다.

탄도 Tip ①. 4포인트 안쪽 A구간 / 일직선 위치 진행 라인

▶ 1목적구와 수구가 일직선 위치에 있을 때 **무회전 반두께**를 겨냥하시면
  4포인트 라인에서는 0.5포인트 도착   3포인트 라인에서는 1포인트 도착
  2포인트 라인에서는 1.5포인트 도착   1포인트 라인에서는 2포인트 도착

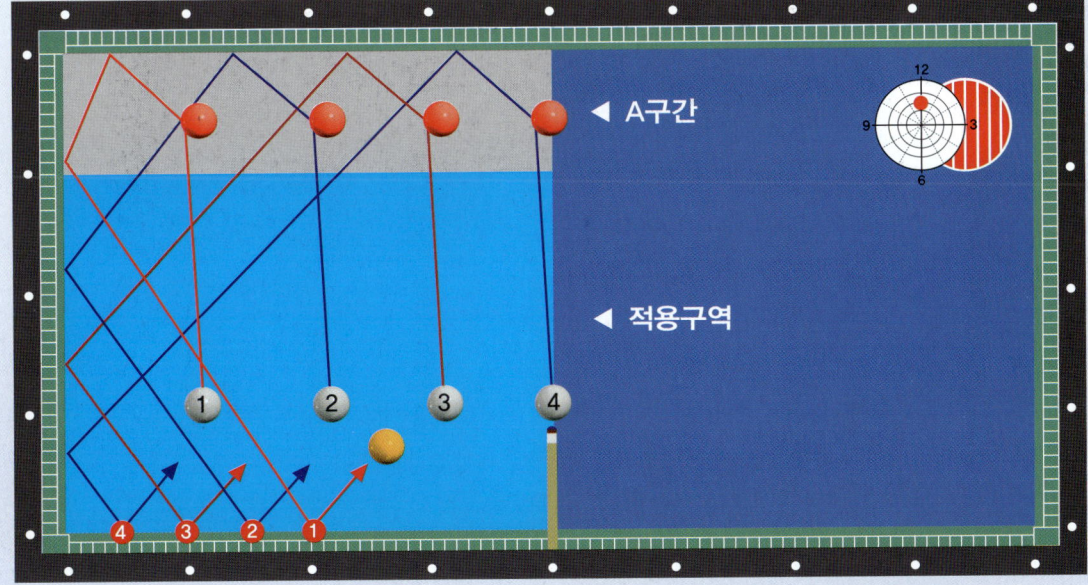

◀ A구간
◀ 적용구역

3쿠션은 설계이다
쉬운 공은 실수 없이 안정적으로 / 어려운 공은 창조적으로

②. A구간 / 공 하나가 빠진 위치 진행 라인

▶ 1목적구와 수구가 공 하나가 빠진 위치에서 **무회전 반두께**를 겨냥하시면
4포인트 라인에서는 **코너 도착**   **3포인트 라인**에서는 **0.5포인트 도착**
2포인트 라인에서는 **1포인트 도착**   **1포인트 라인**에서는 **1.5포인트 도착**

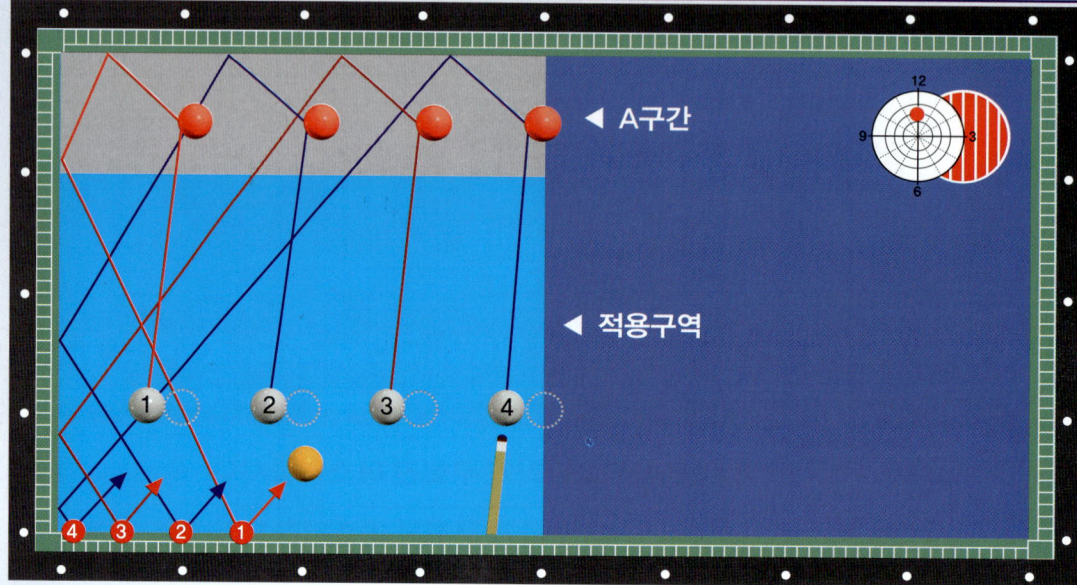

③. A구간 / 공 하나가 빠진 위치 3포인트 예시

▶ 득점 시키려고 치지 마시고 반 두께만 치시려고 노력하세요!!
3포인트 라인에서는 **0.5포인트 도착**해서 득점이 됩니다.

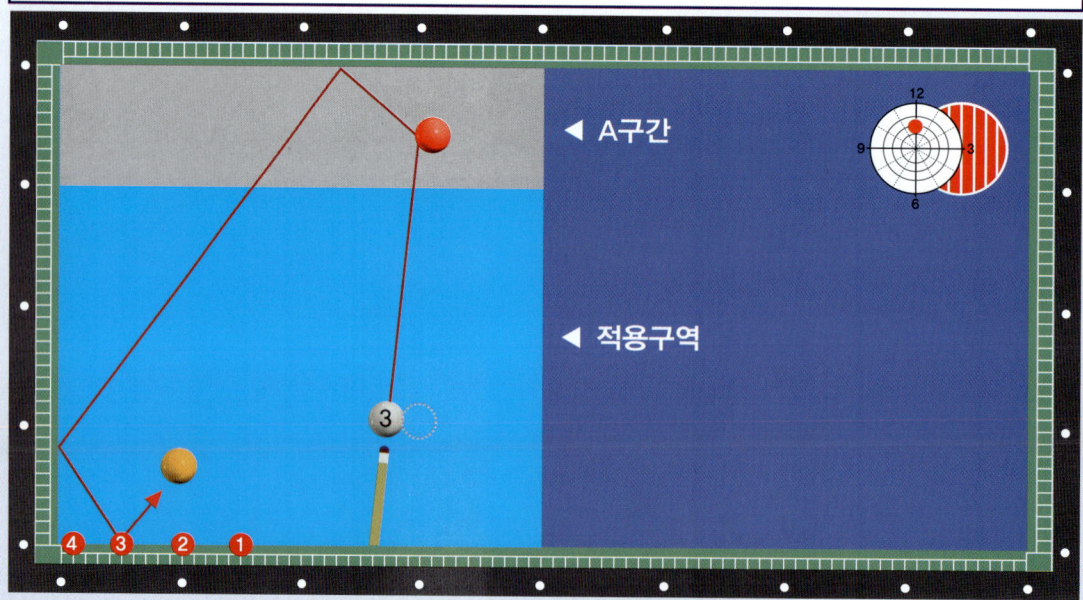

3쿠션은 설계이다
쉬운 공은 실수 없이 안정적으로 / 어려운 공은 창조적으로

④. 3포인트 기준 라인에서 3/8 두께 변형

▶ 일직선 위치에서 **3포인트 라인**은 **1포인트 도착**합니다. **2목적구 0.5포인트** 공을 득점하기 위해서 **두께 1을 뺀 3/8두께**로 겨냥하시면 득점이 됩니다.
(득점이 아닌 3/8두께만 치신다고 생각하세요!!!)

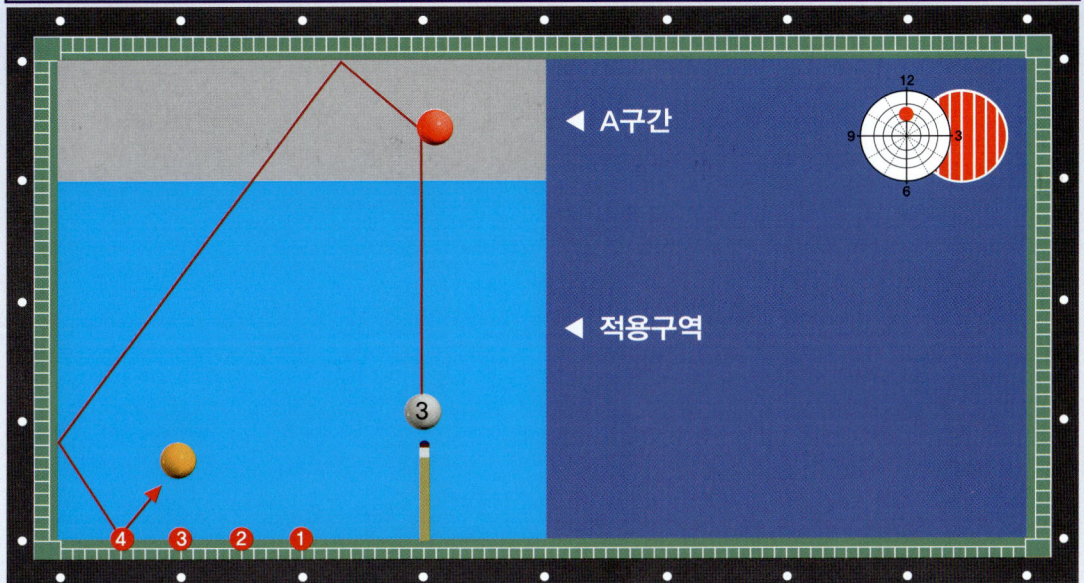

⑤. 3포인트 기준 라인에서 1팁 회전 변형

▶ 일직선 위치에서 **3포인트 라인**은 **1포인트 도착**합니다. **2목적구 1.5포인트** 공을 득점하기 위해서 **1팁 회전**에 **반두께**로 겨냥하시면 득점이 됩니다.

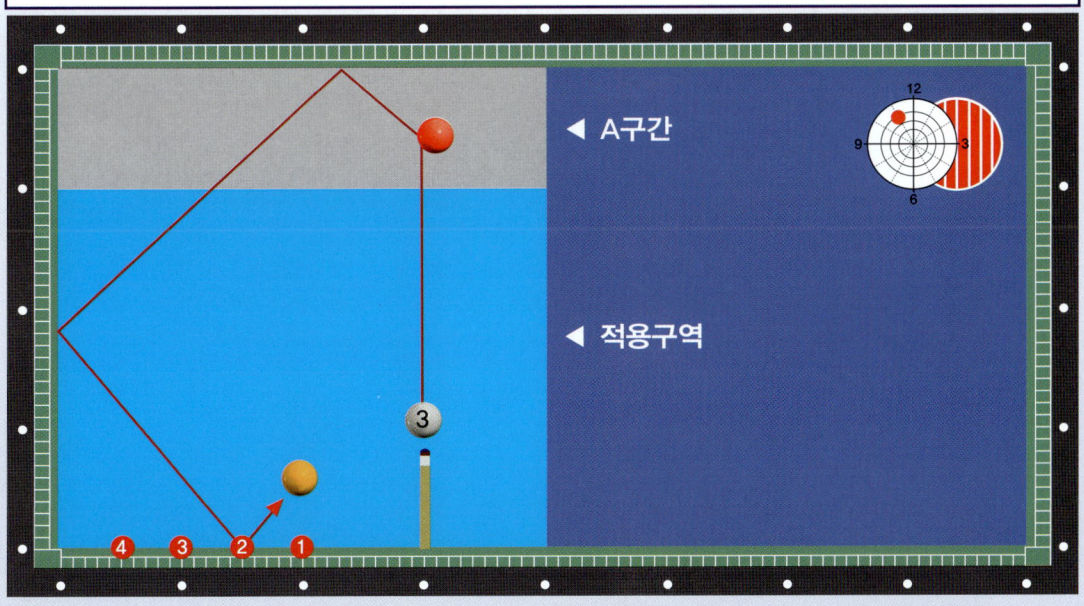

⑥. A구간, B구간, C구간별 도착지점

▶ A구간에서는 **1포인트**에 도착 / B구간에서는 **0.5포인트 증가**하여 **1.5포인트** 도착 C구간에서는 **1포인트 증가**하여 **2포인트**에 도착
(기준점 도달하기 위해서 A구간 ▶ 4/8두께, B구간 ▶ 3/8두께, C구간 ▶ 2/8두께)

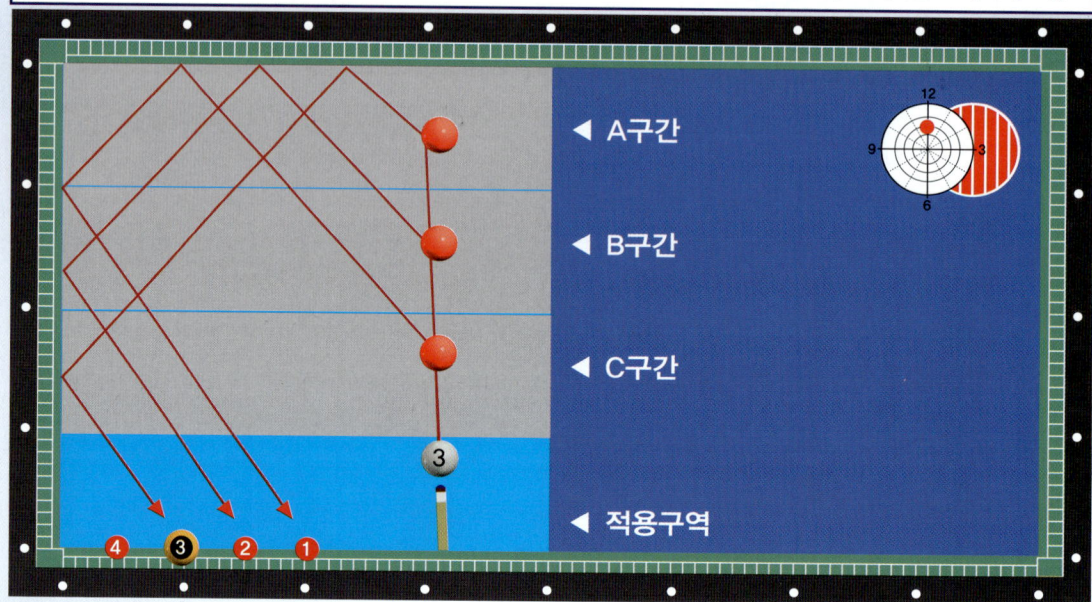

⑦. 2포인트 라인, B구역 위치 두께 공략법

▶ 수구와 1목적구 **2포인트 라인**, **B구역**에서 **반두께**를 겨냥하시면 **2포인트** 도착합니다. **2목적구**가 **1포인트 앞**에 있으므로 **-1포인트**에 도달할 수 있도록 **2/8두께로 공략**하시면 득점이 됩니다.

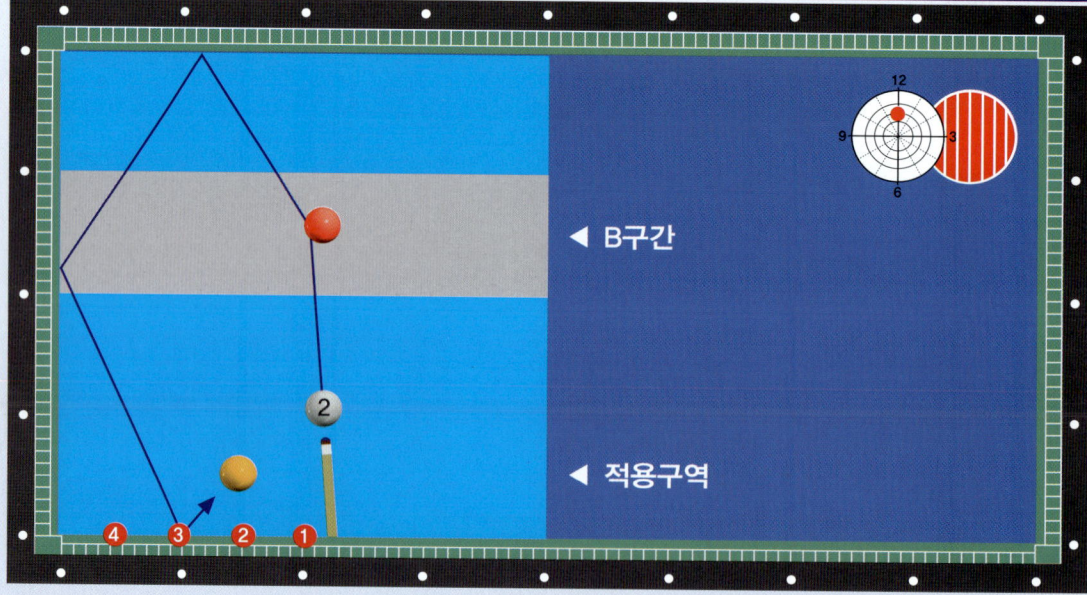

2 chapter 5편 쿠션에 붙어있는 엇각 옆돌리기

주번 김성현
반장 김수진

1) 방   법 : 내가 구사해야 하는 값(두께와 당점의 조합)
      두께 : 8등분 당 1   당점 : 원팁 당 1
      파이브 하프 시스템의 1쿠션 찾는 위치를 중요하게 생각한다면
      볼 시스템은 두께와 당점의 조합을 찾는 게 가장 중요하다.

2) 보 정 값 : 순각일 때   1포인트당 −2팁
          엇각일 때   1포인트당 +2팁

3) 스 트 록 : 등속팔로우   2~3레일 포인트
4) 3쿠션 포인트 : 프레임 포인트
5) 당   점 : 시계 당점 기준

▶ 유튜브에서 **5편 쿠션에 붙어있는 엇각 옆돌리기** 검색 또는
  좌측에 **QR코드**를 통해서 배우실 수 있습니다.

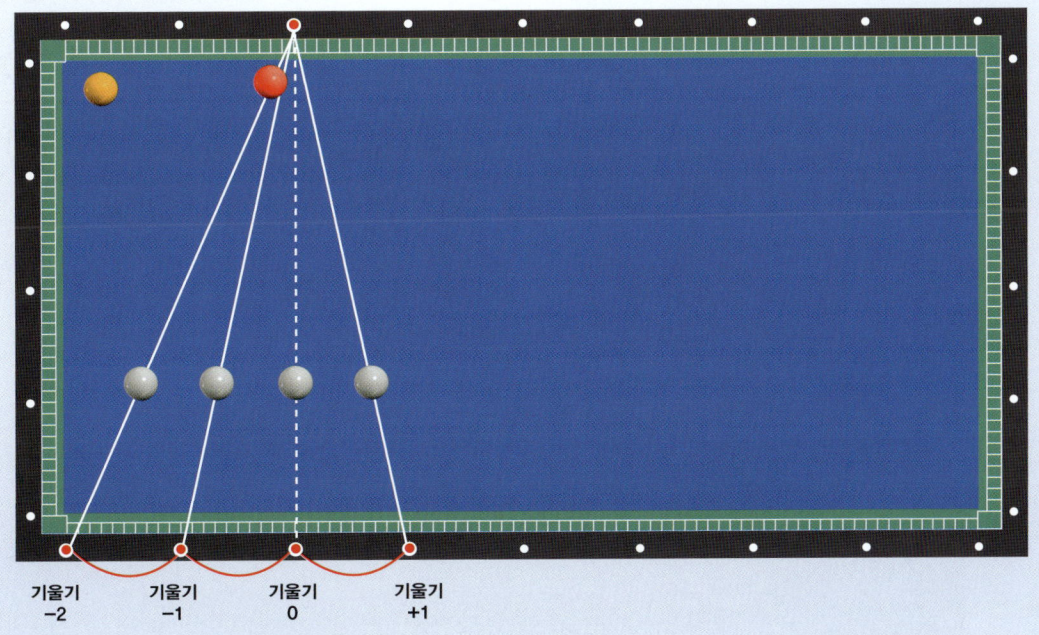

기울기 −2   기울기 −1   기울기 0   기울기 +1

① 기울기 순각 -2 일때

▶ 두께 : 1/4 ▶ 당점 : 4시방향 3팁(볼 시스템 / 파이브앤하프 선택)
▶ 스트록 : 미들팔로우로 편하게 치시면 득점이 됩니다.
▶ 주의 : 위 방법으로 치시지 않으면 키스가 납니다. 아래 이미지 처럼
1목적구가 천천히 올라 올때 이미 수구는 득점이 되어 있어야 합니다.

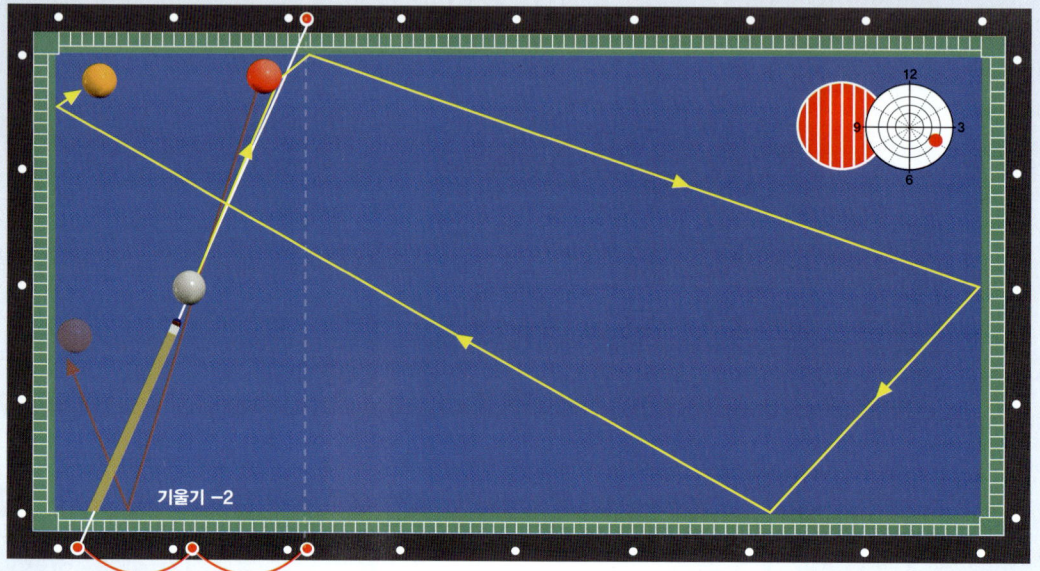

기울기 -2

② 기울기 순각 -1 일때

▶ 두께 : 1/3 ▶ 당점 : 4시방향 3팁 ▶ 스피드: 2.5 ~ 3레일(1목적구 포지션 가능)
▶ 스트록 : 미들팔로우(공 두개 관통 할 정도 깊이)로 부드럽게 치시면 득점이 됩니다.
▶ 주의 : 공이 멀리서 돌아 온다고 생각하고 1/2 두께로 치시면 키스 위험이 있습니다.

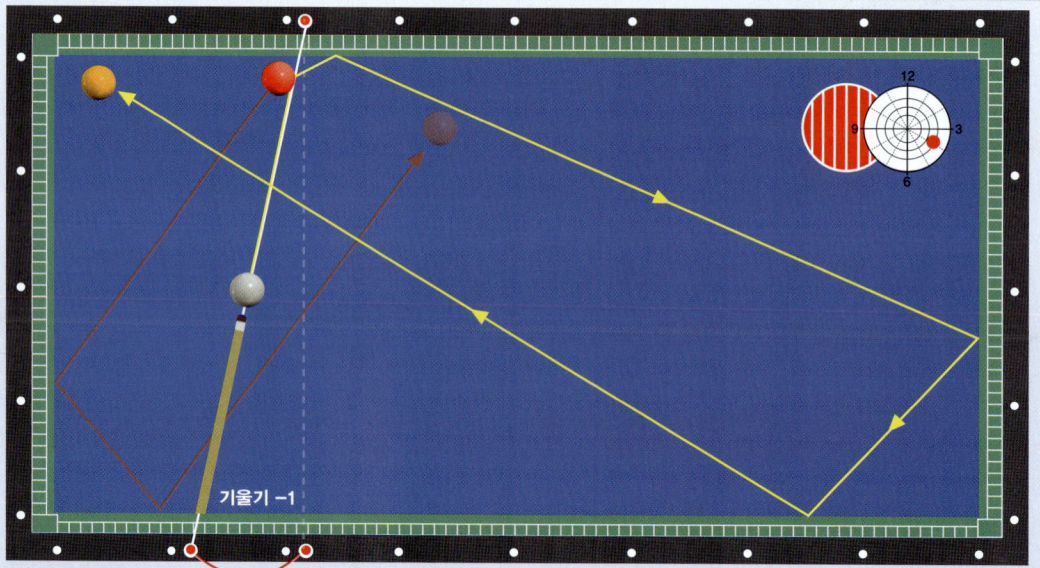

기울기 -1

3쿠션은 설계이다
쉬운 공은 실수 없이 안정적으로 / 어려운 공은 창조적으로

③ 기울기 0 일때

▶두께 : 1/3 ▶당점 : 3팁(long stroke, shrot stroke), 0팁 무회전 예시
옆 돌리기에서는 분리각을 키우는 것이 당점이지만, 팔로우의 깊이도 분리각을 키우는 효과가 있습니다. 일반적으로 얇게 치는 두께에서는 코너로 공을 보낼려면 2포인트에 떨어져야 하지만 회전과 팔로우로 치시면 1.5포인트에서도 코너로 갑니다.

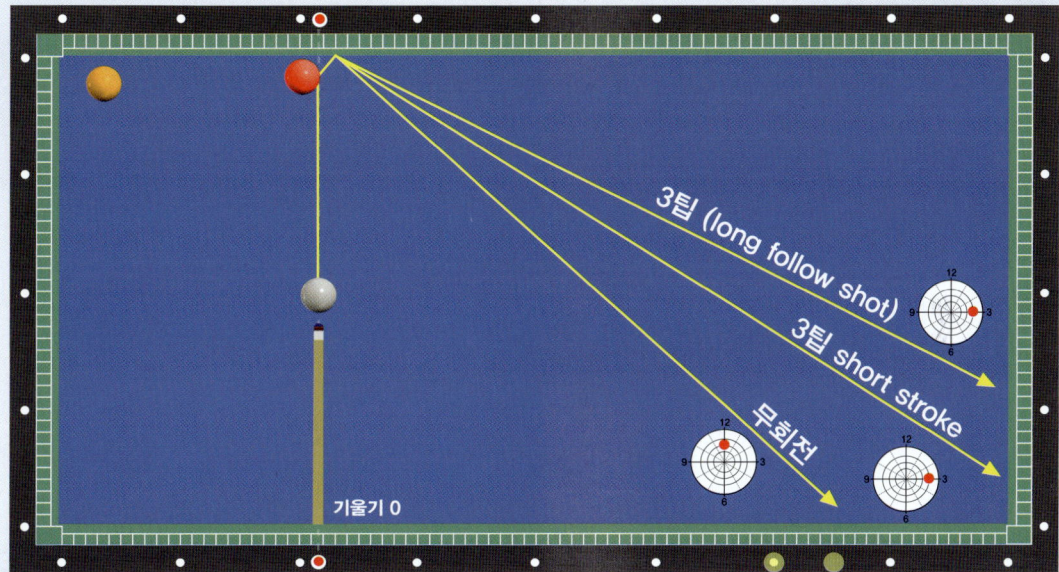

일반적   회전량많은 롱팔로우
코너각   코너각

④ 기울기 0 일때

▶앞에서 공부한 볼 시스템으로 공략했을 경우 1목적구 6 + 3쿠션수 3 = 합 9
▶5/8두께 4팁인 일반적인 방법으로 어렵다. 키스날 확률도 높다.
그래서 1/3두께로 공략하는데 방법은 롱팔로우 샷으로 공략하시면 가능합니다.
공 3개 정도를 밀어치는 스트록/스피드 3레일 / 당점 3시 3팁 / 1/3두께

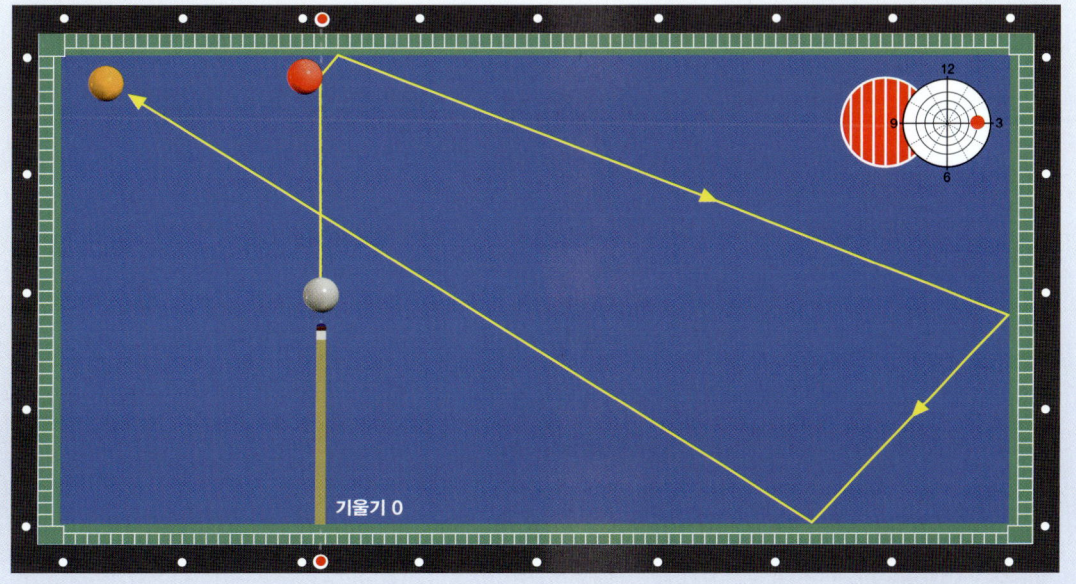

3쿠션은 설계이다
쉬운 공은 실수 없이 안정적으로 / 어려운 공은 창조적으로

⑤ 기울기 엇각 +1 일때

▶두께 : 1/2 ▶당점 : 3시방향 3팁 ▶공3개 정도를 밀어치는 스트록
▶스피드 3레일 ▶스트록 : 롱 팔로우로 강하게 치시면 득점이 됩니다.
(끝까지 큐를 유지해 줍니다.) ▶주의 : 엇각이므로 4시 하단 당점으로 공략할
수 있지만 쿠션에 맞고 끌림에 의해 짧아질 수 있습니다.

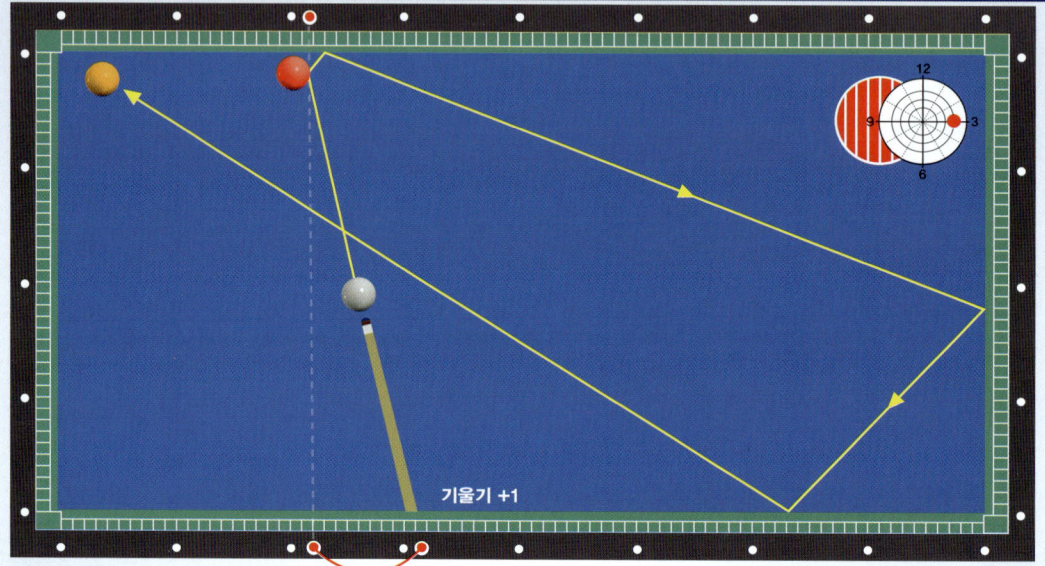

⑥ 기울기 0 수구 7포인트 1목적구 7포인트

▶두께 : 1/2 ▶당점 : 3시방향 3팁 ▶스피드: 3 ~ 3.5레일
▶스트록 : 롱 팔로우 ▶핵심 : 6포인트에서는 1/2로 치시면 키스의
위험이 있지만 7포인트에서는 키스도 빠지면서 포지션 플레이 가능

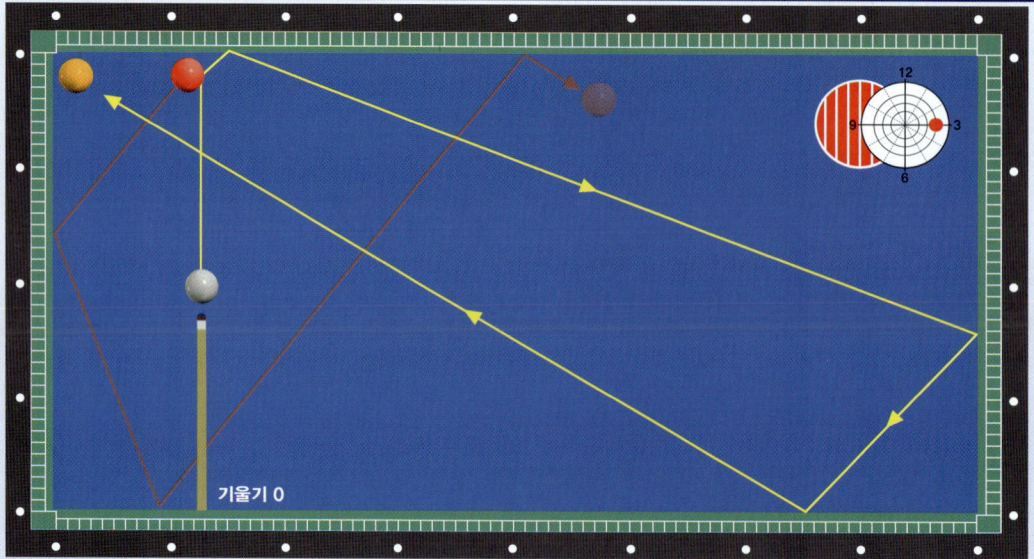

⑦ 기울기 엇각 +1 수구 6포인트 1목적구 7포인트

▶두께 : 5/8 ▶당점 : 3시 방향 3팁 ▶스피드: 3.5 ~ 4레일
▶스트록 : 강한 롱 팔로우 ▶롱 팔로우 방법 : 브릿지를 좀 짧게 잡고 바닥에 단단하게 고정하고 끝까지 속도를 늦추지 말고 계속 밀고 더 밀고 끝까지 밀어주셔야 합니다

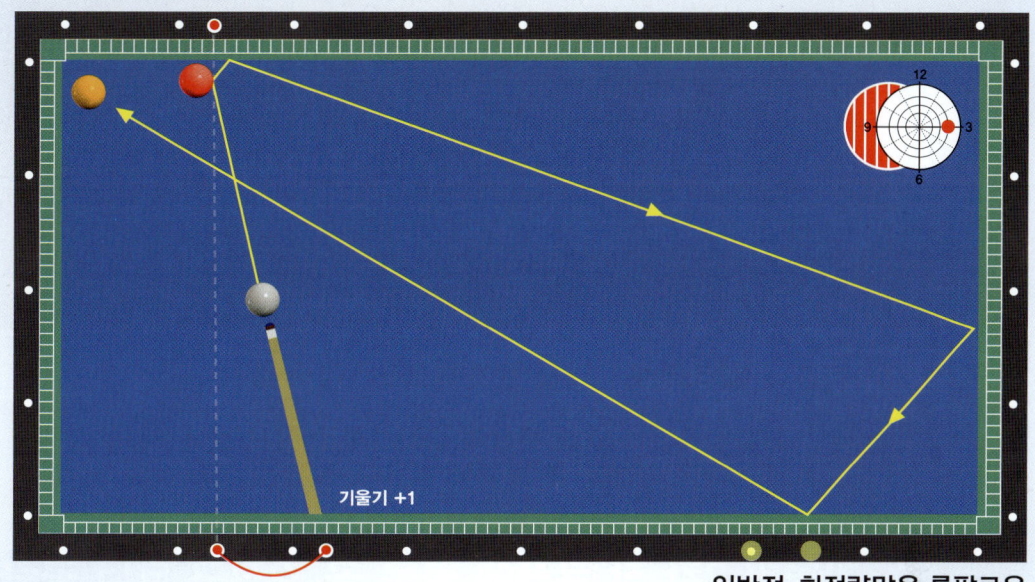

기울기 +1

일반적   회전량많은 롱팔로우
코너각   코너각

3쿠션에 꼭 필요한 시스템 유튜브 핵심 강의 총정리

chapter 2 장쿠션에 붙은 1적구 끌어 옆돌리기

주번 김성현
반장 김수진

1) 당 점 : 8시 30분 3팁 / 4시 30분 3팁

2) 일반적으로 상단 당점에 곡구를 이용해서 득점한다고 하지만 에러율이 높습니다. 1쿠션에서 공의 힘을 다 뺏겨서 무겁게 진행합니다.

5) 큐의 기울기 : 뒤에 큐를 들어줍니다.

6) 스 트 록 : 공을 끌어치는 느낌이 아닌 밀어친다는 느낌으로 1적구를 분리시키는 롱팔로우 스트록

▶YouTube 57탄 쿠션에 붙은 1적구 끌기

▶ 유튜브에서 **57탄 쿠션에 붙은 1적구 끌기** 검색 또는 좌측에 **QR코드**를 통해서 배우실 수 있습니다.

①. 기울기 2칸 장 쿠션에 붙은 공, 2적구 코너 공략

▶ **4/8 ~ 5/8두께 롱팔로우 공 3~4개 앞에까지 밀어주는 느낌으로** 부드럽게 스트록 / 큐 뒷부분을 살짝 들어줍니다. 당점 8시 30분 3팁 그립 손을 평소보다 한 뼘 뒷부분을 잡고 치시면 공이 더 활발하게 움직입니다.

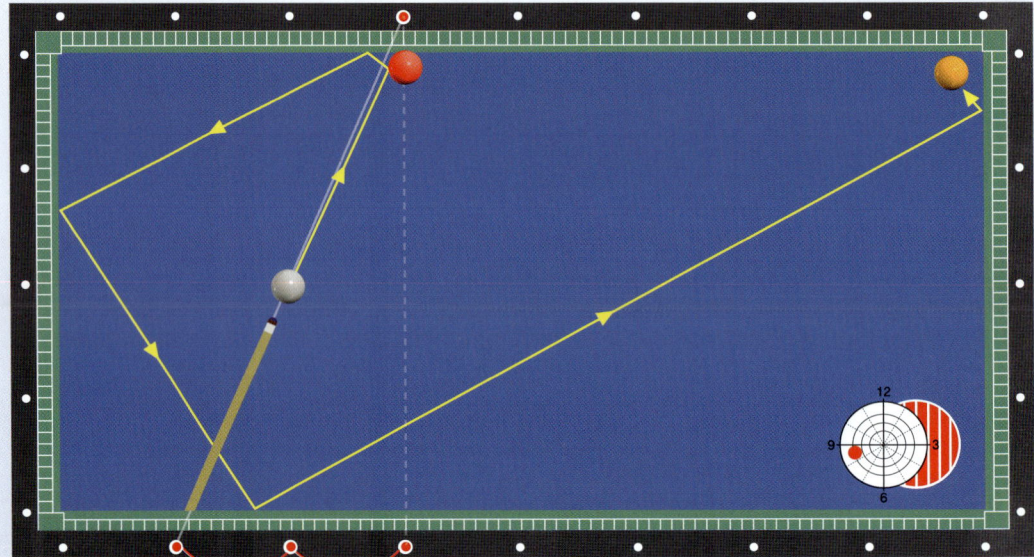

3쿠션은 설계이다
쉬운 공은 실수 없이 안정적으로 / 어려운 공은 창조적으로

②. 기울기 3칸 장 쿠션에 붙은 공, 2적구 코너 공략

▶ **4/8 ~ 5/8두께** 롱팔로우 **공 3~4개 앞에까지 밀어주는 느낌**으로 부드럽게 스트록 / 큐 뒷부분을 살짝 들어줍니다. **당점 8시 30분 3팁** 그립 손을 평소보다 한 뼘 뒷부분을 잡고 치시면 공이 더 활발하게 움직입니다. 1번 보다 회전량 증가를 위해 슬로우로 공략합니다.

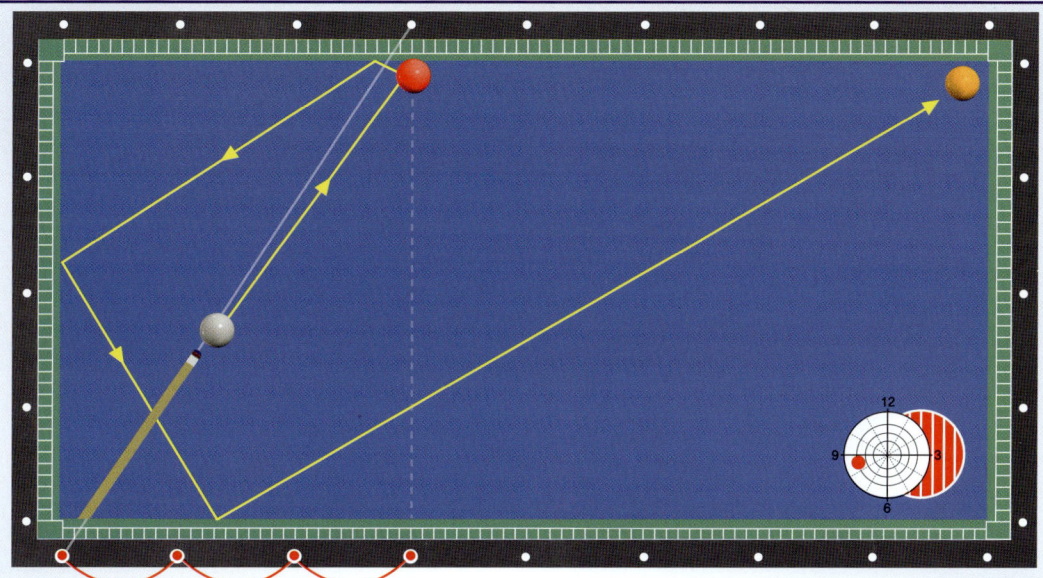

③. 기울기 3칸 장 쿠션에 붙은 공, 2적구 1포인트 공략

▶ 1,2번과 같은 방법으로 끌어치는 공이 아니라 **8시 30분 당점**으로 뒤에 **큐를 세웠을 때** 공을 치는 순간 원 쿠션에서 끌어 치기가 자동으로 형성되어 **회전량이 발생**해서 공이 점점 퍼지면서 득점 확률이 높아집니다.

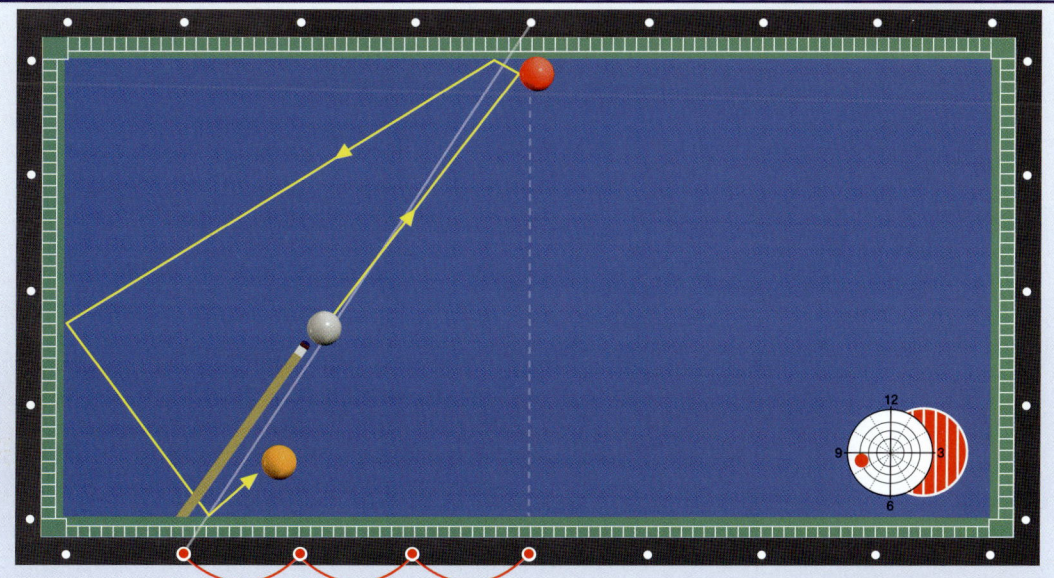

3쿠션은 설계이다
쉬운 공은 실수 없이 안정적으로 / 어려운 공은 창조적으로

④. 기울기 2칸 장 쿠션에 붙은 공, 2적구 1포인트 공략

▶ 1,2번 방법으로 치시면 코너로 수구가 진행되어 득점에 실패합니다.
공을 짧게 보내는 방법은 **팁을 줄이거나 속도를 높이면** 됩니다.
여기서는 속도만 높여서 일명 꼬미 형식으로 3쿠션에서 솟아오르게
해서 득점이 됩니다.

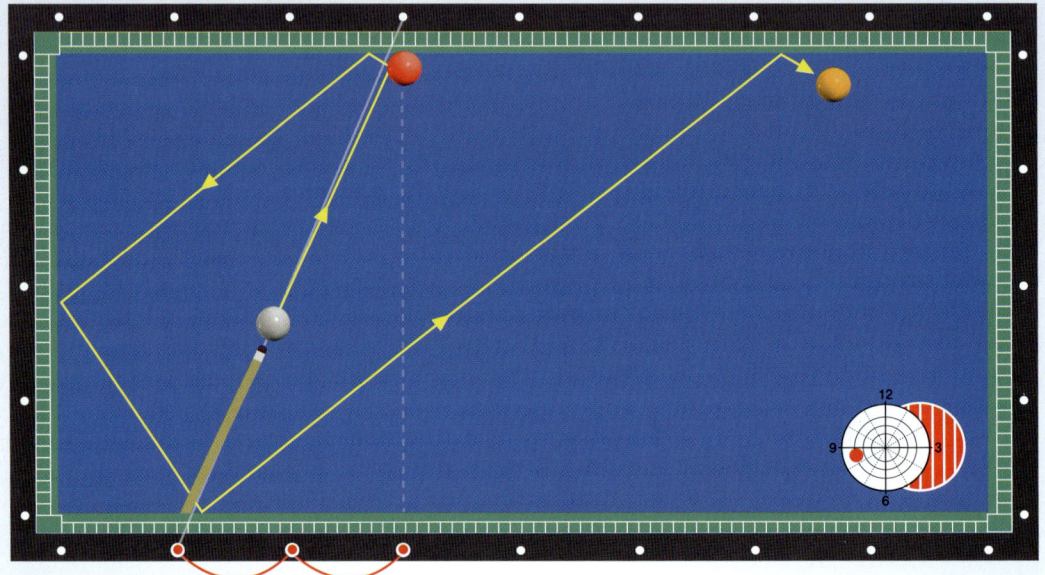

⑤. 기울기 3칸 장 쿠션에 붙은 공, 2적구 3포인트 공략

▶ 같은 방법으로 **8시 30분 당점** / 큐 뒷부분을 살짝 들어주고 / 4번과
같은 속도로 두께는 **3/8두께**로 좀 더 얇게 공략하시면 득점됩니다.

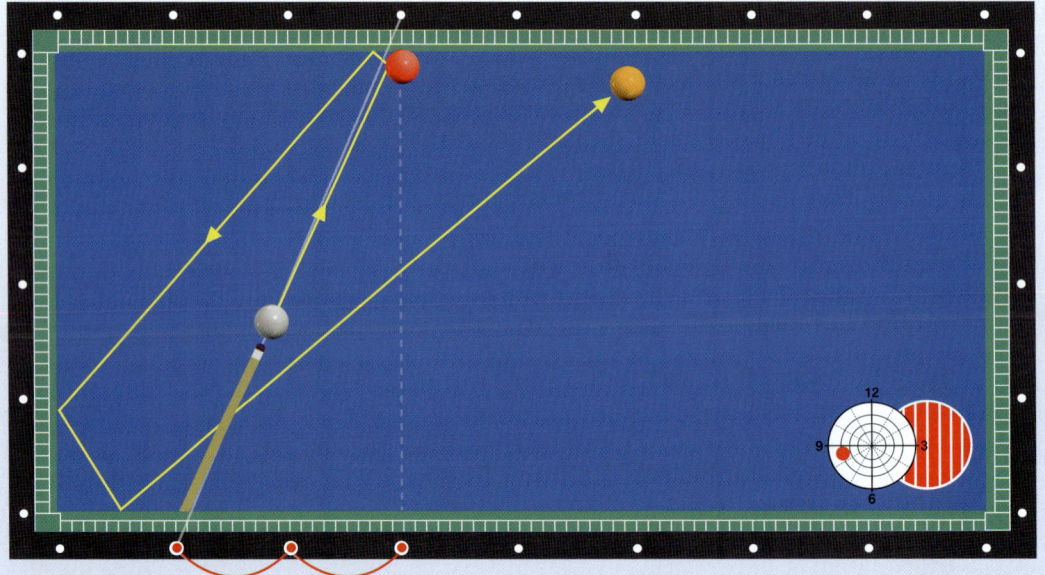

3쿠션은 설계이다
쉬운 공은 실수 없이 안정적으로 / 어려운 공은 창조적으로

옆 돌리기 10.5시스템

1) 원 리 : 수구를 쿠션에 수직으로 입사를 시키면 쿠션을 돌아
   4번째 포인트에 도달합니다.
   (단, 장 쿠션 2포인트 이내에서만 가능)
2) 부드러운 테이블에서는 수구가 좀 더 짧게 떨어지고 뻣뻣한
   테이블에서는 좀 더 길게 떨어집니다.
3) 당 점 : 4시 방향 3팁
4) 스피드 : 2.5 ~ 3(PBA 뱅킹)레일
5) 스트록 : 공 두 개 통과할 정도의 느낌 / 큐 무게로만 친다.
   결대로, 자연스럽게 가속이 없는 느낌, 원쿠션에 갈 때만
   임펙트 있고 그 다음부터는 자연스럽게 가는 느낌입니다.
5) 큐 : 비틀면 안 됨(회전이 많이 먹어서 4포인트보다 길게
   떨어질 수 있다.) 큐는 최대한 수평이 되게 유지합니다.
   (4시당점이어서 뒤에 큐가
   들릴 수 있지만 과도하지 않게 하셔야 합니다.)

▶ 유튜브에서 **당구뽀개기 10.5시스템** 검색 또는 좌측에 **QR코드**를 통해서 배우실 수 있습니다.

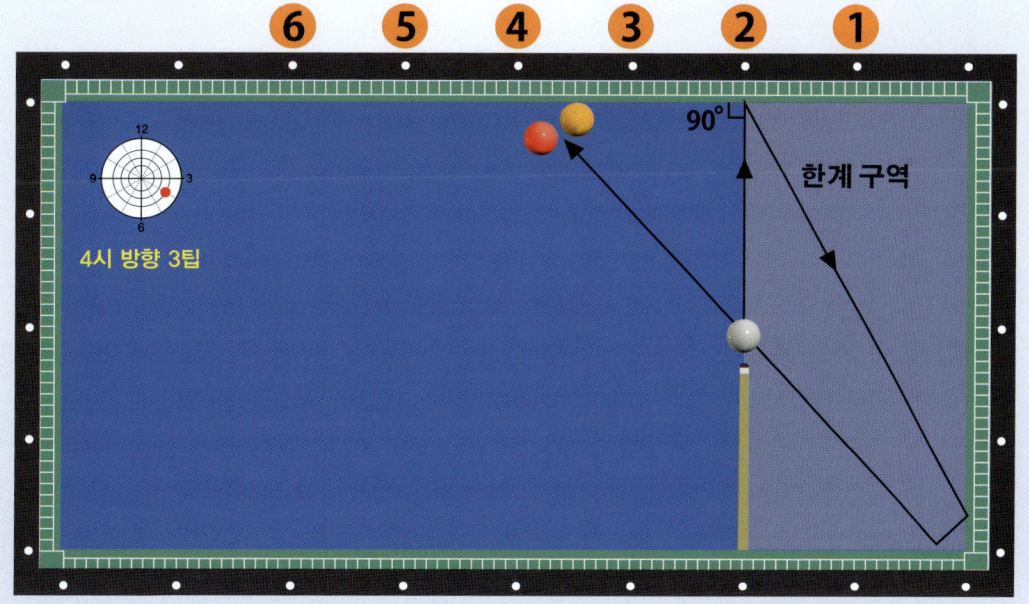

옆돌리기

① 4,5,6 포인트 공략 방법

1) 2목적구가 **4포인트 위치** : 수구를 장 쿠션에 수직으로 보냅니다.
   (= **기울기를 0**으로 보냅니다.)

2) 2목적구가 **5포인트 위치** : 수구를 장 쿠션에 기울기를 **전체적으로 0.5포인트**로 보냅니다.
   (= 기울기 0.5는 한쪽 면으로 보시면 0.25포인트 앞으로 치시면 됩니다.)

3) 2목적구가 **6포인트 위치** : 수구를 장 쿠션에 기울기를 **전체적으로 1포인트**로 보냅니다.
   (= 기울기 1은 한쪽 면으로 보시면 0.5포인트 앞으로 치시면 됩니다.)

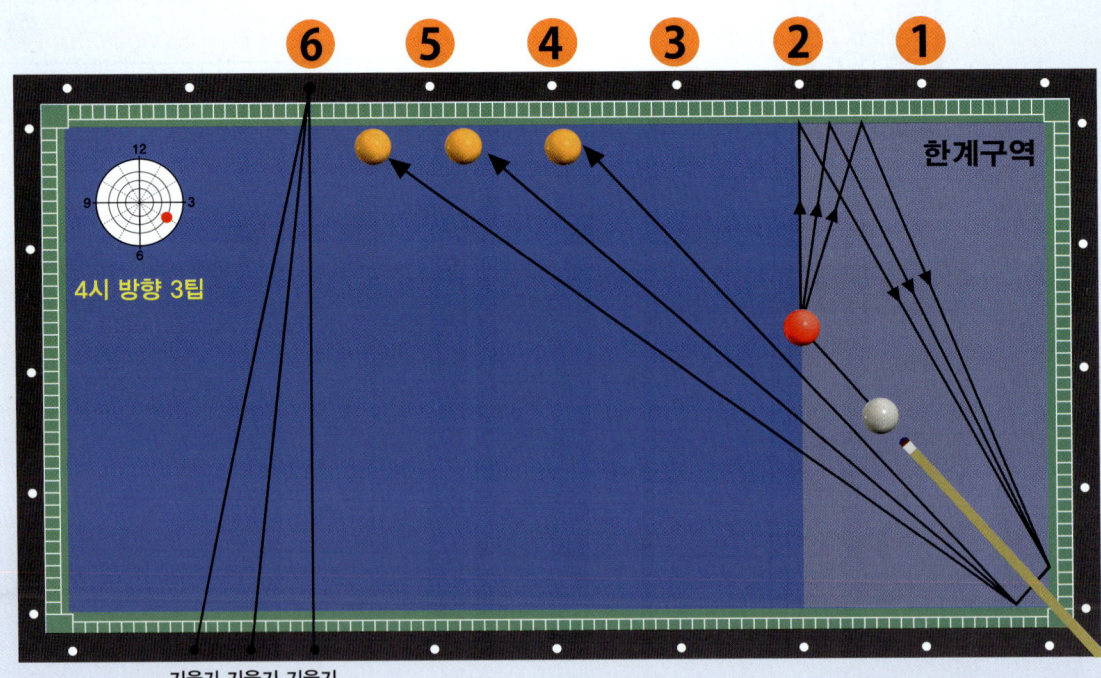

3쿠션은 설계이다
쉬운 공은 실수 없이 안정적으로 / 어려운 공은 창조적으로

② 3 포인트 공략 방법

1) 다른 조건 모두 같은 방법으로 **1팁 감소 3시 3팁** 공략으로 가능합니다.
   (3시/9시 3팁에서는 회전량으로 길게 빠지는 경우가 발생합니다. 1쿠션을 1 ~ 2포인트 뒤쪽으로 공략하셔야 합니다.)

2) 한계 구역은 **장 쿠션 1.5포인트 이내**만 가능합니다. 이 구역을 벗어나면 코너를 돌릴 수 없습니다.

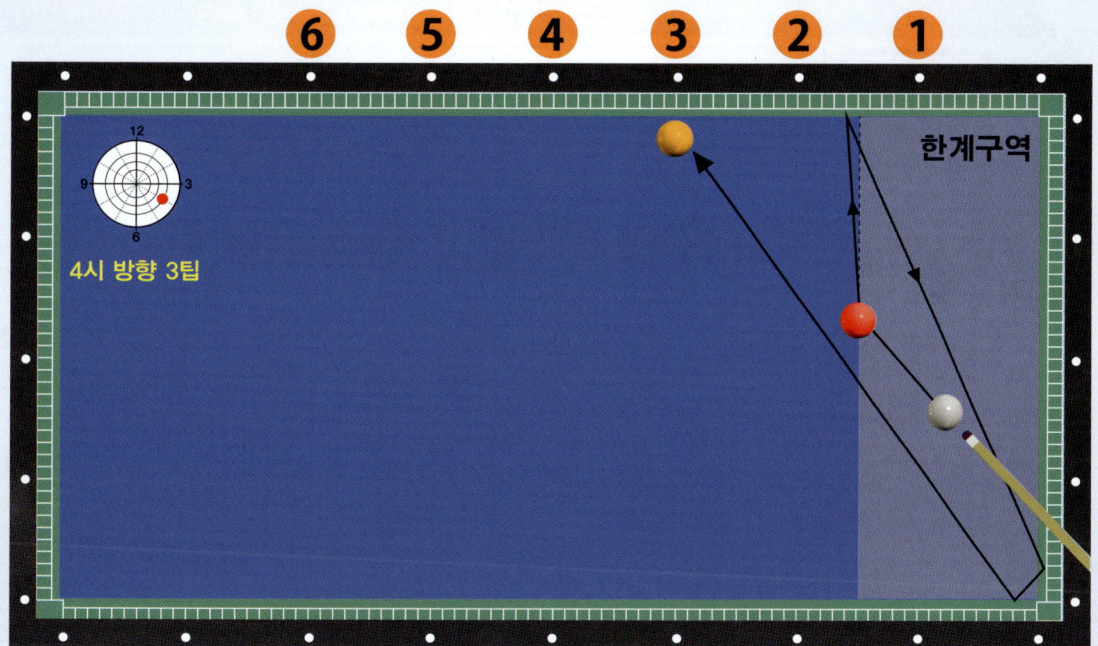

3 chapter 무회전 앞 돌리기 라인

1) **전제조건** : 테이블 장 쿠션 2포인트 안쪽

2) **당점, 두께** : 12시 방향 2팁 무회전 기준, 4/8(절반 두께)

3) **스트록** : 부드러운 미들팔로우

　ㄱ. 수구와 1적구가 일직선 위치(A구간)
　　1포인트 라인에서는 1포인트 도착 2포인트 라인에서는 0.5포인트 도착
　　3포인트 라인에서는 코너 포인트 도착
　ㄴ. 공하나 씩 엇각으로 기울어질 경우(A기준 구역)
　　일직선 위치보다 공하나 씩 엇각으로 빠질때 마다 0.5포인트씩 길어짐
　ㄷ. B구역 +0.5포인트 증가

4) **0.5포트 증감의 조건** : 두께 1/8당, 구간당, 당점, 공이빠진 위치당

▶ 유튜브에서 앞 돌리기 마스터 탄도님을 소개합니다 검색 또는
　좌측에 QR코드를 통해서 배우실 수 있습니다.

탄도 Tip ①. 단 쿠션 2포인트 안쪽 구역 12시 2팁 반 두께

▶ 단 쿠션 1포인트 수구와 단 쿠션 1포인트 1적구 일자 라인 : 단 쿠션 1포인트로 도착
　단 쿠션 2포인트 수구와 단 쿠션 2포인트 1적구 일자 라인 : 단 쿠션 0.5포인트로 도착
　단 쿠션 3포인트 수구와 단 쿠션 3포인트 1적구 일자 라인 : 단 쿠션 코너포인트로 도착
　12시 2팁/절반 두께 겨냥 (무회전의 반 두께는 큐 끝이 1적구의 끝을 향함)

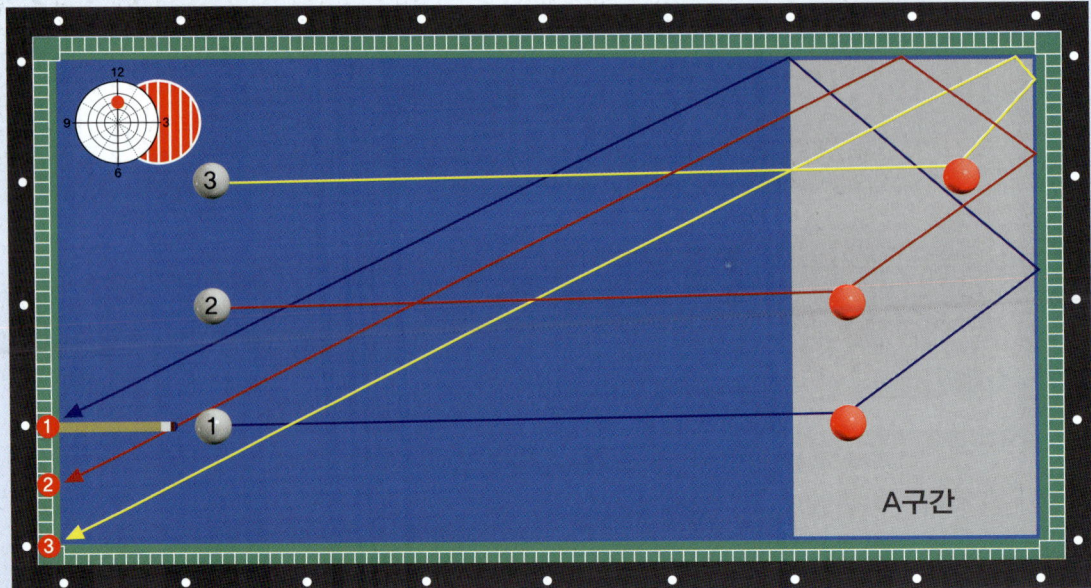

3쿠션은 설계이다
쉬운 공은 실수 없이 안정적으로 / 어려운 공은 창조적으로

②. 공이 얼마나 빠진지는 어떻게 알아?

▶ **1번 : 일자선상** : 공이 큐위에 걸려있는 위치
▶ **2번 : 공 반 개** : 큐 바로 옆에있는 위치
▶ **3번 : 공 한 개** : 큐와 공 사이에 공 하나가 못 들어갈만한 크기에 위치
▶ **4번 : 공 두 개** : 큐와 공 사이에 공 하나가 넉넉하게 들어가는 크기에 위치

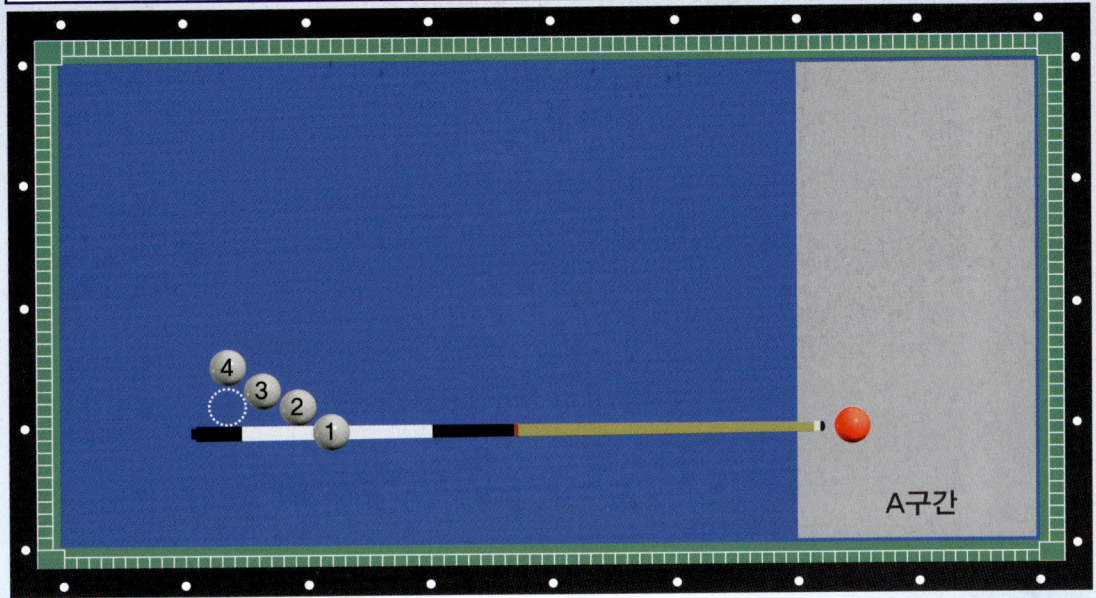

③. 공하나 빠진 경우 12시 2팁 반 두께 진행 라인

▶ 공하나 빠진 경우에서 12시 2팁/절반 두께 공략을 하시면 수구는 단 쿠션 1.5포인트에 도착하게 됩니다. 일자라인 보다 0.5포인트 길어집니다.

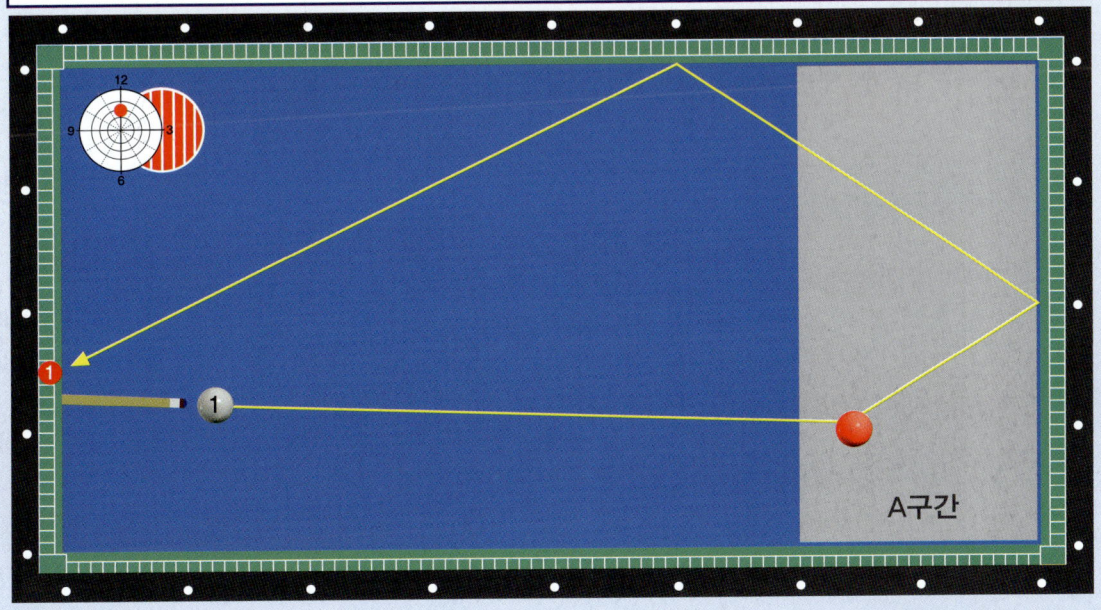

3쿠션은 설계이다
쉬운 공은 실수 없이 안정적으로 / 어려운 공은 창조적으로

④. 공 두 개 빠진 경우 12시 2팁 반 두께 진행 라인

▶ 공하나 빠진 경우에서 12시 2팁/절반 두께 공략을 하시면 수구는 단 쿠션 2포인트에 도착하게 됩니다. 일자 라인 보다 0.5칸씩 두번 이동하여 1포인트 길어집니다.

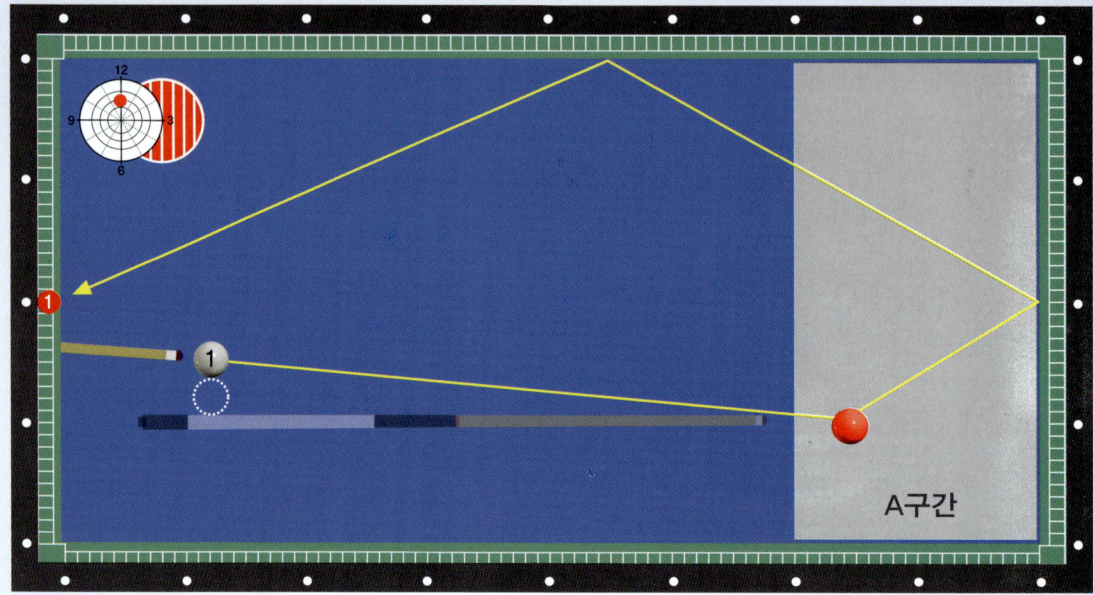

⑤. 2번째 라인 / 공 한 개 빠진 경우 1포인트 도착

▶ 2번째 라인에서 무회전 반두께 공략하시면 0.5포인트로 도착합니다. 아래의 배치는 공하나 빠진 경우이므로 0.5포인트 길어져서 1포인트로 도착하여 득점이 됩니다.

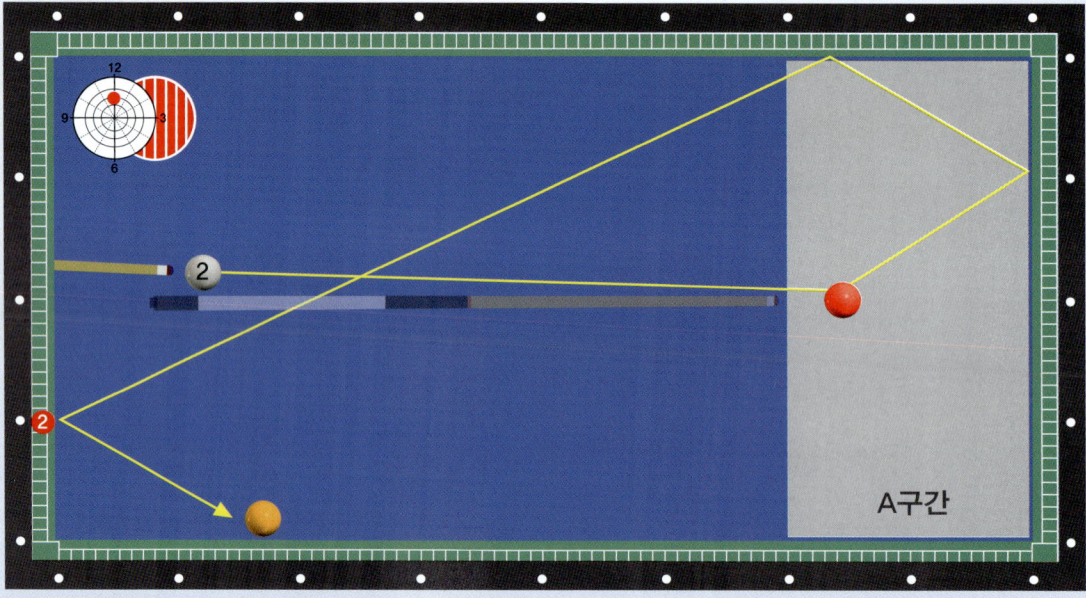

3쿠션은 설계이다
쉬운 공은 실수 없이 안정적으로 / 어려운 공은 창조적으로

⑥. B구간 무회전 12시 2팁, 3/8두께

▶ 1적구가 B구간에 있을 경우에는 A구간보다 0.5포인트 짧게 도착하므로 8/1두께를 뺀 3/8두께 무회전 당점이 기준점이 됩니다.

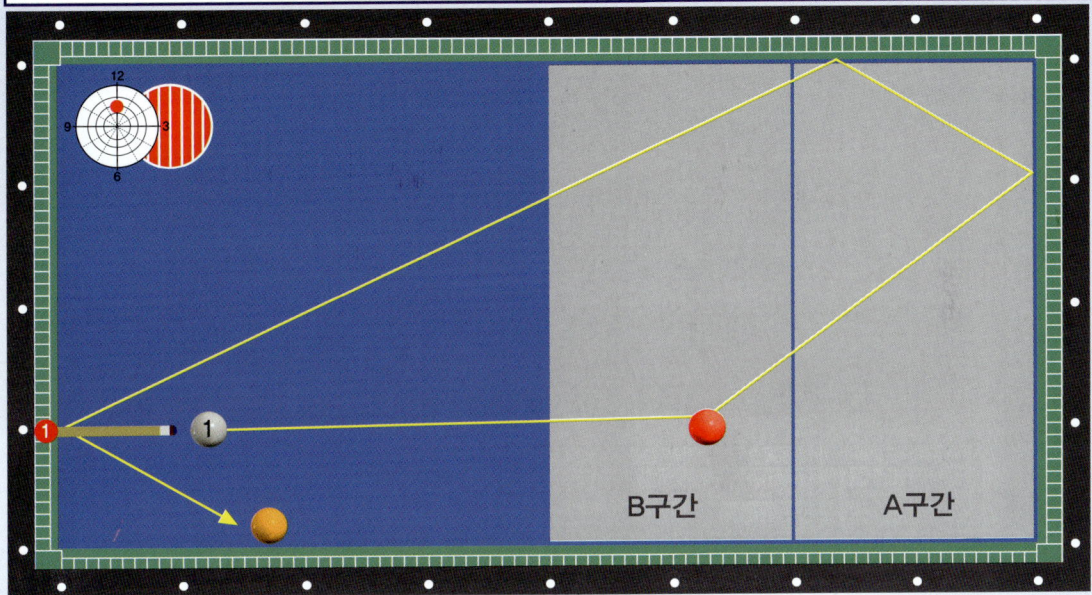

⑦. 응용 공 3개 빠진 1포인트 라인

▶ A구간에서 1포인트 수구와 1적구의 공은 12시 2팁 당점으로 절반 두께를 공략하시면 1포인트에 도착합니다. 아래의 경우 공 3개 빠진 라인은 1.5포인트 길어지고 2목적구의 위치가 0.5포인트 더 길게 도착하여야 득점이 되는 위치이므로, 두께 1/8을 차감한 3/8 두께로 공략하시면 됩니다.

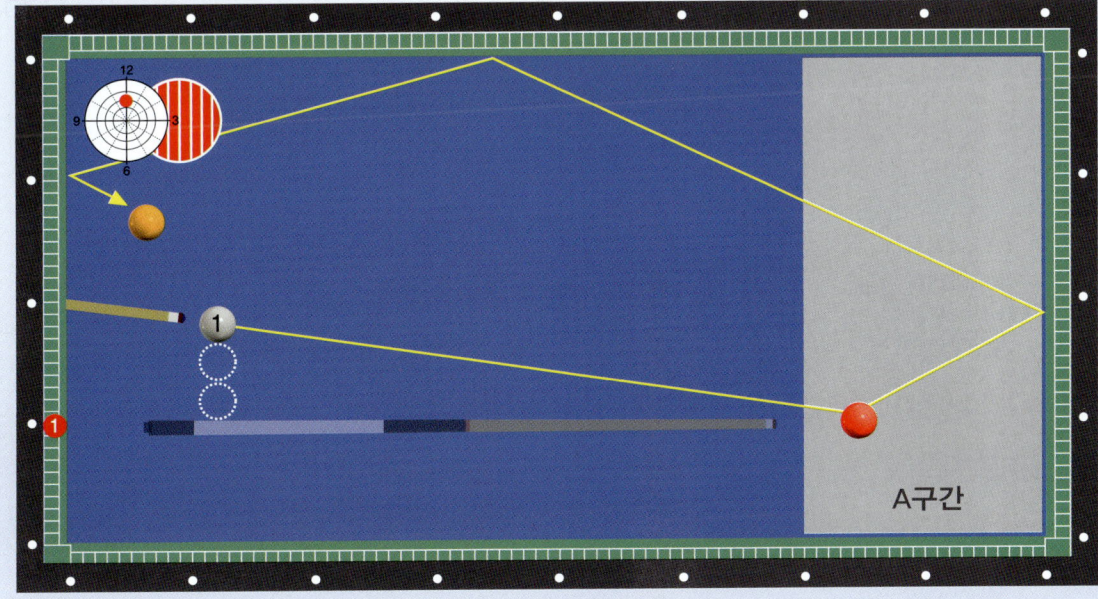

3쿠션은 설계이다
쉬운 공은 실수 없이 안정적으로 / 어려운 공은 창조적으로

앞 돌리기

3쿠션에 꼭 필요한 시스템 유튜브 핵심 강의 총정리

chapter 3) 앞 돌리기 1팁 시스템

주변 김성현
반장 김수진

1) 당   점 : 시계방향 1팁 (예외/1라인, 6라인, 7라인 느낌 팁)

2) 스피드 : 2~2.5레일(뱅킹과 PBA 뱅킹보다 0.5부족하게)

3) 볼 퍼스트 시 자동 회전량 증가에 따른 득점 방법

4) 볼 퍼스트 시 일자 라인과 순각, 엇각의 당점 사용 방법
   두께 3/8 이상은 무회전으로 치더라도 자동 회전이 발생
   (1팁 당점은 1.5회전 작용, 2팁 당점은 2.5회전 작용)

 ▶ YouTube 숭그리 당당 앞 돌리기 1팁 시스템 성현

▶ 유튜브에서 숭그리 당당 앞 돌리기 1팁 시스템 검색 또는 좌측에 QR코드를 통해서 배우실 수 있습니다.

숭그리 당당 Tip ①. 1팁 앞 돌리기 라인

▶ 수구 출발 포인트에서 같은 포인트 1쿠션을 공략하시면 수구는 코너를 타고 돌아갑니다. (예외/1라인, 6라인, 7라인 느낌 팁)

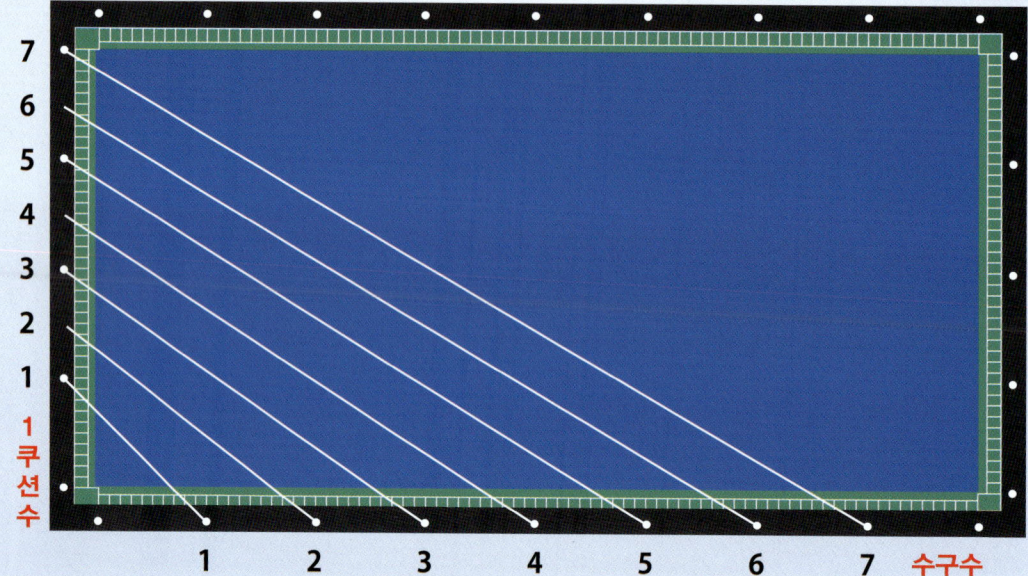

3쿠션은 설계이다
쉬운 공은 실수 없이 안정적으로 / 어려운 공은 창조적으로

②. 느낌 팁 공략 : 수구와 1목적구가 같은 평행선상

숭그리당당 Tip

▶볼 퍼스트 시에 아래 이미지와 같이 3라인에 있으며 수구와 1목적구가 평행 선상에 있어서 일자 라인 선상에 있다고 착각할 수 있지만 아래의 공은 느낌 팁 으로 공략하셔야 수구가 코너를 돌아서 득점이 됩니다.
두께 3/8 이상은 무회전으로 치더라도 자동 회전이 발생합니다.(1팁 당점은 1팁 반으로 작용, 2팁 당점은 2팁 반으로 작용합니다.)

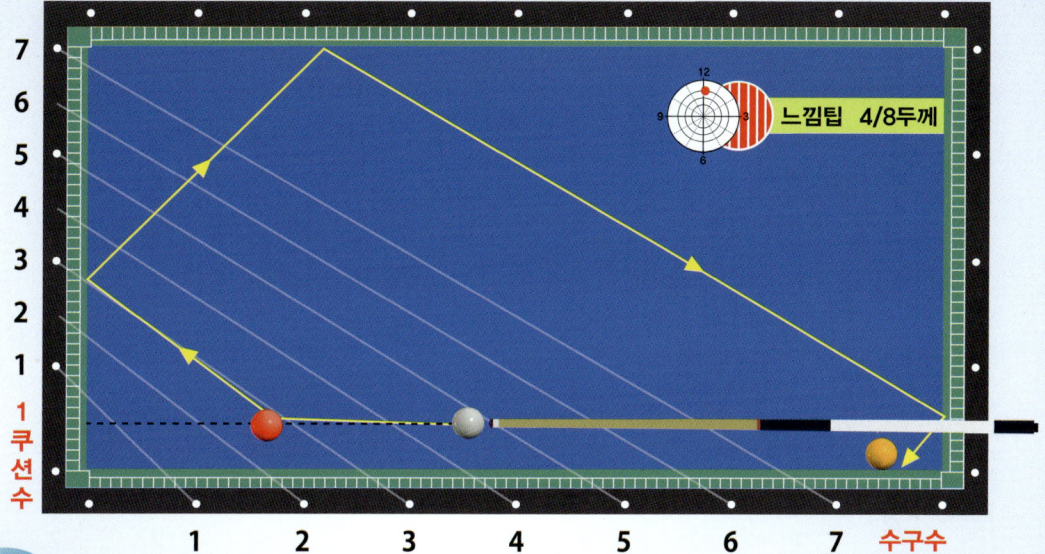

③. 원팁 공략 : 수구중심과 1목적구 끝이 보이는 큐션

숭그리당당 Tip

▶아래 이미지와 같이 수구의 중심에서 1목적구 끝이 보이는 큐선 위치가 일자이므로 이때는 **1팁 당점 3라인으로 보내면 코너를 돌아 득점**이 됩니다.

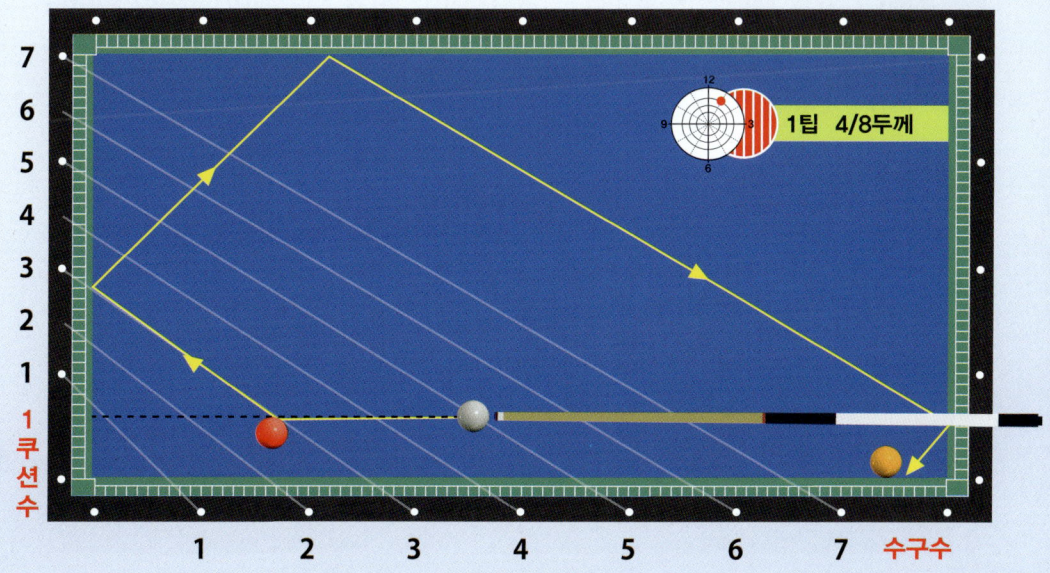

3쿠션은 설계이다
쉬운 공은 실수 없이 안정적으로 / 어려운 공은 창조적으로

3쿠션에 꼭 필요한 시스템 유튜브 핵심 강의 총정리

④. 느낌 팁 공략 : 수구와 1목적구가 엇각일 때

▶ 아래 이미지와 같이 3라인에 있으며 수구와 1목적구가 엇각 라인 선상에 있을 경우는 1목적구를 더 두껍게 겨냥하셔야 득점이 됩니다. 이때 **두께로 인한 회전량이 증가**하므로 **느낌 팁**으로 공략하셔야 득점이 됩니다.
(무회전이 아니라 정방향의 느낌 팁입니다. 무회전으로 두껍게 공략하시면 역회전이 효과가 발생하여 짧아질 수 있습니다.)

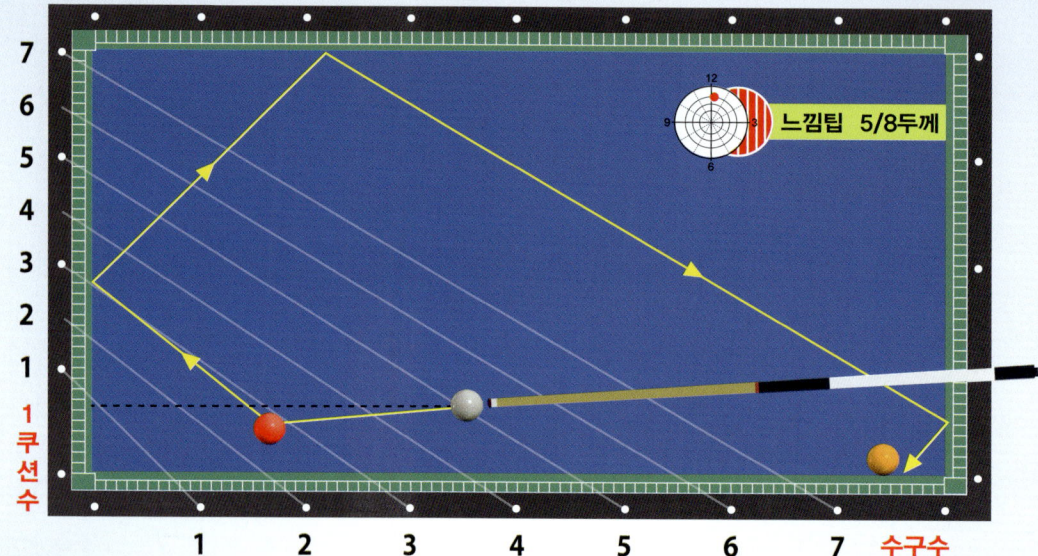

⑤. 무회전 공략 : 한 포인트 길게 치고 싶을 때

▶ 일자 라인에 있으므로 원팁으로 득점이 되지만, 아래와 같이 한 포인트 길게 치시고 싶을 때에는 무회전으로 공략하시면 자동 회전되어 득점이 됩니다.

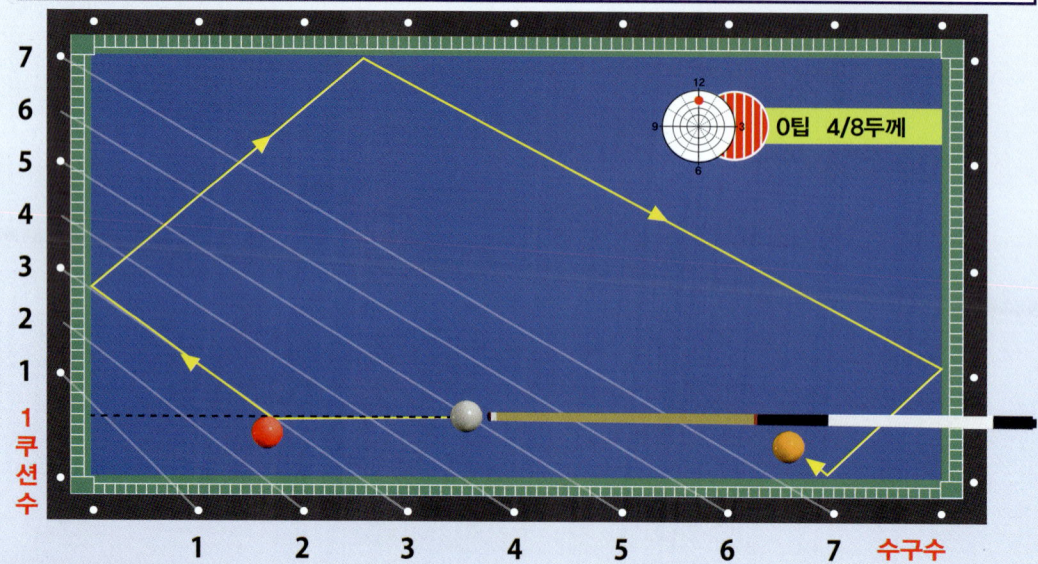

3쿠션은 설계이다
쉬운 공은 실수 없이 안정적으로 / 어려운 공은 창조적으로

앞돌리기

3 chapter 앞돌리기 짧게 2점 탄 포지션 플레이

1) 위   치 : 1목적구는 코너와 단 쿠션 10포인트 사이
              수구와 1목적구 일자 라인에 선상에 있는 경우
2) 당   점 : 3포인트 3팁 / 2포인트 2팁 / 1포인트 1팁(시계 당점)
3) 두   께 : 코너 돌아가는 두께
4) 스트록 : 편안하게 코너를 향해 굴린다는 느낌으로 짧고 간결한
              숏 스트록 (코너는 강하게 찍어치시면 짧아지는 현상이 생깁니다)

▶ YouTube 숭그리 당당 앞 돌리기 짧게 9-1탄

▶ 유튜브에서 **숭그리 당당 앞 돌리기 짧게 9-1탄** 검색 또는 좌측에 **QR코드**를 통해서 배우실 수 있습니다.

숭그리 당당 Tip

①. 앞돌리기 짧게 치기 기본 라인

▶ 출발 포인트 **3포인트 3팁** / **2포인트 2팁** / **1포인트 1팁**을 공략하시면 수구는 출발 라인으로 되돌아옵니다.

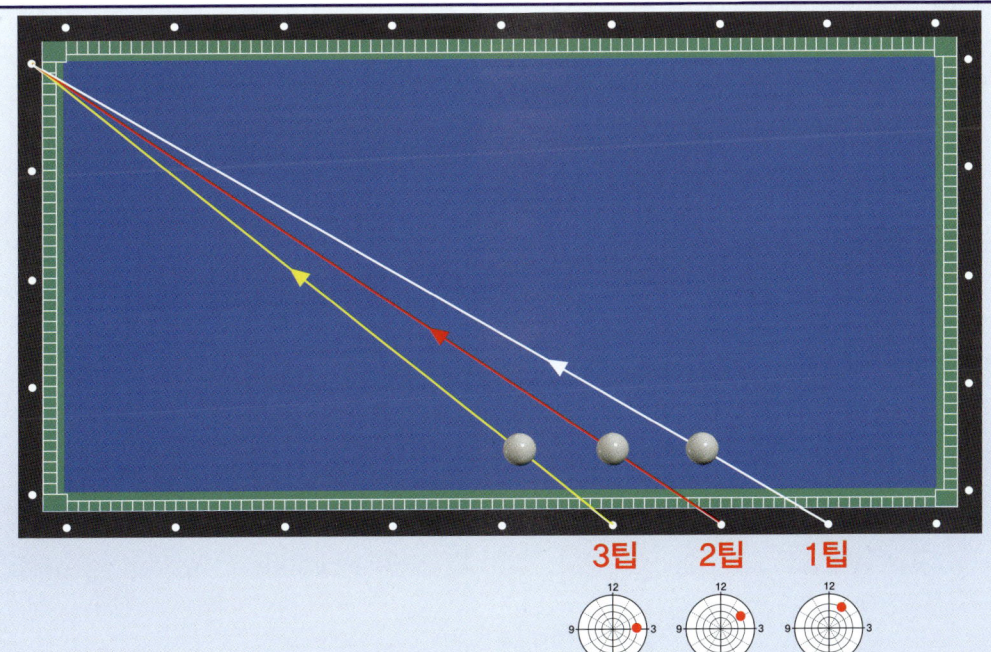

3팁   2팁   1팁

3쿠션은 설계이다
쉬운 공은 실수 없이 안정적으로 / 어려운 공은 창조적으로

②. 3시 3팁 당점으로 코너 공략

▶1목적구가 단 쿠션에서 떨어져 있고 코너와 10포인트 사이에 있을 때 **3시 3팁 당점**으로 공략하면 득점이 됩니다. (두께 : 코너를 바라보는 쪽)

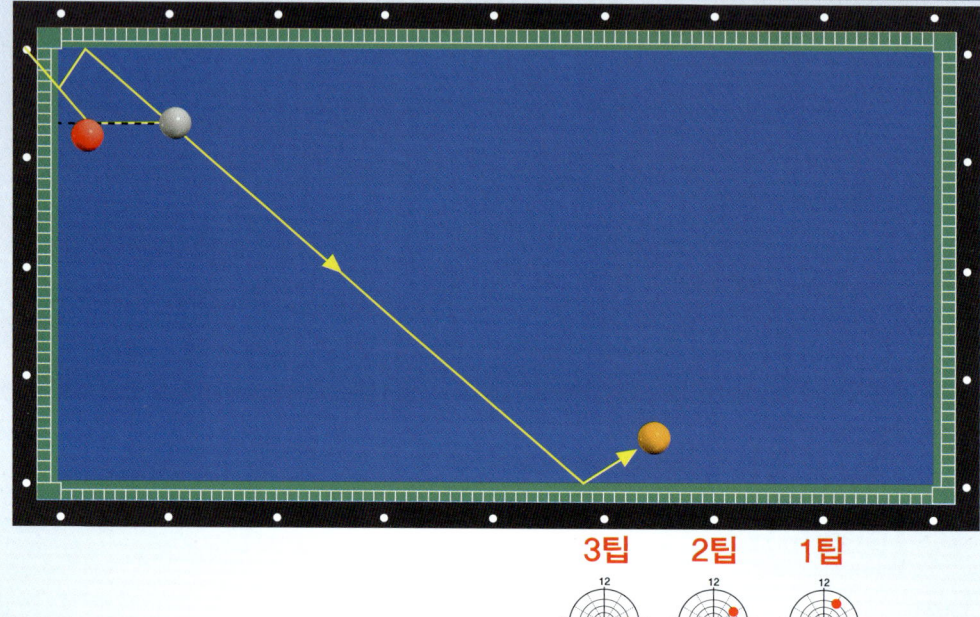

③. 2시 3팁 당점으로 코너 공략

▶**2시 3팁 당점**으로 공략하시면 득점이 됩니다. (주의 : 코너라인은 민감한 부분이어서 찍어 치시면 짧아지므로 부드럽게 굴려서 치셔야 득점이 됩니다.)

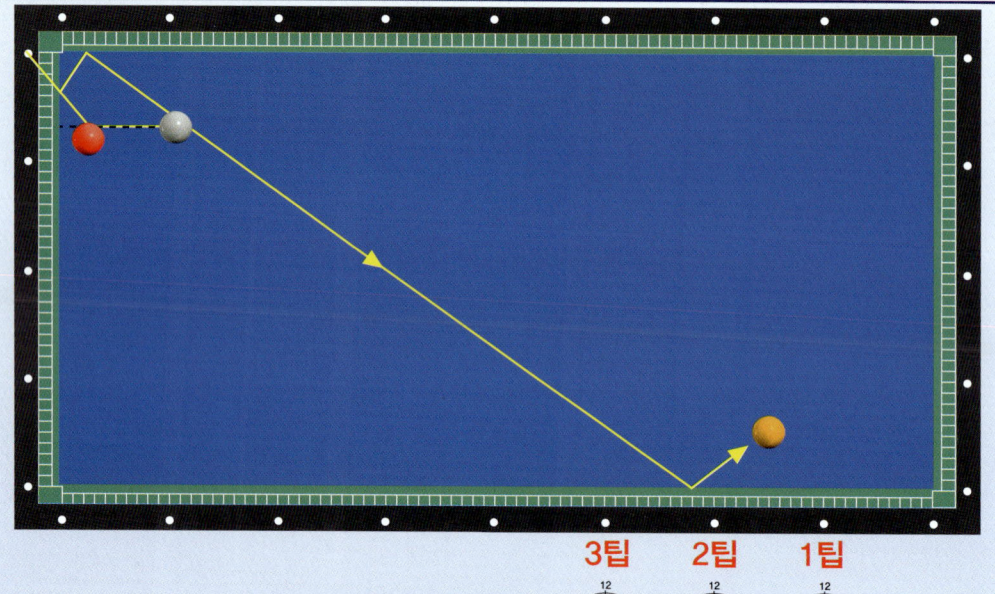

3쿠션에 꼭 필요한 시스템 유튜브 핵심 강의 총정리

앞돌리기

숭그리 당당 Tip

④. 1시 3팁 당점으로 코너 공략

▶ **1시 3팁 당점**으로 공략하면 득점이 됩니다. (그립은 계란 하나 잡은 듯 숏 스트록으로 가볍게 툭 치시는 게 유리합니다.)

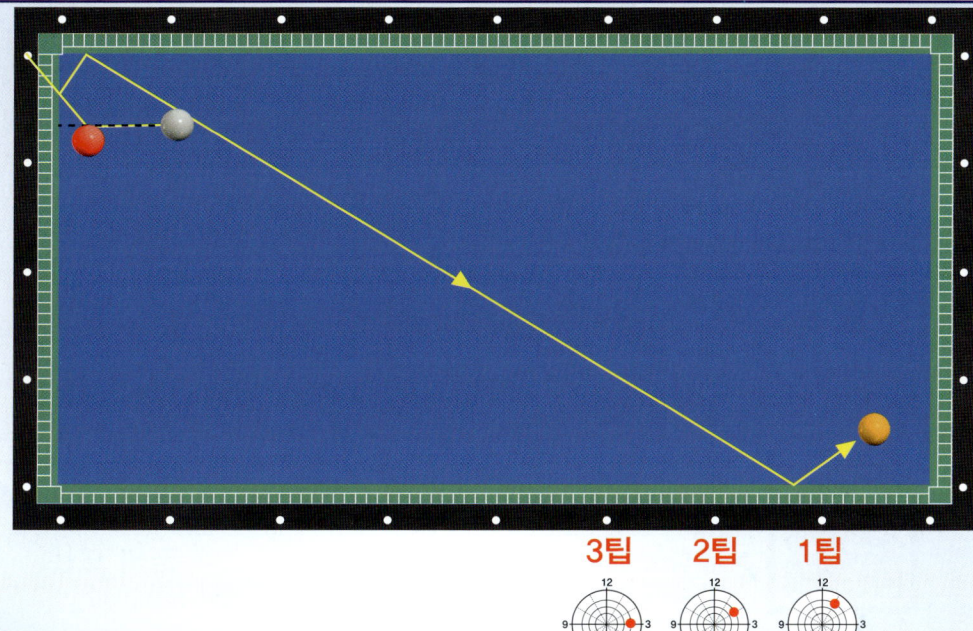

숭그리 당당 Tip

⑤. 응용 : 느낌 팁 3팁으로 0.3으로 공략

▶ **느낌 팁 3팁 당점**으로 코너보다 **3포인트 앞으로 길게 공략**하시면 코너에 있는 2목적구 또한 득점이 됩니다.

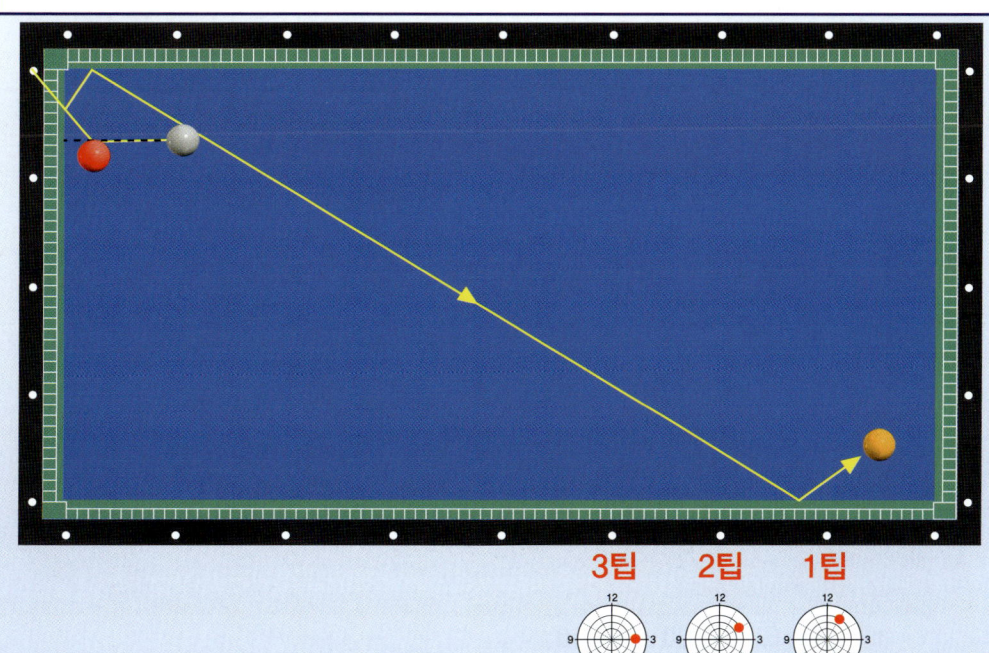

3쿠션은 **설계**이다
쉬운 공은 실수 없이 안정적으로 / 어려운 공은 창조적으로

앞 돌리기

3쿠션에 꼭 필요한 시스템 유튜브 핵심 강의 총정리

Chapter 3. 48탄 엇각 앞 돌리기 8시스템

주변 김성현
반장 김수진

1) 당 점 : 8시 3팁 / 4시 3팁
   (45도이상 밀리는 각도는 팁 하나를 줄여서 7시 3팁 / 5시 3팁)

2) 스피드 : 2.5~3레일

3) 스트록 : 한 뼘 앞으로 그립을 잡고 큐 뒷부분을 살짝 올려서
   부드러운 팔로우 샷

※ 당구뽀개기 Tip 공식 : 1쿠션수 포인트수 + 3쿠션수 포인트수 × 8

▶ YouTube 48탄 엇각 앞 돌리기 8시스템

▶ 유튜브에서 **48탄 엇각 앞 돌리기 8시스템** 검색 또는
좌측에 **QR코드**를 통해서 배우실 수 있습니다.

숭그리 당당 Tip

① 기준 포인트로 보내기 위해 × 8 = 16포인트

▶ 1쿠션수 **2포인트** 있으므로 × 8 = 2쿠션 **16** 포인트로 보내면 득점이 됩니다. 이때 **당점은 8시 2팁,** 그립은 평상시 보다 한 뼘 앞으로 그립을 잡고 큐 뒷부분을 살짝 올려서 부드러운 팔로우 샷

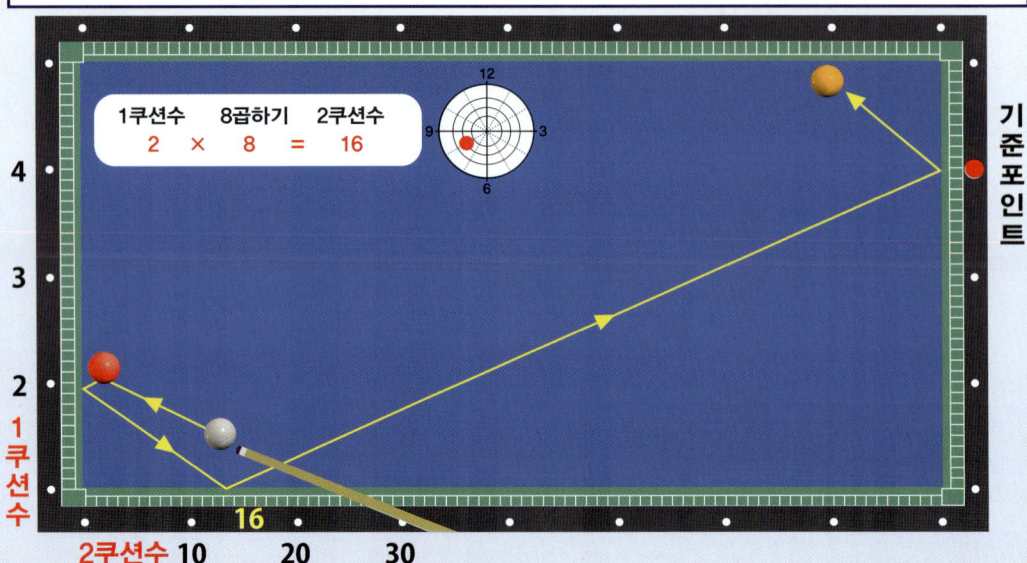

3쿠션은 **설계**이다
쉬운 공은 실수 없이 안정적으로 / 어려운 공은 창조적으로

3쿠션에 꼭 필요한 시스템 유튜브 핵심 강의 총정리

앞돌리기

숭그리당당 Tip
② 기준 포인트로 보내기 위해 × 8 = 24포인트

▶ 1쿠션수 **3포인트 × 8 = 2쿠션 24 포인트**로 보내면 득점이 됩니다.
이때 **당점은 8시 2팁,**(쿠션에 붙은 공에서 상단 혹은 중단 당점을 이용하면 곡구, 즉 밀림현상이 발생하여 기준 포인트로 보내기 어려움)

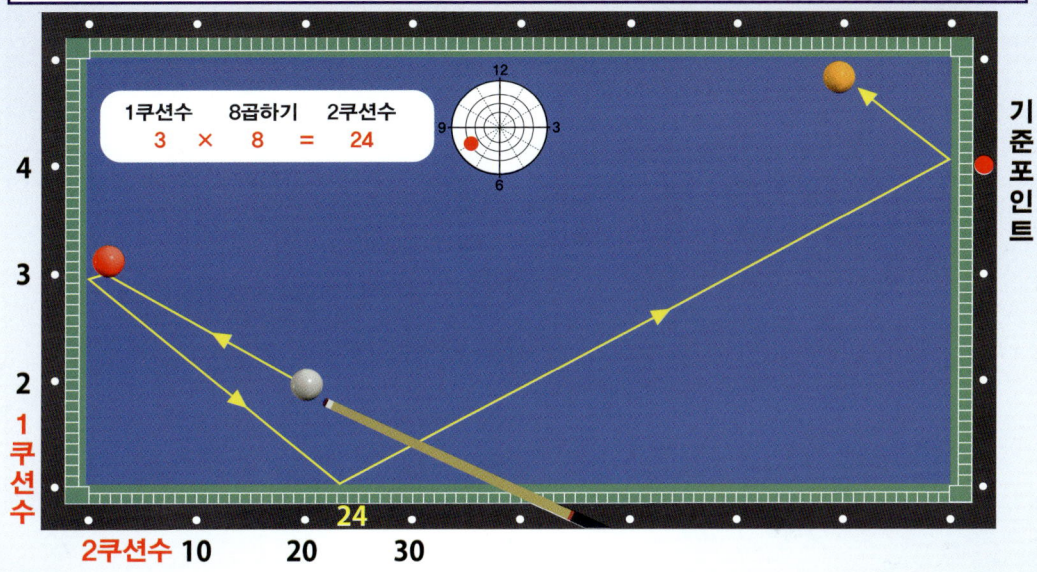

숭그리당당 Tip
③ 기준 포인트로 보내기 위해 × 8 = 20포인트

▶ 1쿠션수 **2.5포인트 × 8 = 2쿠션 20포인트**로 보내면 득점이 됩니다.
이때 **당점은 7시 2팁,** 수구와 목적구가 45도 이내일 경우 밀리는 현상이 발생하여 팁 하나를 줄여서 **7시 3팁 당점** 이용해야 함

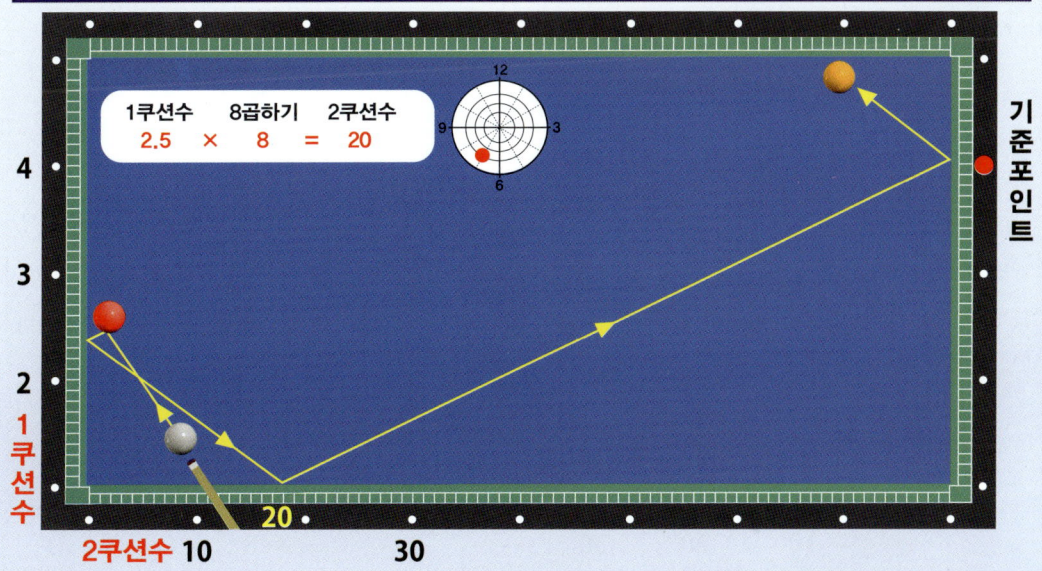

3쿠션은 설계이다
쉬운 공은 실수 없이 안정적으로 / 어려운 공은 창조적으로

④ 기준 포인트로 보내기 위해 × 8 = 32포인트

▶ 1쿠션수 4포인트 × 8 = 2쿠션 32 포인트로 보내면 득점이 됩니다.
이때 당점은 7시 3팁, 수구와 목적구가 45도 보다 작은 각(큐는 평상시 보다 한 뼘 뒤를 잡습니다. 큐를 수평으로 유지하고 미들팔로우)

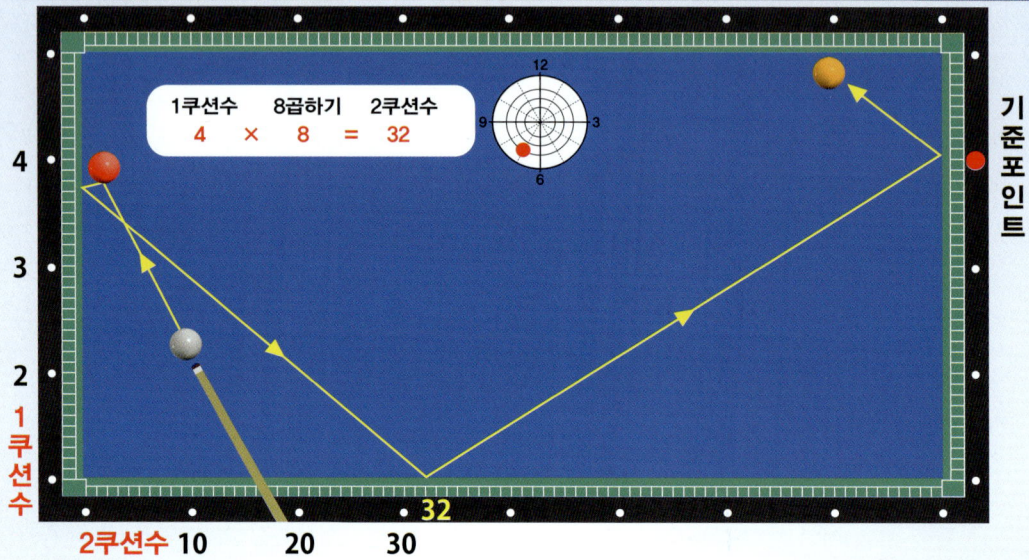

⑤ 기준 포인트로 보내기 위해 × 8 = 16포인트

▶ 1쿠션수 2포인트 × 8 = 2쿠션 16포인트 면이 불편하여 라인 잡기가 어려울 때 팁을 하나 빼고 7시 2팁 당점으로 4정도 앞으로 보내어 12지점에 맞추어도 득점이 됩니다.

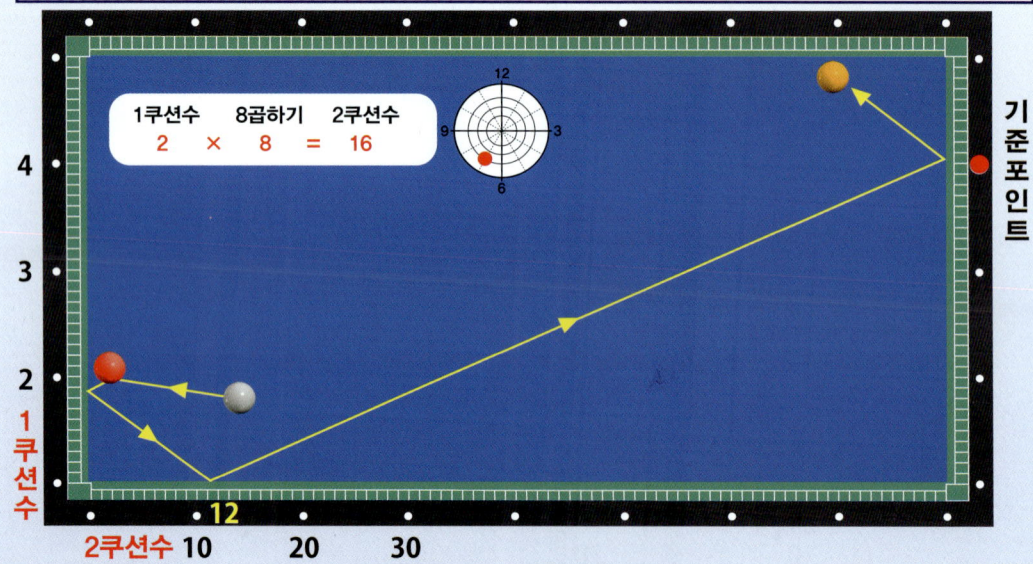

3쿠션은 설계이다
쉬운 공은 실수 없이 안정적으로 / 어려운 공은 창조적으로

3쿠션에 꼭 필요한 시스템 유튜브 핵심 강의 총정리

4 chapter 엇각 뒤돌리기

주번 김성현
반장 김수진

1) 당   점 : 0.5칸 엇각 기울기 당점 1포인트 내려감
             1칸 엇각 기울기 당점 2포인트 내려감
             2칸 엇각 기울기 당점 하단에 가는 방향 느낌 팁

2) 스 트 록 : 숏 미들 팔로우 /공앞에서 잡아주듯 분리/브릿지 견고히
3) 두   께 : 3/8두께(1목적구 장 쿠션 4포인트 이내)
             4/8~5/8두께(1목적구가 장 쿠션 3.5~4포인트)
             6/8두께(1목적구가 장 쿠션 1포인트~3포인트)
             4/8두께, 중상단 1팁(수구 단 쿠션에 붙은 기울기 반칸 엇각)

숭그리 도사님 Tip : 3구는 끌어치는 공이 없습니다. 분리입니다.

▶ YouTube 23탄 엇각 뒤돌려 치기 완결판

▶ 유튜브에서 23탄 엇각 뒤돌려 치기 완결 검색 또는
   좌측에 QR코드를 통해서 배우실 수 있습니다.

숭그리 당당 Tip

① 0.5칸 엇각 기울기

▶ 아래와 같이 코너각을 기준으로 수구와 1목적구가 0.5칸 엇각 기울기
  인 경우 당점 1포인트 내려감. 숏 ~ 미들 팔로우로 공 앞에서 멈추는
  느낌으로 공략합니다.

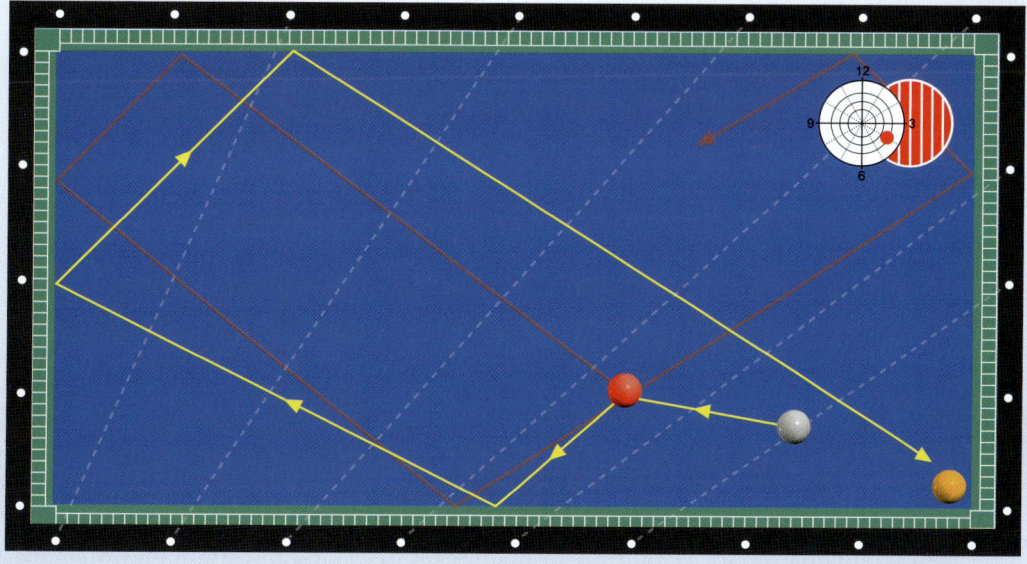

3쿠션은 설계이다
쉬운 공은 실수 없이 안정적으로 / 어려운 공은 창조적으로

② 1칸 엇각 기울기

▶ 아래와 같이 코너각을 기준으로 **수구와 1목적구가 1칸 엇각 기울기**인 경우 **당점 2포인트 내려감.** 숏 ~ 미들 팔로우로 공 앞에서 잡아주듯 분리, 3/8두께, 브릿지는 견고히

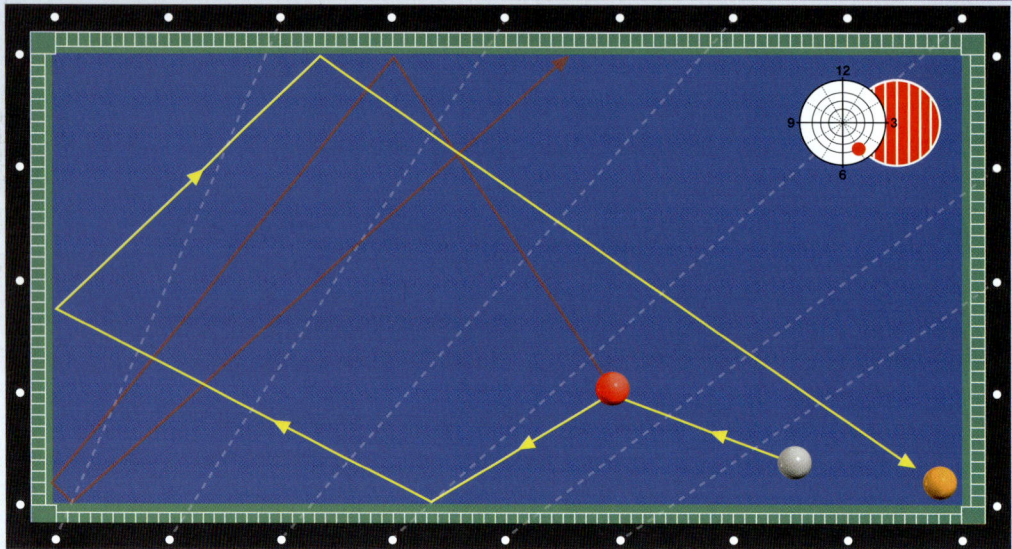

③ 2칸 엇각 기울기

▶ 아래와 같이 코너각을 기준으로 **수구와 1목적구가 2칸 엇각 기울기**인 경우 **당점 하단에 느낌 팁.** 숏 ~ 미들 팔로우으로 공 앞에서 잡아주듯 분리, 3/8두께, 브릿지는 견고히

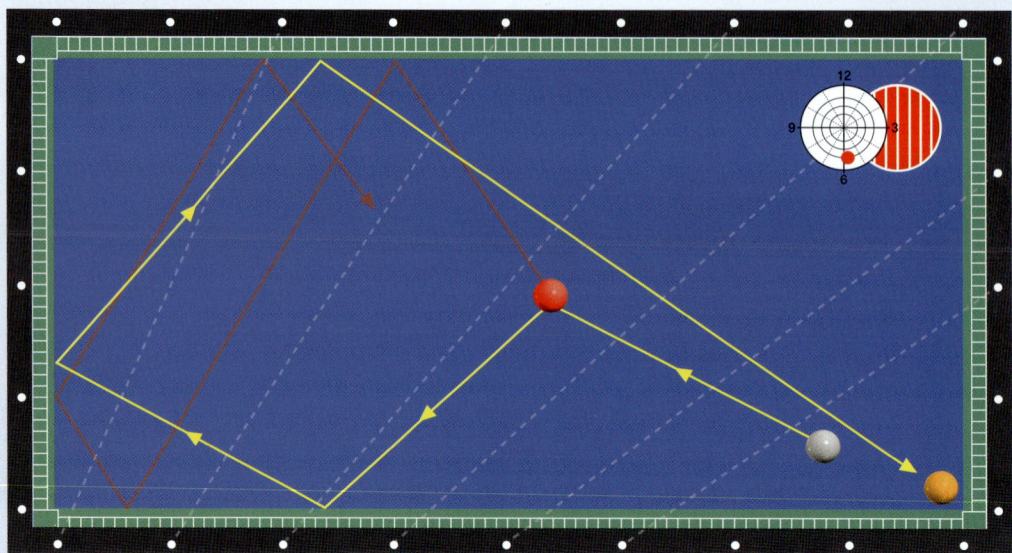

3쿠션은 설계이다
쉬운 공은 실수 없이 안정적으로 / 어려운 공은 창조적으로

④ 2칸 엇각 기울기

숭그리 당당 Tip

▶ 아래와 같이 코너각을 기준으로 **수구와 1목적구가 1칸 엇각 기울기**인 경우 **당점 2포인트 내려감. 숏 ~ 미들 팔로우**로 공 앞에서 잡아주듯 분리, 3/8두께, 브릿지는 견고히/보정값 5~8정도 앞으로 겨냥합니다.

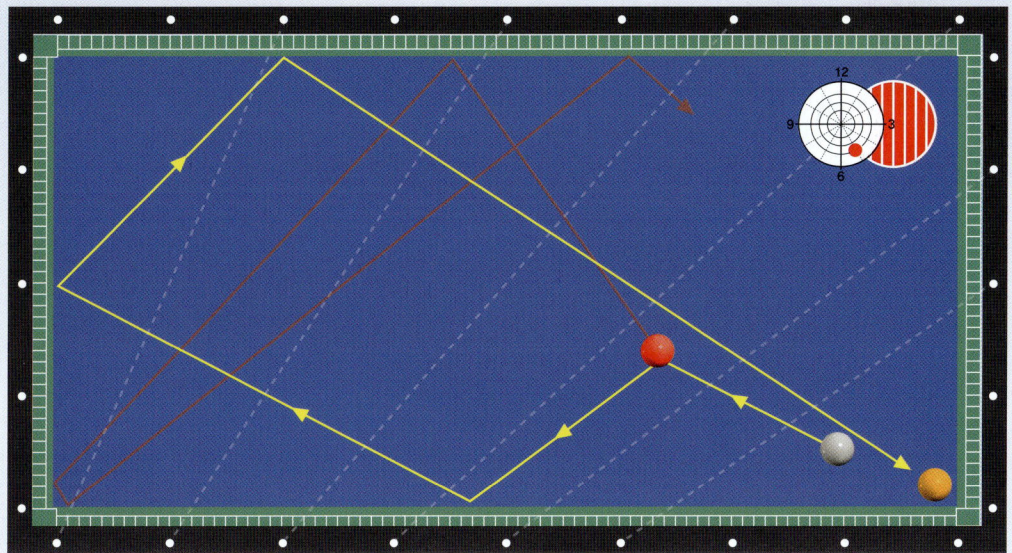

⑤ 1적구 중앙 / 2칸 엇각 기울기

숭그리 당당 Tip

▶ 아래와 같이 코너각을 기준으로 **수구와 1목적구가 2칸 엇각 기울기**인 경우 **하단 느낌 팁, 숏 ~ 미들 팔로우**로 공 앞에서 멈추는 느낌 3/8두께, 브릿지는 견고히/보정값 5~8정도 앞으로 겨냥합니다.

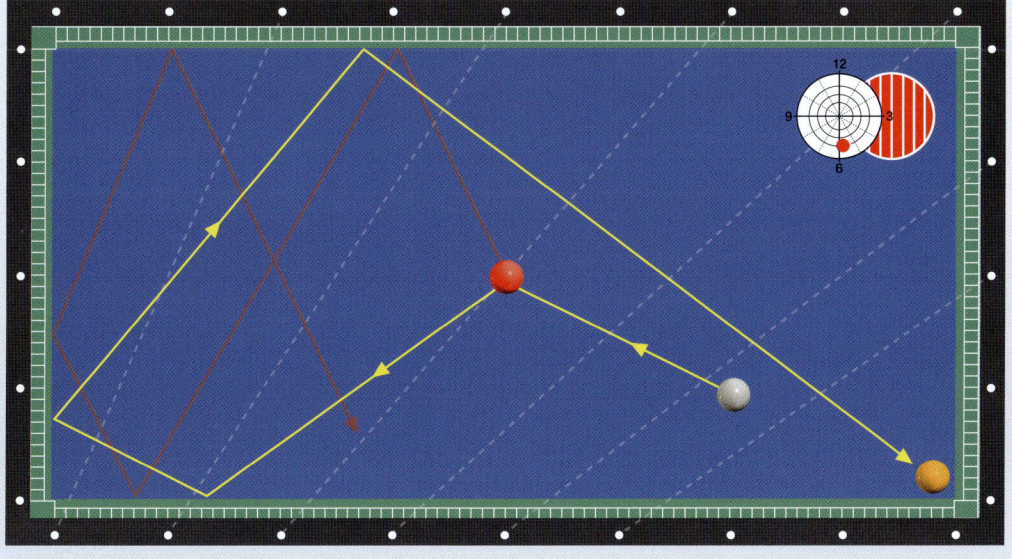

뒤돌려치기

숭그리 당당 Tip

⑥ 1적구 두껍게 쳐서 장단장 키스빼기

▶ 하단 느낌 팁. 숏 ~ 미들 팔로우로 공 앞에서 멈추는 느낌, 4/8~5/8두께, 브릿지는 견고히, 그립 한 칸 앞으로, 보정값없음 뒷큐는 수평으로

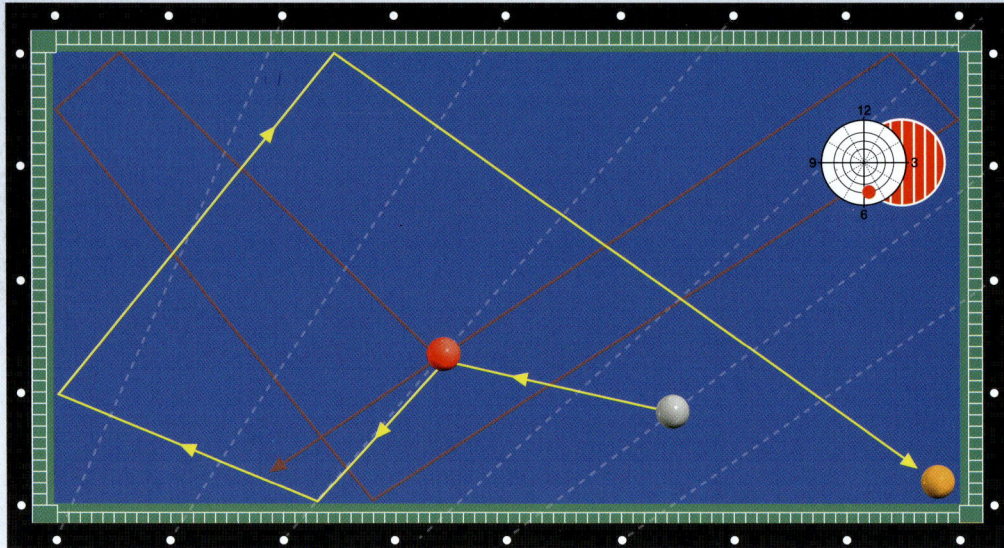

숭그리 당당 Tip

⑦ 1적구 두껍게 쳐서 단장단 키스 빼기

▶ 하단 느낌팁. 숏 ~ 미들 팔로우로 공 앞에서 멈추는 느낌, 6/8두께, 브릿지는 견고히, 그립 한 칸 앞으로, 보정값 없음 뒷큐는 수평으로

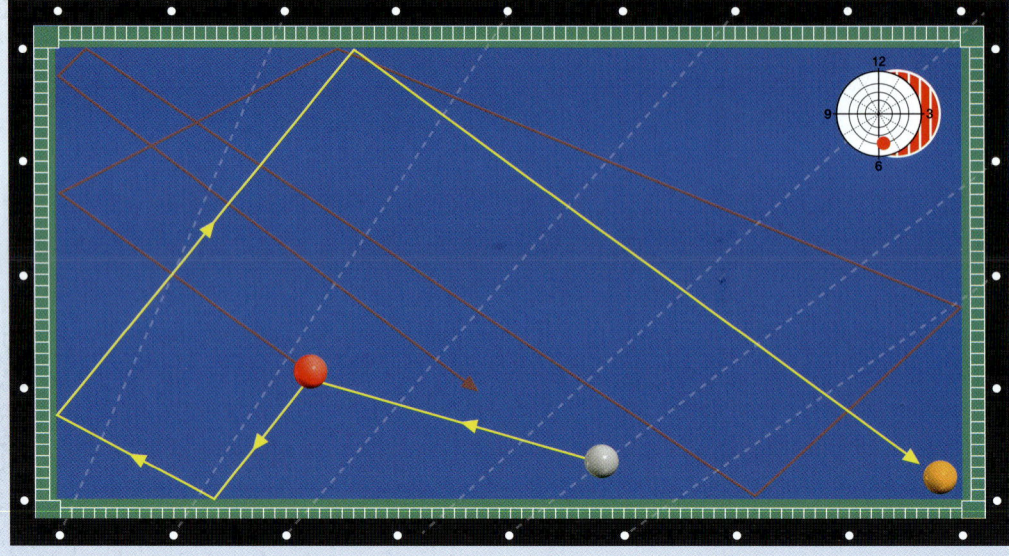

3쿠션은 설계이다
쉬운 공은 실수 없이 안정적으로 / 어려운 공은 창조적으로

⑧ 1적구 두껍게 쳐서 단장단 키스 빼기

 숭그리당당 Tip

▶ 하단 느낌 팁. 숏 ~ 미들 팔로우로 공 앞에서 멈추는 느낌,
6/8두께, 브릿지는 견고히, 그립 한 칸 앞으로, 보정값 없음
뒷큐는 수평으로, 힘을 빼고 장 쿠션에 보낸다는 느낌

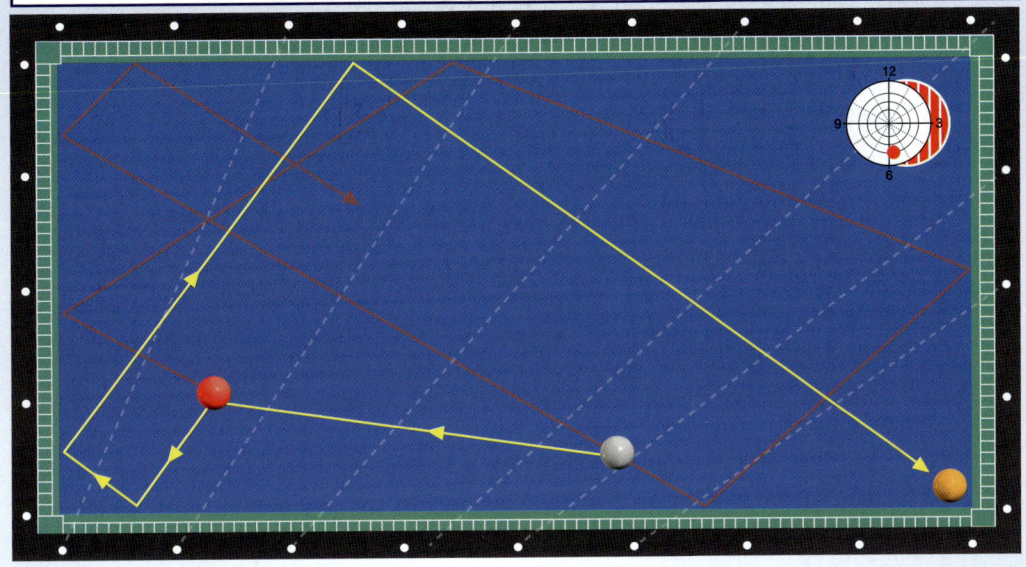

⑨ 수구 단 쿠션에 붙은 기울기 반칸 엇각

 숭그리당당 Tip

▶ 중상단 1팁. 숏 ~ 미들 팔로우로 공 앞에서 멈추는 느낌,
4/8두께, 큐를 들어 최대한 줄 수 있는 당점을 조준,
힘을 빼고 장 쿠션에 보낸다는 느낌

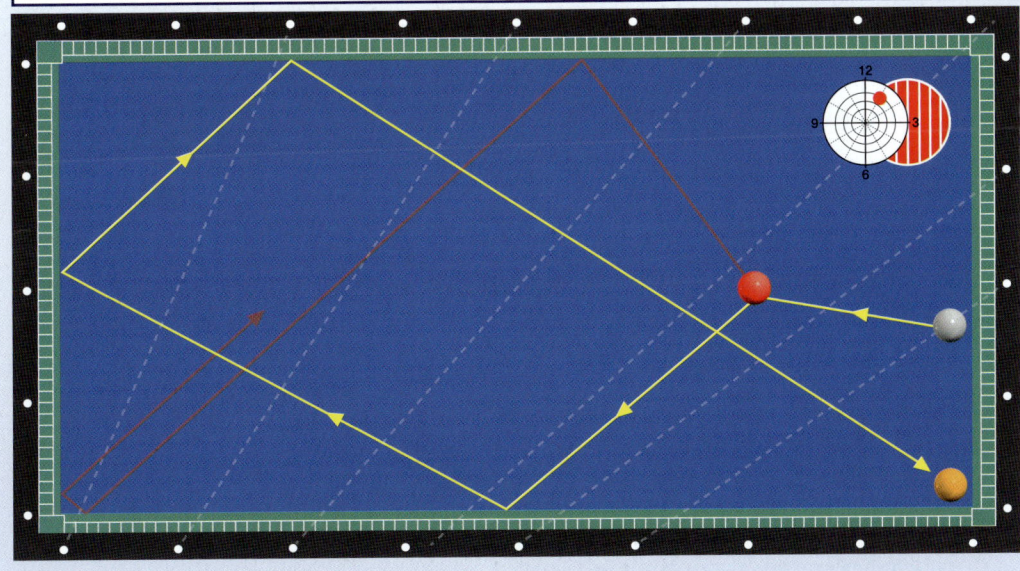

3쿠션은 설계이다
쉬운 공은 실수 없이 안정적으로 / 어려운 공은 창조적으로

뒤돌려치기

Chapter 4. 짧은 뒤돌려치기

1) 위　　치 : 1목적구와 2목적구 단 쿠션 1포인트 장 쿠션 1포인트
　　　　　　 수구 초구 치는 곳 3점 중에 한 점
2) 당　　점 : 12시 3팁 상단 당점으로 스네이크 샷 / 전진력으로 공을
　　　　　　 급격히 솟아오르게 합니다.
3) 두　　께 : 4/8 ~ 5/8 최적의 두께
4) 스피드 : 4레일 이상
5) 브릿지 : 바닥에 단단하게 고정(갑자기 일어나지 않도록)
6) 스　 윙 : 12시 상단 당점 그대로 수평 스트록
7) 스피드가 부족하신 분은 역회전 1시/11시 3팁 / 3.5레일 스피드로
　 공략하셔도 득점이 됩니다.

 ▶ YouTube 11편 짧은 뒤돌려 치기 그것이 알고 싶다

▶ 유튜브에서 **11편 짧은 뒤돌려 치기 그것이 알고 싶다** 검색 또는
　좌측에 **QR코드**를 통해서 배우실 수 있습니다.

당구 뽀개기 Tip

①. 스피드 4레일 이상 상단 12시 3팁

▶두께 4/8 ~ 5/8 / 12시 3팁 당점 / **4레일 이상의 강한 수평스트록**
　으로 득점이 됩니다.

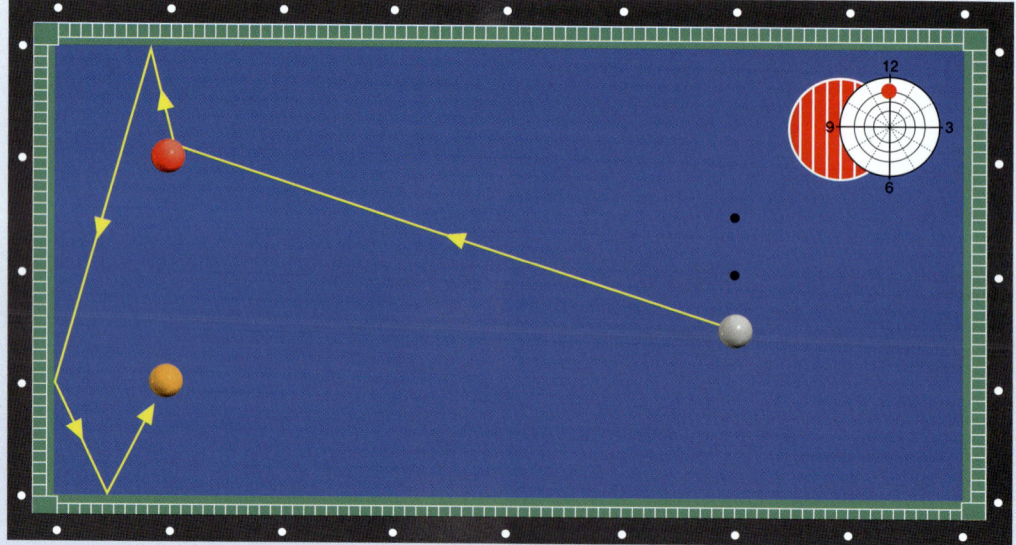

3쿠션은 설계이다
쉬운 공은 실수 없이 안정적으로 / 어려운 공은 창조적으로

②. 스피드 3.5레일 이상 상단 1시 3팁(역회전)

 ▶두께 4/8 ~ 5/8 / 1시 3팁 당점(역회전) / 3.5레일 이상의 강한 수평스트록 득점이 됩니다. (스피드가 조금 부족하신 분 추천 당점)

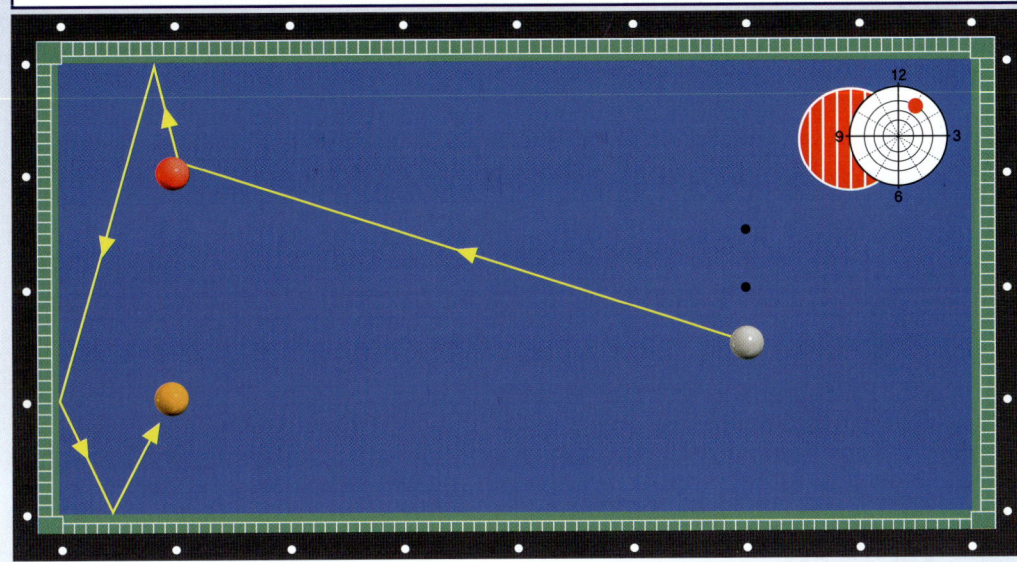

③. 당점 12시 3팁으로 2레일의 편안한 스트록

 ▶두께 4/8 ~ 5/8 / 12시 3팁 당점 / 2레일(뱅킹속도)로 편안하게 공략하시면 회전 없이 감각적으로 득점이 됩니다.

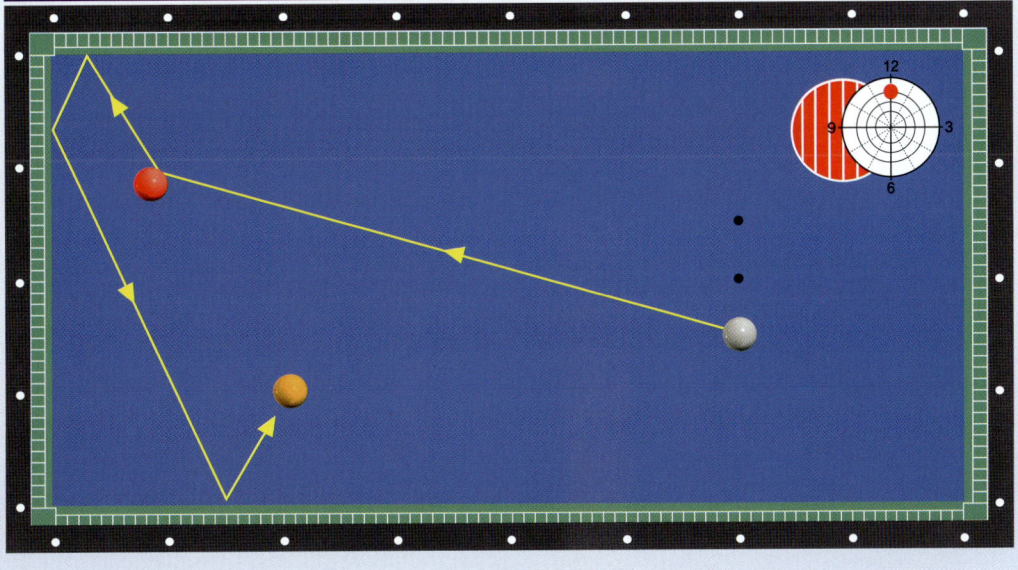

뒤돌려치기

3쿠션에 꼭 필요한 시스템 유튜브 핵심 강의 총정리

Chapter 4 뒤돌려치기 포지션

주번 김성현
반장 김수진

1) 공 략 : 1목적구 장쿠션 2포인트 / 단쿠션 1포인트 이내 수구 일자 라인
　　ㄱ. 미들 스트록, 11시~ 10시 방향 3팁, 4/8이상 두껍게
　　ㄴ. 쇼트 스트록, 8시 방향 2팁, 2/8이하 얇게
　　ㄷ. 롱 스트록, 11시~ 10시 방향 3팁. 두껍게 달고가는 느낌

　　1목적구 장쿠션 3.5포인트 / 단쿠션 1포인트 이내 수구 일자 라인
　　ㄱ. 쇼트 스트록, 8시 방향 2팁, 2/8~3/8 얇게

　　1목적구 장쿠션 5포인트 / 단쿠션 1포인트 이내 수구 일자 라인
　　ㄱ. 미들 스트록, 11시 방향 3팁 혹은 10방향 3팁, 4/8 두껍게

　　1목적구 장쿠션 6.5포인트 / 단쿠션 1포인트 이내 수구 일자 라인
　　ㄱ. 미들 스트록, 8시 방향 1팁 혹은 쇼트 스트록 11방향 1팁

▶ YouTube 15탄 뒤돌 공략법 위치에 따른 스트록

▶ 유튜브에서 **15탄 뒤돌 공략법 위치에 따른 스트록** 검색 또는 좌측에 **QR코드**를 통해서 배우실 수 있습니다.

①. 1목적구 단장단으로 두껍게

▶ 수구의 속도가 있어야 하므로 **미들 스트록(부드럽게 밀어침)** 이때 1목적구는 단 쿠션 1포인트 혹은 1포인트 안쪽으로 진행 시키는 게 유리합니다. **당점은 11시 방향 3팁 혹은 10방향 3팁**

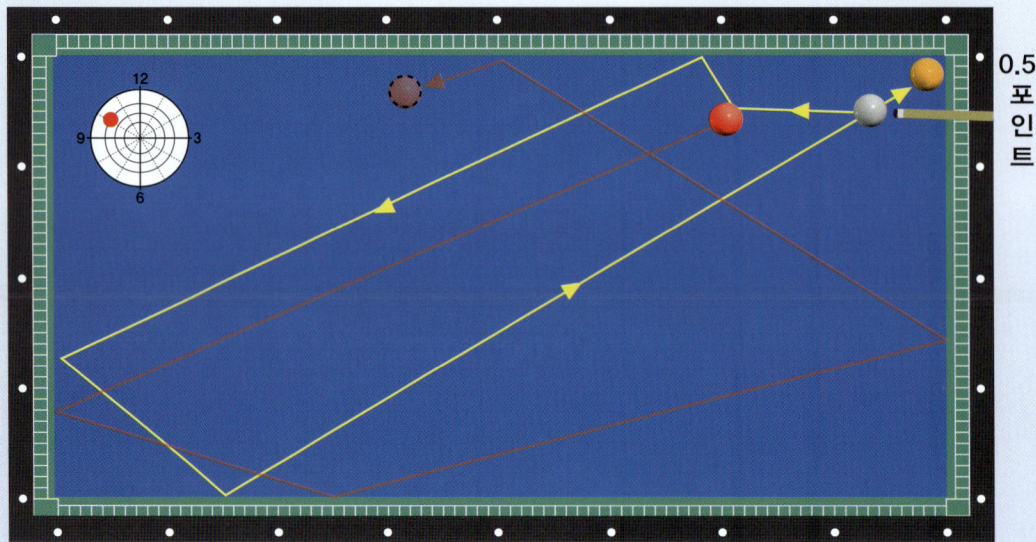

3쿠션은 설계이다
쉬운 공은 실수 없이 안정적으로 / 어려운 공은 창조적으로

②. 1목적구 장단장으로 얇게

 **숭그리당당 Tip**

▶ **쇼트 스트록(짧은스트록)**, 얇은 두께로 수구와 1목적구를 크로스 시켜 키스를 제거하고 뒤돌리기 포지션 플레이. **당점은 8시 방향 2팁**

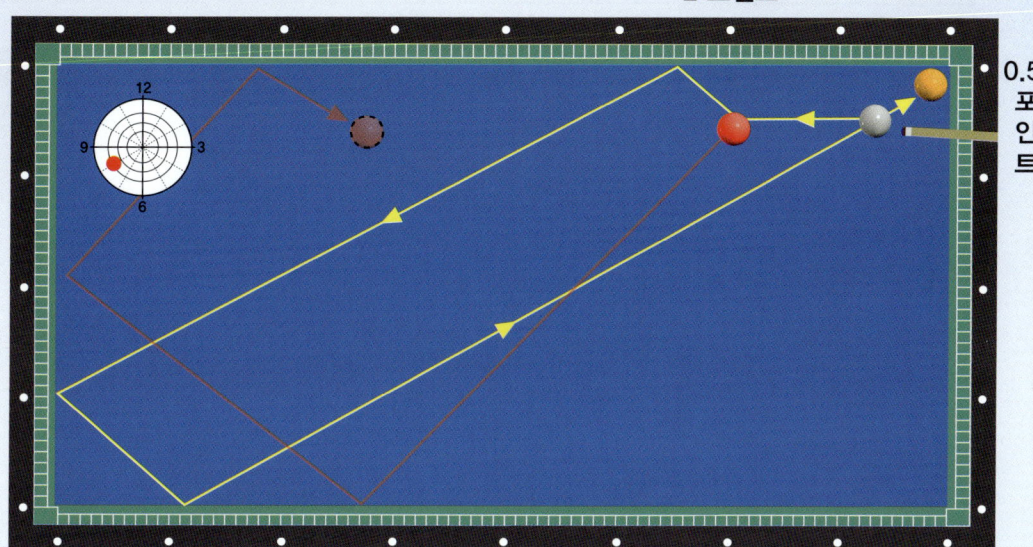

③. 1목적구 장단장으로 두껍게(달고 가는 느낌)

 **숭그리당당 Tip**

▶ **롱 스트록(부드럽게)**, 1목적구를 장 쿠션 코너 방향으로 보내면서 수구가 뒤늦게 쫓아가면서 크로스 **당점은 11시 방향 3팁 혹은 10방향 3팁** 1번, 2번 방법보다는 키스 위험이 있어서 비추천

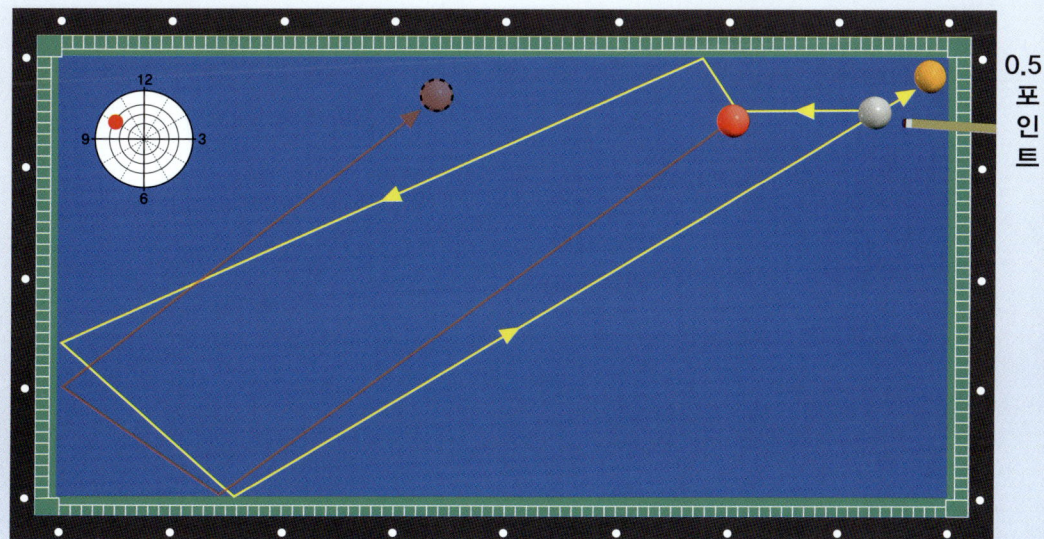

3쿠션은 설계이다
쉬운 공은 실수 없이 안정적으로 / 어려운 공은 창조적으로

④. 1목적구 장단장으로 얇게

▶ **쇼트 스트록(짧은스트록)**, 얇은 두께로 수구와 1목적구를 크로스 시켜 키스를 제거하고 뒤돌리기 포지션 플레이. **당점은 8시 방향 2팁**

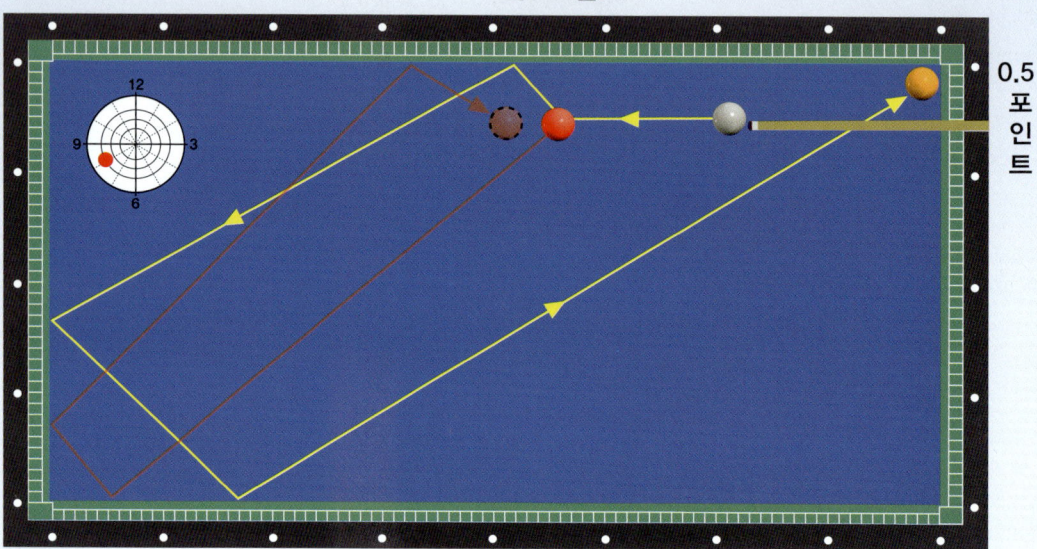

⑤. 1목적구 단장단으로 두껍게

▶ 수구의 속도가 있어야 하므로 **미들 스트록(부드럽게 밀어침)**, 당점은 **11시 방향 3팁 혹은 10방향 3팁**

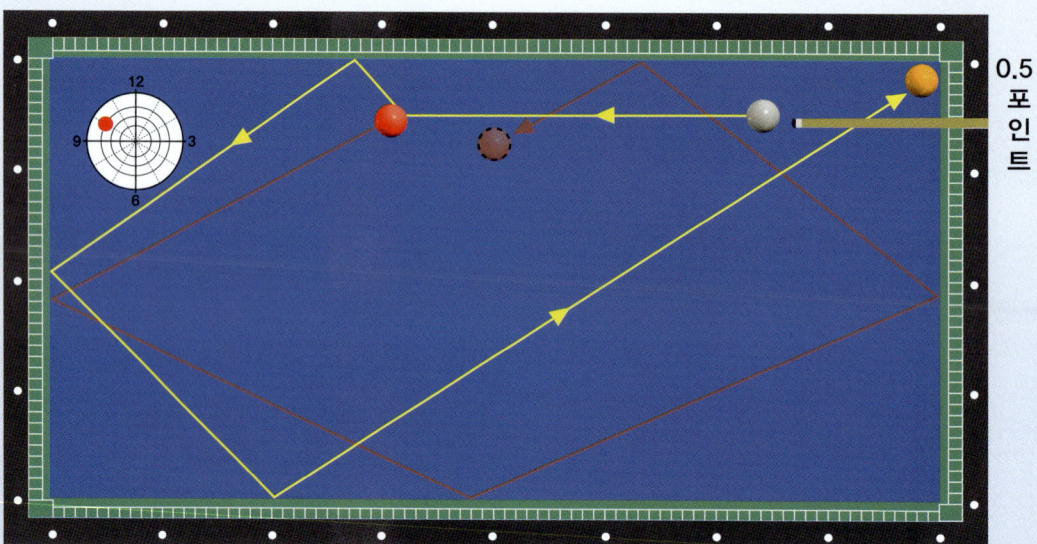

3쿠션은 설계이다
쉬운 공은 실수 없이 안정적으로 / 어려운 공은 창조적으로

⑥. 1목적구 단장단으로 두껍게

▶ 방법 1. **미들 스트록(딱딱한 스트록),** 밀림 현상 방지를 위해 당점은 **8시 방향 1팁**

▶ 방법 2. **중상단 원 팁**으로 숏 스트록도 가능함

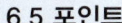

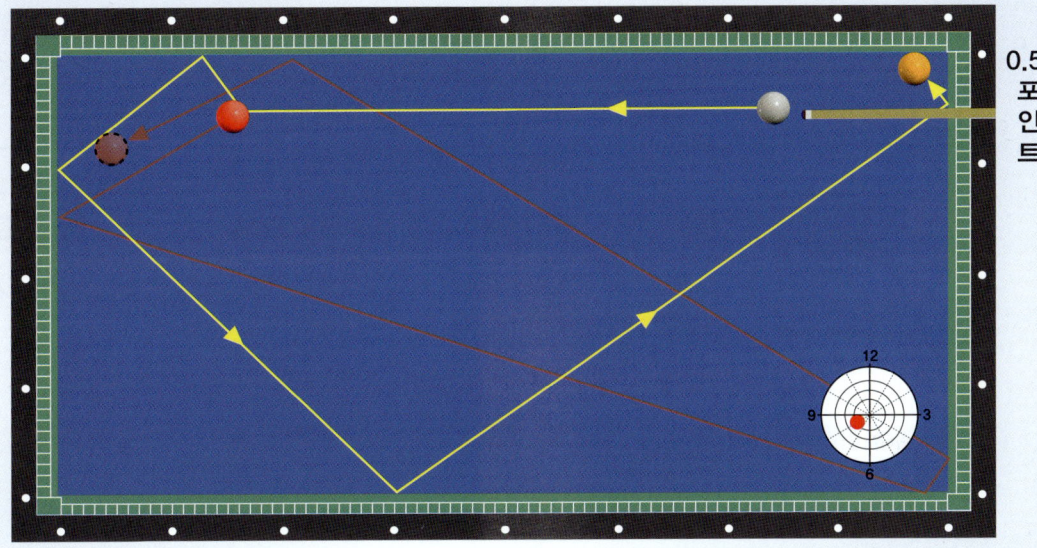

3쿠션에 꼭 필요한 시스템 유튜브 핵심 강의 총정리

뒤돌려치기

①. 3시 30분 / 8시 30분 당점 / 등속팔로우

▶2적구 맞출 때 짧게 빠지거나 키스가 나오기 쉬운 배치입니다.
레일에 가까운 1적구를 공과 충돌 시 롱팔로우로 치시면 원 쿠션을 맞고 분리각이 커집니다.

▶스트록 : 처음과 끝이 같은 속도로 나가는 **등속 미들 팔로우**
▶당　점 : **3시 30분 3팁 / 8시 30분 3팁** / 큐의 뒷부분이 살짝 들림
(1쿠션에 맞고 분리각이 커지지 않고 회전을 충분히 살리기 위한 방법)
▶공의 진로 : 1적구를 먼저 보내고 수구를 늦게 보내는 방법

▶유튜브에서 **54탄 뒤돌리기 길게 치기 키스 빼기** 검색 또는 좌측에 **QR코드**를 통해서 배우실 수 있습니다.

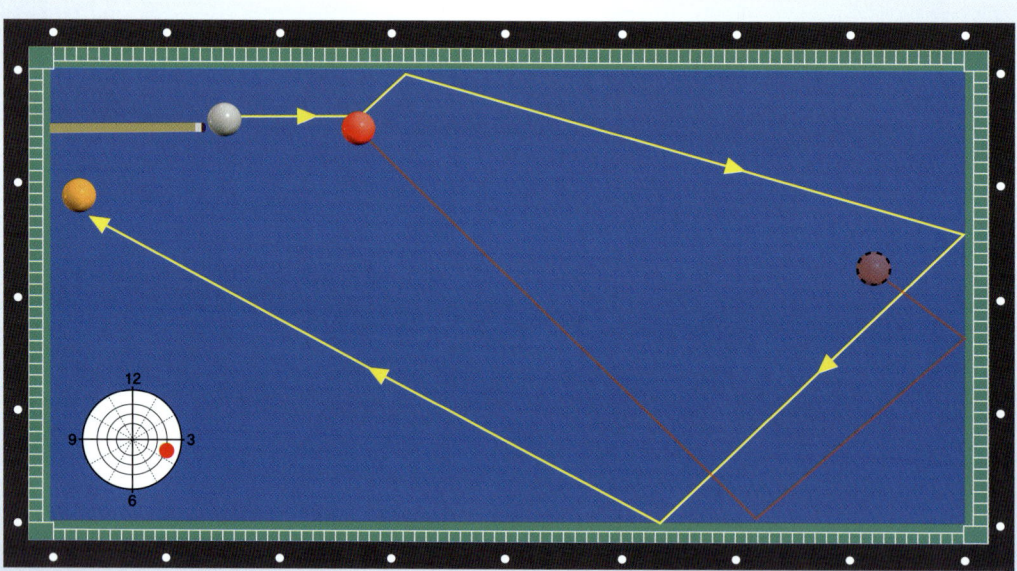

3쿠션은 설계이다
쉬운 공은 실수 없이 안정적으로 / 어려운 공은 창조적으로

3쿠션에 꼭 필요한 시스템 유튜브 핵심 강의 총정리

4 chapter -10 뒤돌리기 시스템

1) 위   치 : 파이브 앤 하프 시스템과 포인트 수 동일
2) 당   점 : 수구수 − 1쿠션수 −10보정값 = 3팁 기준
   (반 칸 앞당 1팁씩 차감)
3) 스 트 록 : 일출 일몰 시스템(등속팔로우) −10시스템(가속팔로우)
4) 두   께 : 1적구 장 쿠션 수평으로 이동하는 두께

▶ YouTube 32탄 허공 짧은 뒤돌리기 시스템

▶ 유튜브에서 **32탄 허공 짧은 뒤돌리기 시스템** 검색 또는 좌측에 **QR코드**를 통해서 배우실 수 있습니다.

① −10시스템 1팁 당점

▶ 수구 수(50) − 1쿠션 수(20) − 보정값(10) = 20(3팁 기준)
2적구 포인트가 10포인트에 있으므로 (0.5포인트마다 한 팁 씩 차감)
= 1팁 당점

4쿠션 도착포인트▶	0	10	20	30
1쿠션 입사포인트▶ 10	20	30	40	50

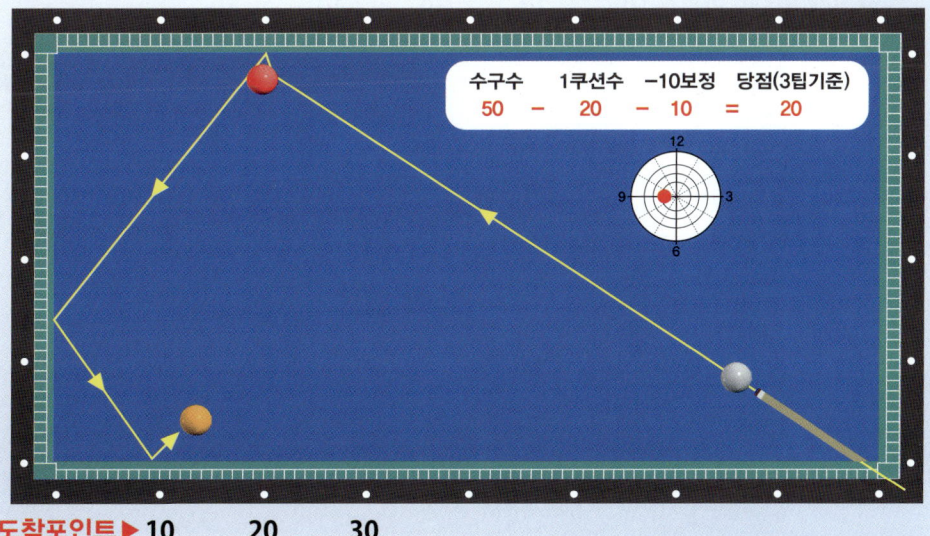

3쿠션 도착포인트▶	10	20	30		
수구수[F&H 값과같음]▶	30	35	40	45	50

3쿠션은 설계이다
쉬운 공은 실수 없이 안정적으로 / 어려운 공은 창조적으로

② -10시스템 3팁 당점

▶ 수구수(50) − 1쿠션수(20) − 보정값(10) = 20(3팁 기준)
2적구 포인트가 20포인트에 있으므로 = **3팁 당점**

| 4쿠션 도착포인트▶ | 0 | 10 | 20 | 30 |
| 1쿠션 입사포인트▶ 10 | 20 | 30 | 40 | 50 | | |

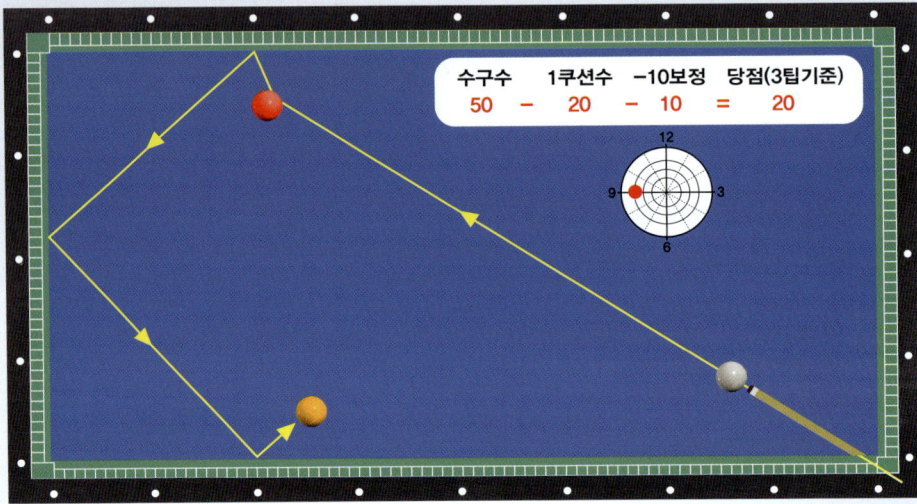

수구수	1쿠션수	−10보정	당점(3팁기준)
50	− 20	− 10	= 20

| 3쿠션 도착포인트▶ 10 | 20 | 30 | | | |
| 수구수[F&H 값과같음]▶ | 30 | 35 | 40 | 45 | 50 |

③ -10시스템 2적구 허공에 떠있는 공 1.5팁 당점

▶ 수구수(50) − 1쿠션수(20) − 보정값(10) = 20(3팁 기준)
2적구 포인트가 10과 15포인트 중간에 위치 = **1.5팁 당점**

| 4쿠션 도착포인트▶ | 0 | 10 | 20 | 30 |
| 1쿠션 입사포인트▶ 10 | 20 | 30 | 40 | 50 | | |

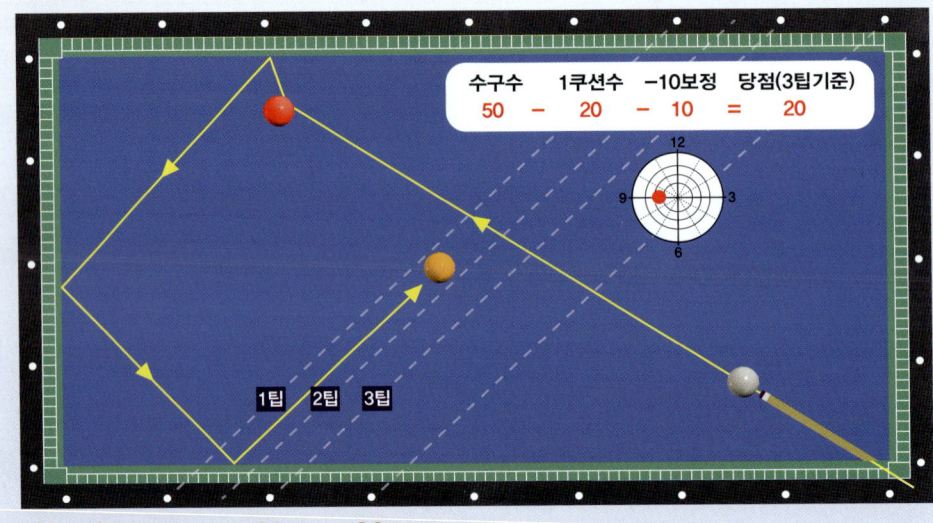

수구수	1쿠션수	−10보정	당점(3팁기준)
50	− 20	− 10	= 20

| 3쿠션 도착포인트▶ 10 | 20 | 30 | | | |
| 수구수[F&H 값과같음]▶ | 30 | 35 | 40 | 45 | 50 |

3쿠션은 설계이다
쉬운 공은 실수 없이 안정적으로 / 어려운 공은 창조적으로

④ −10시스템 1팁 당점

▶ 수구 수(40) − 1쿠션 수(10) − 보정값(10) = 20(3팁 기준)
2적구 포인트가 10포인트에 있으므로 = **1팁 당점**

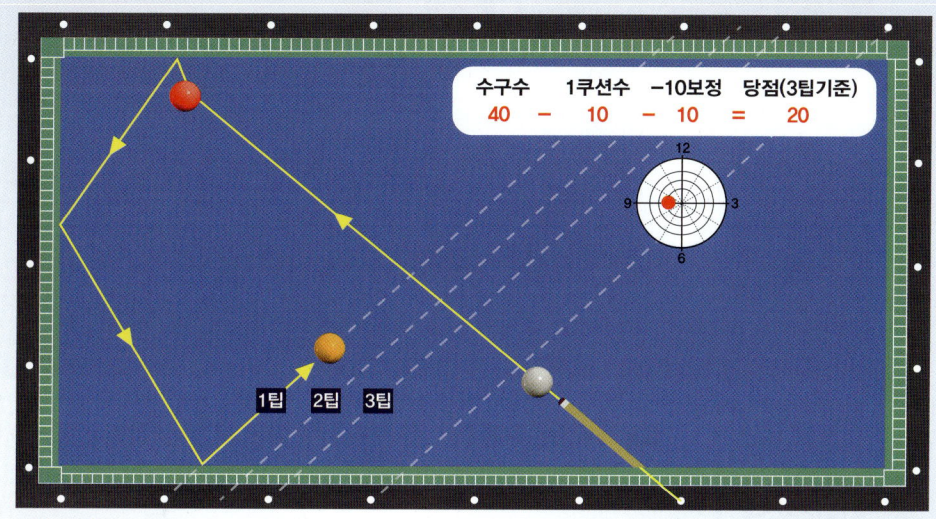

⑤ −10시스템 2적구 허공에 떠있는 공 0.5팁 당점

▶ 수구수(40) − 1쿠션수(10) − 보정값(10) = 20(3팁 기준)
2적구 포인트가 5포인트 위치 = **0.5팁 당점**

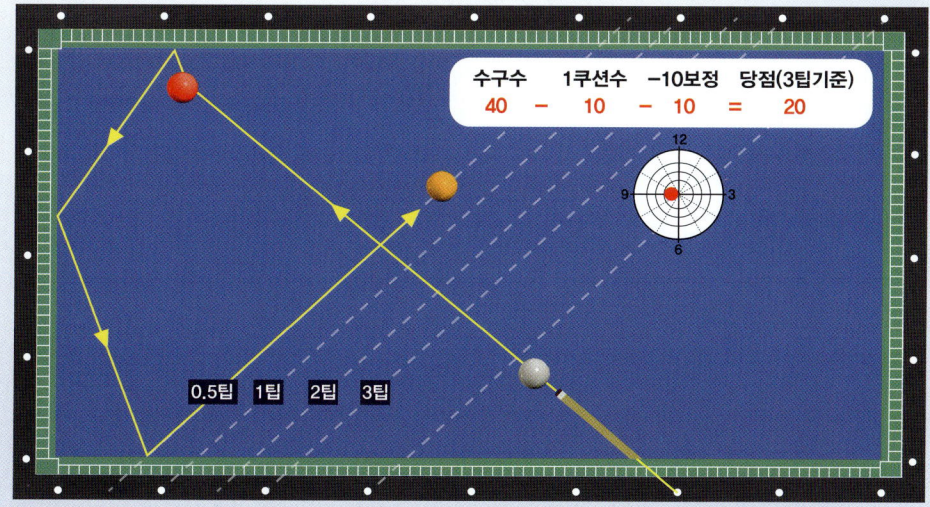

3쿠션은 설계이다
쉬운 공은 실수 없이 안정적으로 / 어려운 공은 창조적으로

비껴치기

3쿠션에 꼭 필요한 시스템 유튜브 핵심 강의 총정리

Chapter 5 일출 일몰 시스템

주번 김성현
반장 김수진

1) 당   점 : 시계방향 4분할 당점
2) 수구 위치 : 큐 뒷부분 라인의 프레임 포인트
3) 1쿠션 / 3쿠션 위치 : 레일 포인트
4) 스 트 록 : 일반적인 각 부드러운 미들 팔로우(큐 무게로 느껴지는 스트록)
과도한 밀림 억제 / 적당한 밀림을 이용해야 합니다.
수구와 1적구가 멀리 있을 때 ▶ 적당한 밀림을 위해 빠르게, 당점 한 팁내림
수구와 1적구가 가까울 때 ▶ 적당한 밀림을 위해 부드럽게
두껍게 칠 때 ▶ short 샷,   얇게 칠 때 ▶ long 샷
5) 두   께 : 1적구가 장 쿠션과 평행하게 일자로 이동하는 두께

▶ YouTube 25편 이것이 진짜 일출 일몰 시스템이다!!   성현

▶ 유튜브에서 25편 이것이 진짜 일출 일몰 시스템이다!! 검색 또는 좌측에 QR코드를 통해서 배우실 수 있습니다.

당구 뽀개기 Tip

① 3쿠션 0 + 1쿠션 0 + 수구수 0 = 총합 = 1팁

▶ 1쿠션 위치 : 큐볼이 절반 닿는 레일 포인트 ▶ 두께 : 1적구가 일자로 내려가서 일자로 올라오는 두께 ▶ 두께 보내는 방법 : 기울기 1일 때 1/16, 기울기 2일 때 1/8, 기울기 3일 때 1/4, 기울기 4일 때 1/4 기울기 5일 때 1/3, 기울기 6일 때 3/8, 기울기 8일 때 1/2

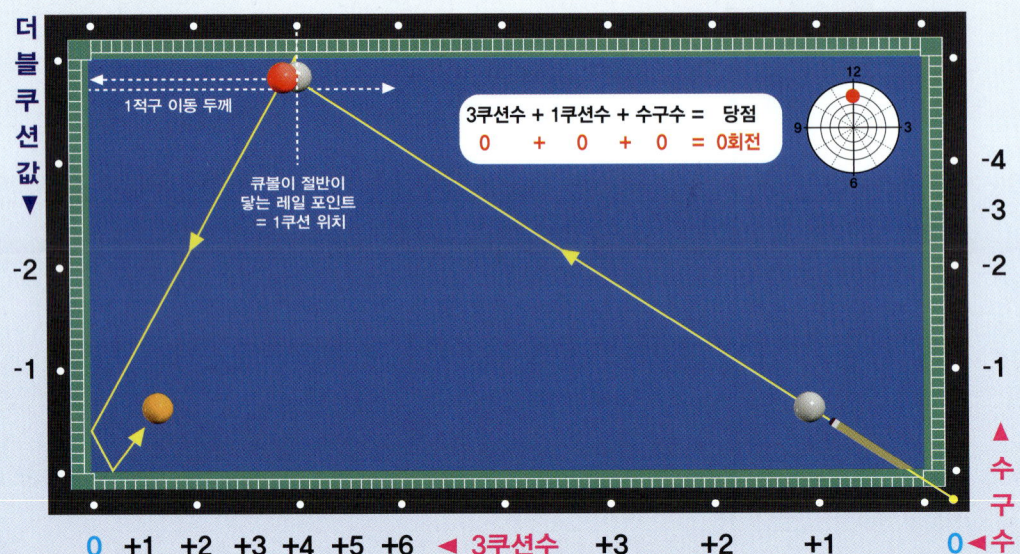

3쿠션은 설계이다
쉬운 공은 실수 없이 안정적으로 / 어려운 공은 창조적으로

3쿠션에 꼭 필요한 시스템 유튜브 핵심 강의 총정리

당구 뽀개기 Tip ② 일출 일몰 4등분 당점 — 4팁 당점을 지켜주세요!!!

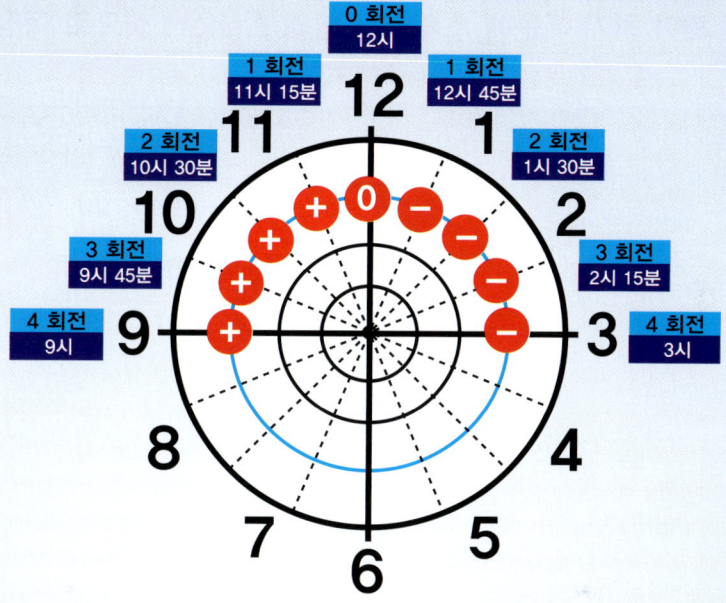

당구 뽀개기 Tip ③ −2 +4 +1 = 3회전

▶ **3회전(9시 45분 3팁)**으로 두께는 **6칸 기울기**이므로 **3/8두께**로 치시면 득점이 됩니다.

-3 -2 -1 0 +1 +2 +3 +4 +5 ◀ 1쿠션수

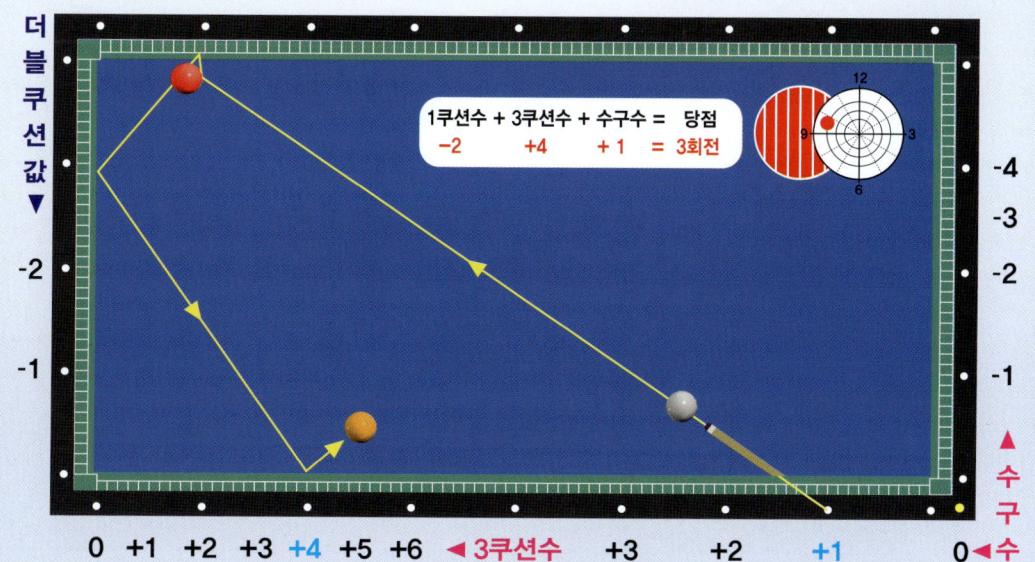

비껴치기

3쿠션은 설계이다
쉬운 공은 실수 없이 안정적으로 / 어려운 공은 창조적으로

④ 총합이 2회전 / 거리도 멀고 두껍게 쳐서 밀리는 각

▶ 2회전(10시 30분 3팁)으로 두께는 8칸 이상 기울기이므로 1/2두께로 치시는데, 거리도 멀고 두껍게 쳐야 하기 때문에 과도한 밀림을 억제해야 하기 때문에 스피드는 빨리 / short 샷으로 득점이 됩니다.

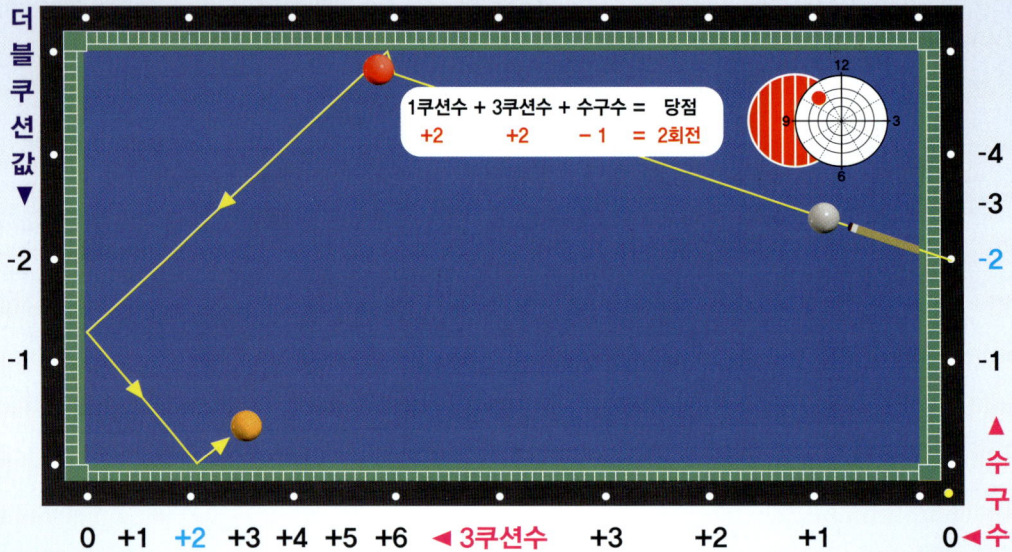

⑤ 총합이 3회전 / 1목적구가 장 쿠션 1칸 떨어진 각

▶ 아래와 같이 1목적구가 장 쿠션에 1칸 떨어진 경우는 1적구 바라보는 장 쿠션 포인트에 −1을 보정, (+1 +2 +0) = 3회전(9시 45분 3팁) 5칸 기울기이므로 1/3두께로 득점이 됩니다.

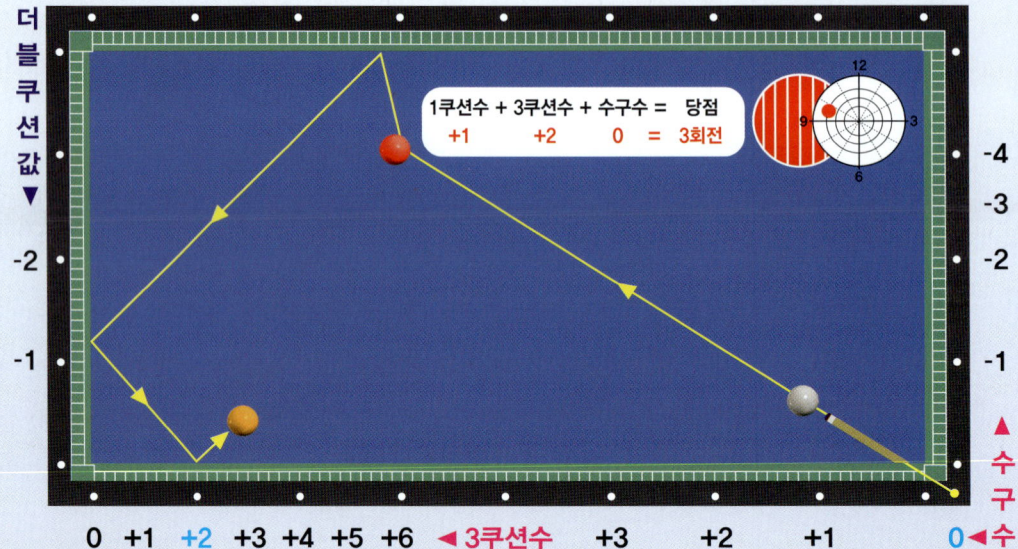

3쿠션은 설계이다
쉬운 공은 실수 없이 안정적으로 / 어려운 공은 창조적으로

⑥ −1 위치의 더블 쿠션(2쿠션으로 맞거나 깊게 빠질 수 있음)

▶ 총합이 **−1회전**이므로 **12시 45분 당점**으로 공략하지만 사실 어렵습니다. 무회전으로 공략하면 코너로 들어오는데, 이때 **−1정도**는 상단 **12시 무회전**으로 조금 더 강한 **스트록**으로 공략하시는 게 편하실 수 있습니다.

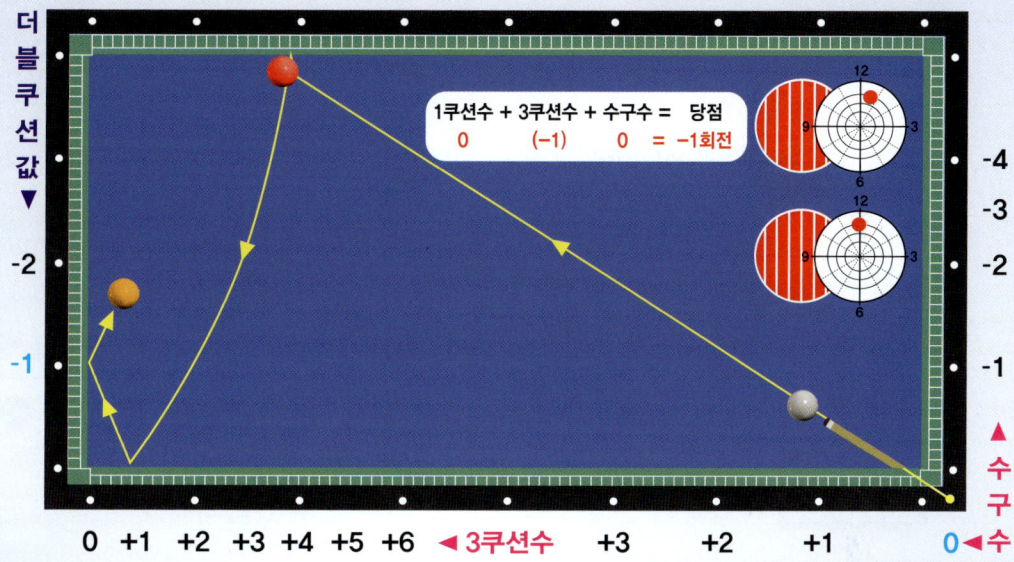

⑦ −2 위치의 더블 쿠션(경험상 −1회전이 더 확률 높음)

▶ 총합이 **−2회전**이므로 **1시 30분 당점**으로 공략하지만 사실 어렵습니다. **−2회전**의 경우는 **−1회전**으로 공략하는 게 더 유리합니다. 실전에서 공을 치는 것은 계산상하고 다른 방법으로 적용할 수밖에 없습니다. (경험상)

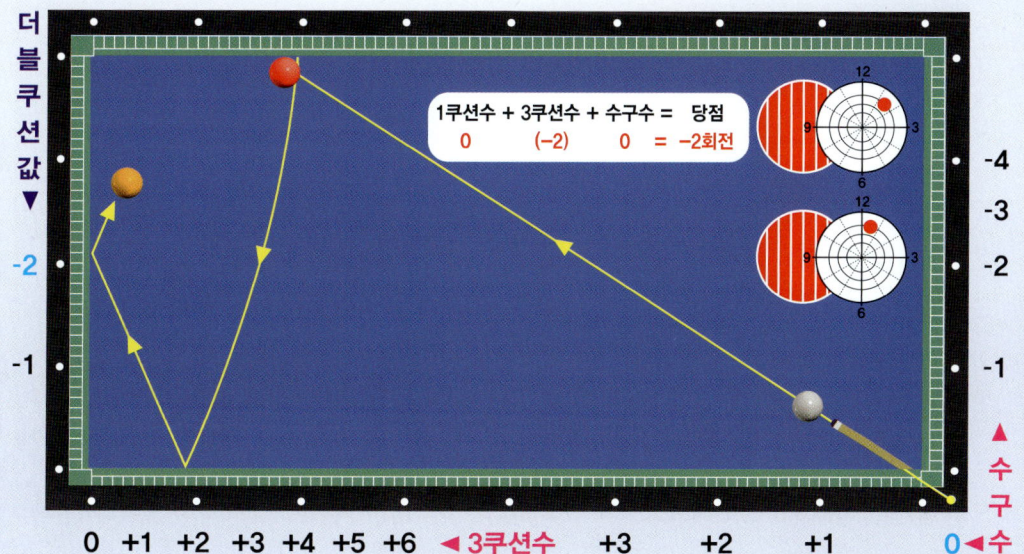

비껴 치기

5 chapter 당구 레슨 32 단장단 비껴 치기 1편

1) 기준 두께 : 4/8(절반 두께)
2) 기준 당점 : 2시 30분 방향 맥시멈 회전 / 무회전
3) 당점 높이 : 밀릴 것 같다는 느낌이 들 때에는 중단의 1팁, 2팁, 3팁
   수구의 기울기에 따라 당점의 높낮이를 설정
4) 스 트 록 : 가볍게 던져 치기
5) 기준 라인 : 수구와 1목적 구의 정중앙을 기준으로 큐선의 포인트
   수구수 기울기 − 1목적구 기울기 = 3쿠션수
6) 보 정 값 : 단 쿠션 1포인트당 1회전

※3쿠션의 위치 설정이 가장 중요함 / 회전량에 따라 입사각 반사각 다름

▶ 유튜브 당구 레슨 32 단장단 비껴치기

▶ 유튜브에서 **당구 레슨 32 단장단 비껴치기** 검색 또는 좌측에 **QR코드**를 통해서 배우실 수 있습니다.

탄도 Tip

① 8(수구) − 3(1목적구)= 5(2목적구)

▶수구와 1적구의 기울기 차이 : 8(수구) − 3(1목적구)= 5(3쿠션수)
▶당점 : 2시 30분 방향 맥시멈 회전   ▶두께 : 4/8

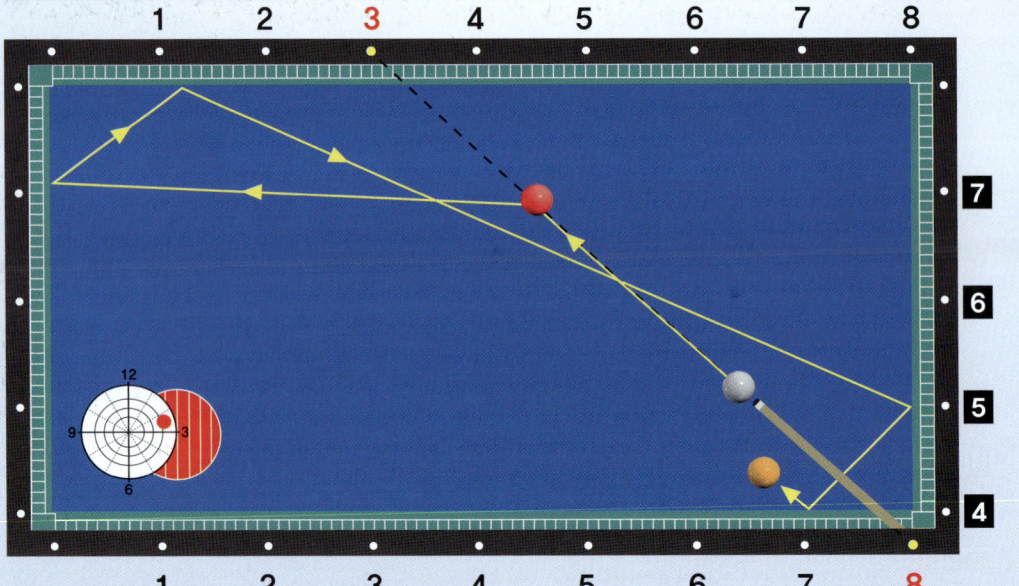

3쿠션은 설계이다
쉬운 공은 실수 없이 안정적으로 / 어려운 공은 창조적으로

탄도 Tip

② 7(수구) − 3(1목적구) = 4(2목적구) / 회전력 보정 1.5팁

▶ 수구와 1적구의 기울기 차이 : 7(수구) − 3(1목적구) = 4(3쿠션수)
▶ 당점 : 2시 30분 방향 맥시멈 회전으로 공략하면 **4위치에 도착**, 5포인트와 6포인트 사이에 도착해야 득점이 되므로 회전력 보정
단 쿠션 1포인트당 1회전 = 1.5팁 ▶ 두께 : 4/8

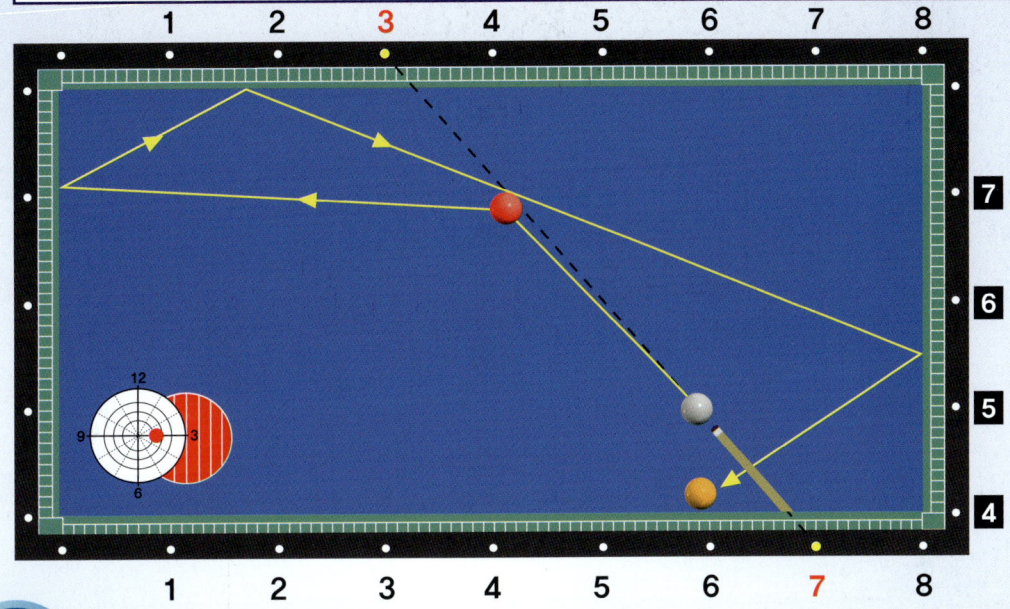

탄도 Tip

③ 7(수구) − 3(1목적구) = 4(2목적구)

▶ 수구와 1적구의 기울기 차이 : 7(수구) − 3(1목적구) = 4(3쿠션수)
▶ 당점 : 무회전 ▶ 두께 : 4/8

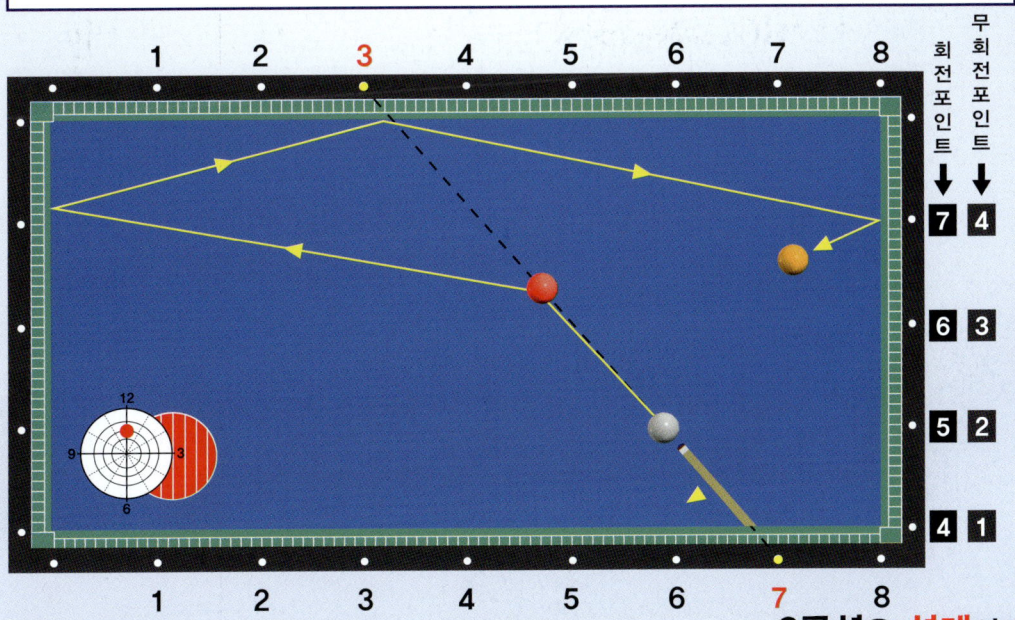

3쿠션은 설계이다
쉬운 공은 실수 없이 안정적으로 / 어려운 공은 창조적으로

비껴치기

3쿠션에 꼭 필요한 시스템 유튜브 핵심 강의 총정리

탄도 Tip ④ 7(수구) − 3(1목적구) = 4(2목적구)

▶ 수구와 1적구의 기울기 차이 : 7(수구) − 3(1목적구) = 4(3쿠션수)
▶ 당점 : 무회전에서 1포인트 내려갔으므로 **1팁**(밀리는 각도이므로 중단 1팁) ▶ 두께 : **4/8** ▶ 스트록 : 가볍게 분리시키는 던져 치기

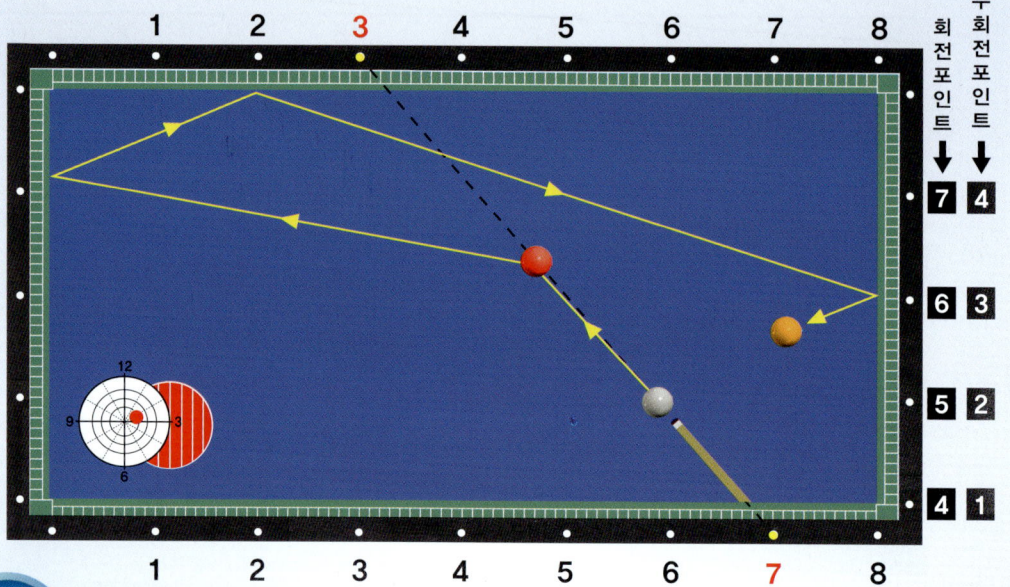

탄도 Tip ⑤ 7(수구) − 3(1목적구) = 4(2목적구)

▶ 수구와 1적구의 기울기 차이 : 8(수구) − 4(1목적구) = 4(3쿠션수)
▶ 당점 : 무회전에서 1포인트 내려갔으므로 **1팁**(밀리는 각도이므로 중단 1팁) ▶ 두께 : **4/8** ▶ 스트록 : 가볍게 분리시키는 던져 치기

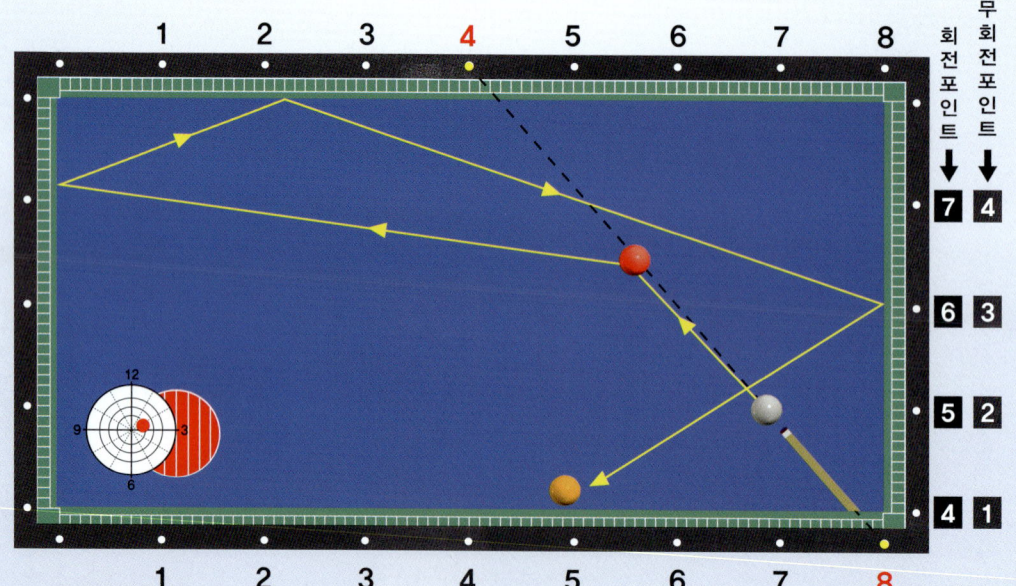

3쿠션은 설계이다
쉬운 공은 실수 없이 안정적으로 / 어려운 공은 창조적으로

5 chapter 당구 레슨 33 단장단 비껴 치기 2편

1) 기준 두께 : 4/8(절반 두께), 두께 보정 1/8두께 당 반 포인트
2) 기준 당점 : 2시 30분 방향 맥시멈 회전 / 무회전
4) 스 트 록 : 가볍게 던져 치기
5) 기준 라인 : 수구와 1목적 구의 정중앙을 기준으로 큐선의 포인트
   수구수 기울기 − 1목적구 기울기 = 3쿠션수
   통상적인 수구 9포인트와 10포인트
   3쿠션 값의 3포인트와 2포인트
6) 보 정 값 : 단 쿠션 1포인트당 1회전
※3쿠션의 위치 설정이 가장 중요함 / 회전량에 따라 입사각 반사각 다름

▶YouTube 당구 레슨 33 단장단 비껴 치기
▶유튜브에서 **당구 레슨 32 단장단 비껴 치기** 검색 또는 좌측에 **QR코드**를 통해서 배우실 수 있습니다.

탄도 Tip

① 9.5(수구) − 3(1목적구) = 6.5(2목적구)

▶수구와 1적구의 기울기 차이 : 9.5(수구) − 3(1목적구) = 6.5(3쿠션수)
▶당점 : **2시 30분 방향 맥시멈** 회전으로도 길어지는 배치
두께 보정 1/8두께 당 반칸더 짧아짐 ▶두께 : 3/8

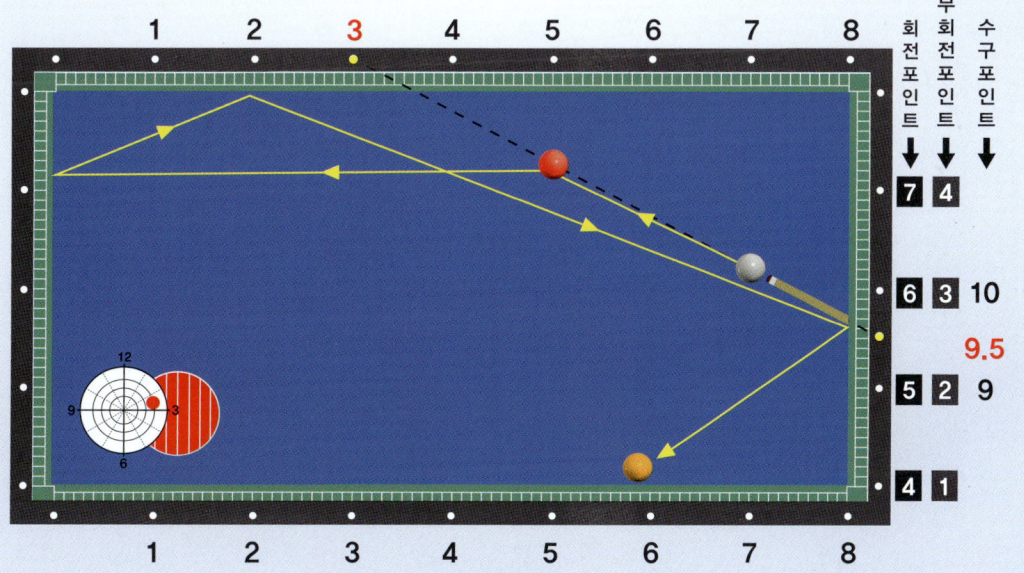

3쿠션은 설계이다
쉬운 공은 실수 없이 안정적으로 / 어려운 공은 창조적으로

비껴치기

탄도 Tip
② 4(수구) − 1(1목적구) = 3(2목적구)

▶ 수구와 1적구의 기울기 차이 : 4(수구) − 1(1목적구)= 3(3쿠션수)
▶ 당점 : 2시 30분 방향 맥시멈 회전으로 짧게 쳤을때 2적구가 빅볼 이므로 확률 좋게 득점이 가능합니다. ▶ 두께 : 4/8

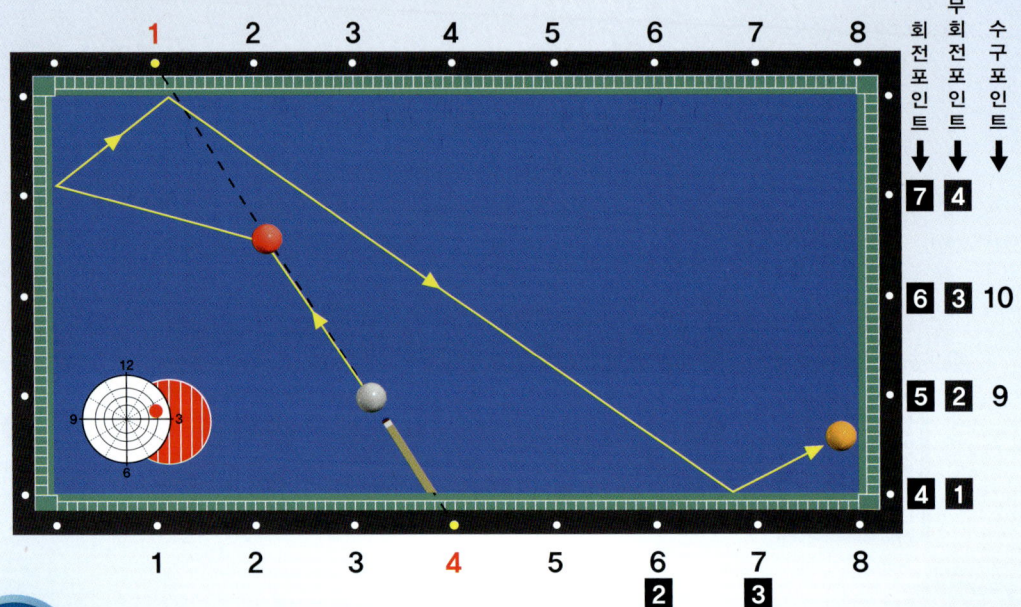

탄도 Tip
③ 6(수구) − 2(1목적구) = 4(2목적구)

▶ 수구와 1적구의 기울기 차이 : 6(수구) − 2(1목적구)= 4(3쿠션수)
▶ 당점 : 무회전 ▶ 보정 : 무회전으로 반 두께로 친다면 넘어가는 배치 이므로 5/8두께와 밀리지 않는 가벼운 스트로크로 득점이 됩니다.

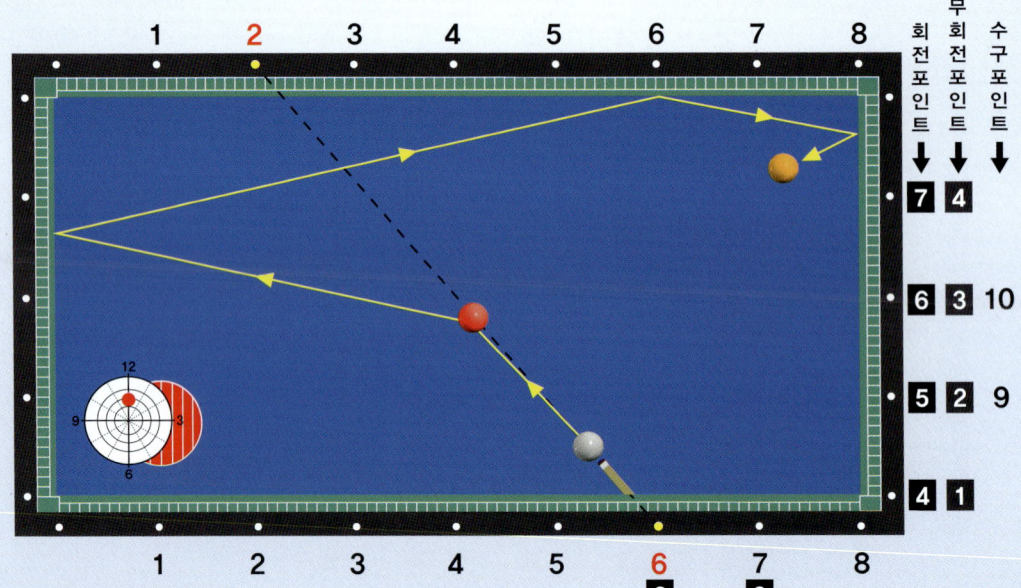

3쿠션은 설계이다
쉬운 공은 실수 없이 안정적으로 / 어려운 공은 창조적으로

비껴 치기 단 - 장 - 단 사우스 시스템

chapter 5

1) 당 점 : 수구 수 + 1쿠션 수 + 3쿠션 수 = 당점
   (시계 당점이 아닌 중단 당점)

2) 스피드 : 2~2.5레일(뱅킹과 PBA 뱅킹보다 0.5부족하게)

3) 45도 보다 좁은 기울기에서 득점하는 방법

4) 1목적구가 단 쿠션에서 떨어졌을 때 1지역, 2지역, 3지역 공략법

5) 사우스 시스템에서 어렵다고 하는 4팁 공략법

 YouTube 숭그리당당 사우스 시스템 17탄

▶ 유튜브에서 **숭그리당당 사우스 시스템 17탄** 검색 또는 좌측에 **QR코드**를 통해서 배우실 수 있습니다.

숭그리당당 Tip

① 0+3+0 = 3팁 1/3두께

▶ 아래 이미지에서 수구 수는 큐대를 테이블에 놓았을 때 출발하는 선입니다. 1쿠션 수는 **1/3로 두께로 맞는 지점**, 1목적구가 단 쿠션에 수평으로 이동하는 지점입니다. (레일 포인트)

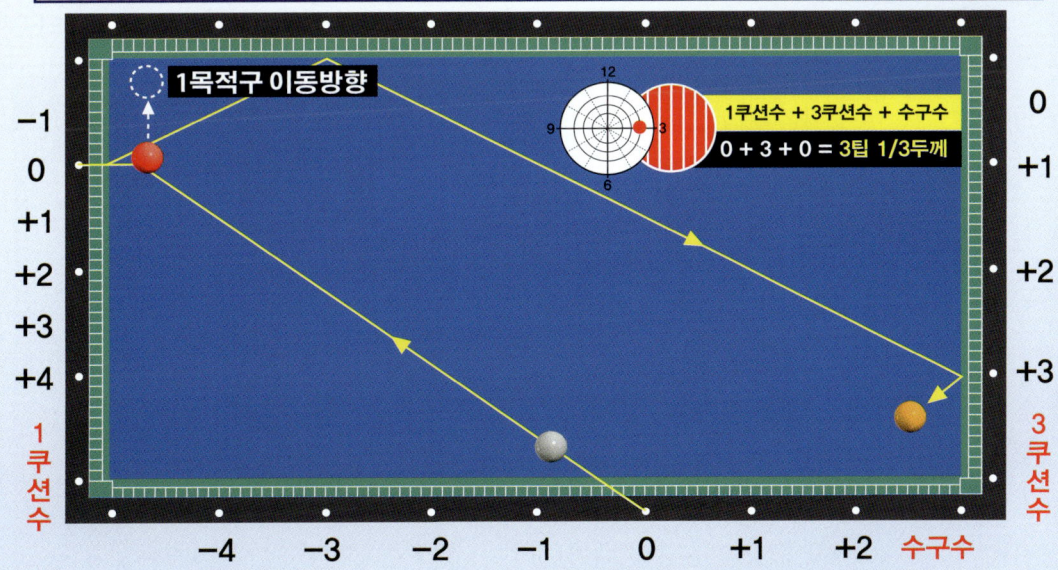

3쿠션은 설계이다
쉬운 공은 실수 없이 안정적으로 / 어려운 공은 창조적으로

② 0+3−2 = 1팁 1/3두께

▶ 아래 이미지와 같이 45도 각도에서 밀림 현상이 발생하므로 시계 당점 1팁보다는 중단 당점 1팁이 유리합니다. (slow로 공을 굴려서 칠 경우)

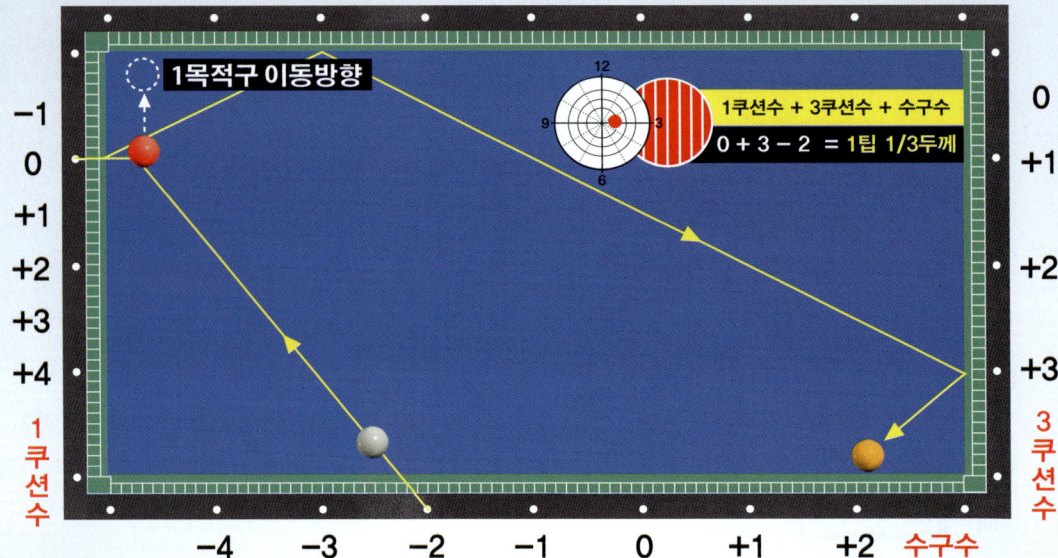

③ 0+3−2 = 0팁 1/3두께

▶ 총합이 0팁, 45도 각보다 더 좁아진 경우 공의 전 진력이 더 생깁니다. 전 진력을 억제하기 위해 중단 0팁 당점에서 한 팁을 하단으로 내려주면서 진행 방향 느낌 팁을 사용합니다.(총합이 −1팁인 경우 당점 한 팁을 더 내려주시면 − 효과) 큐는 수평이 아닌 뒤를 살짝 들어주고 공략합니다.

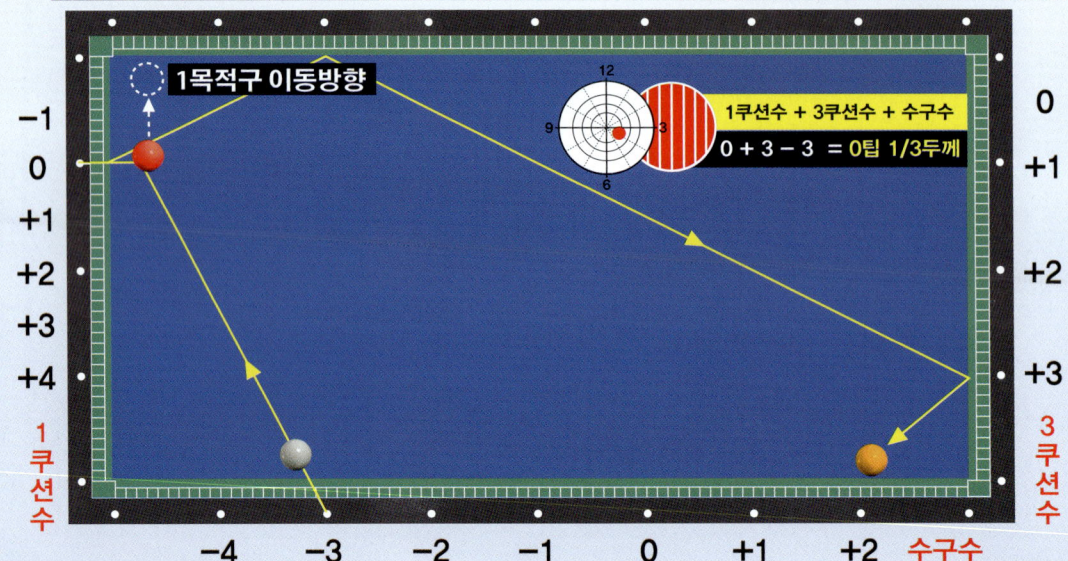

3쿠션은 설계이다
쉬운 공은 실수 없이 안정적으로 / 어려운 공은 창조적으로

④ 1+3+0 = 4팁 1/3두께

▶ **4팁 구간 해결법** : 짧은 브릿지, 숏 그립, **숏 스트록**(오른손은 평상시 보다 한 뼘 앞에, 계란 하나 쥐듯이 살짝 잡으시고, 왼손 브릿지는 단단하게 해서 공 앞에서 멈춘다는 느낌으로 공략하시면 전 진력이 더 생기면서 득점이 됩니다.)

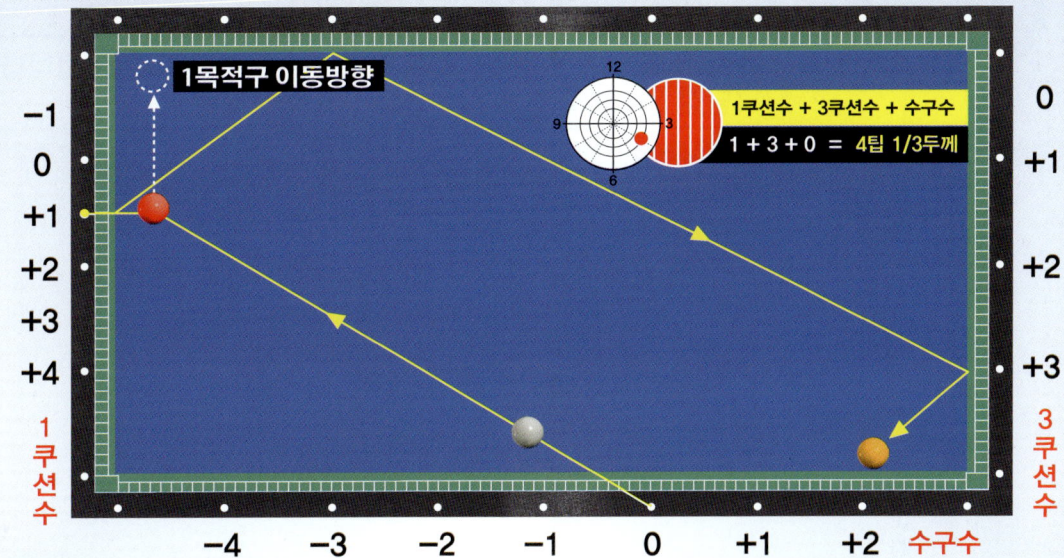

⑤ 1목적구가 단 쿠션에서 2포인트 떨어졌을 경우

▶ **총합이 2팁, −1 지역**이므로 팁 수를 줄이지 않고 당점을 한 칸 내리시면 득점이 됩니다.

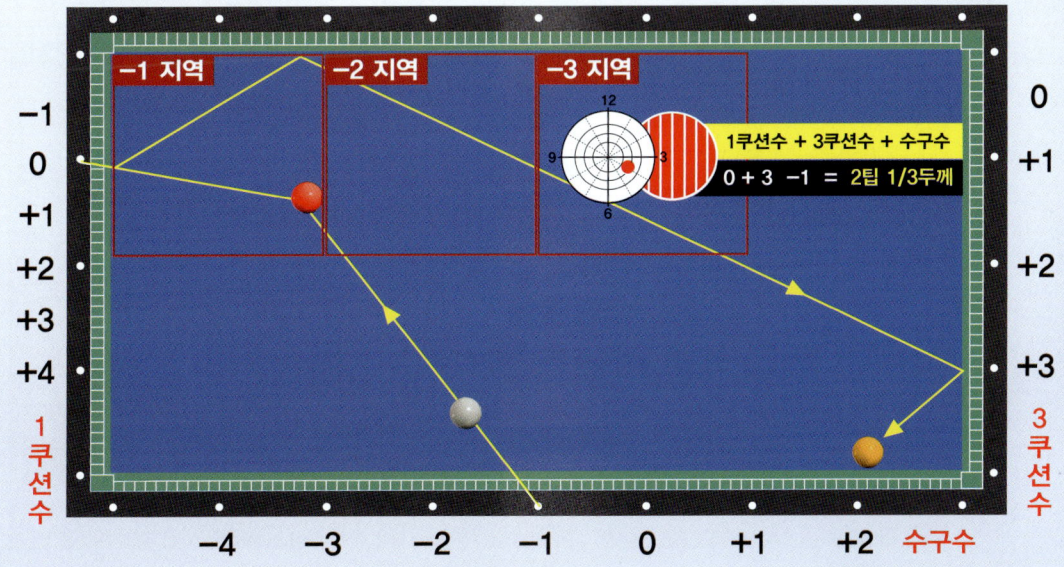

3쿠션은 설계이다
쉬운 공은 실수 없이 안정적으로 / 어려운 공은 창조적으로

비껴치기

3쿠션에 꼭 필요한 시스템 유튜브 핵심 강의 총정리

▶ YouTube 36탄 맥시멈 빗겨 치기 대회전 시스템

▶ 유튜브에서 **36탄 맥시멈 빗겨 치기 대회전 시스템** 검색 또는 좌측에 **QR코드**를 통해서 배우실 수 있습니다.

숭그리당당 Tip

① 수구 수 40출발 / 5쿠션 수 15도착

▶ **40포인트**에서 도착 포인트 수를 뺀 **25포인트**를 겨냥하면 득점이 됩니다.
 (당점 3시 방향 3팁 / 스트록 : 5~6레일)

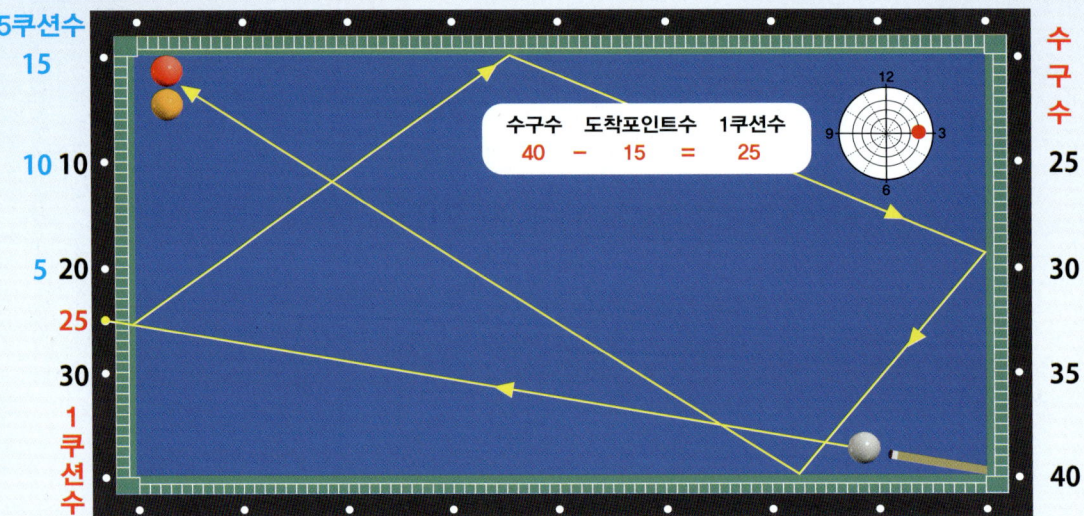

숭그리당당 Tip

② 수구 수 40출발 / 5쿠션 수 10도착

▶ **40포인트**에서 도착 포인트 수를 뺀 **25포인트**를 겨냥하면 득점이 됩니다.
 (당점 3시 방향 3팁 / 스트록 : 5~6레일)

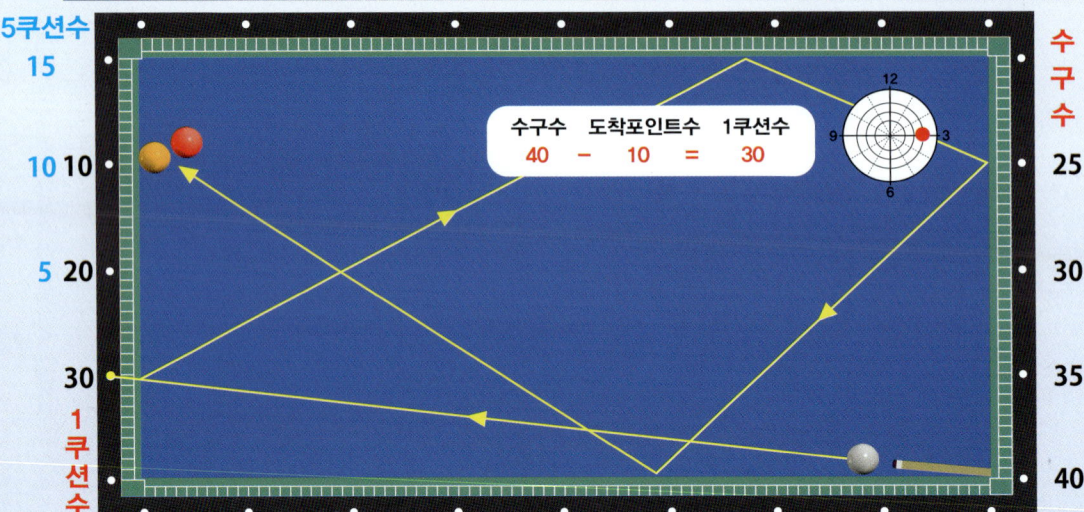

3쿠션은 설계이다
쉬운 공은 실수 없이 안정적으로 / 어려운 공은 창조적으로

③ 수구 수 40출발 / 5쿠션 수 5도착

숭그리 당당 Tip

▶ 40포인트에서 도착 포인트 수를 뺀 35포인트를 겨냥하면 득점이 됩니다.
(당점 3시 방향 3팁 / 스트록 : 4~5레일)

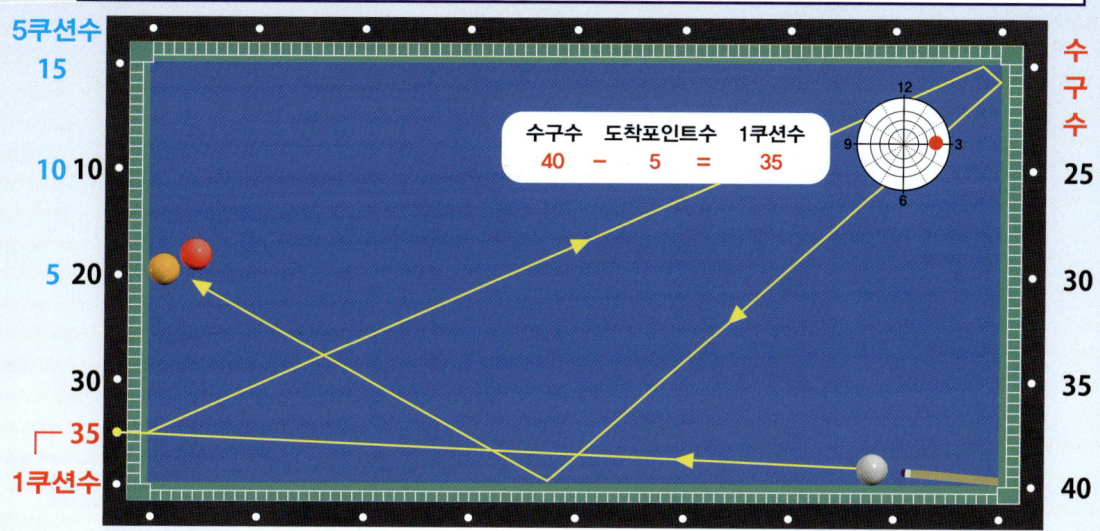

수구수 − 도착포인트수 = 1쿠션수
40 − 5 = 35

④. 수구 수 30출발 / 5쿠션 수 5도착

숭그리 당당 Tip

▶ 30포인트에서 도착 포인트 수를 뺀 25포인트를 겨냥하면 득점이 됩니다.
(− 방향 1쿠션 : 당점 3시 30분 방향 3팁이 유리합니다.)

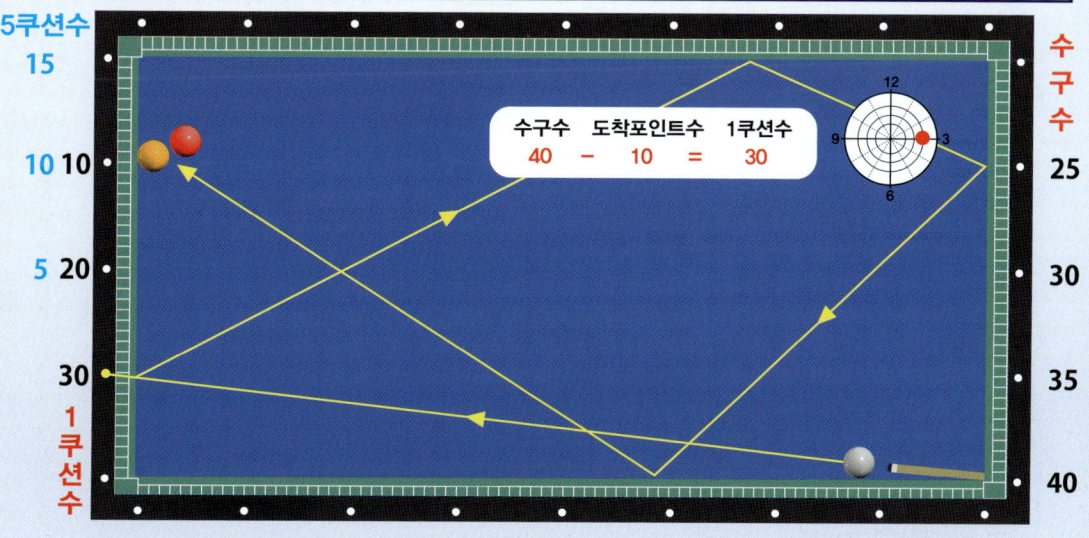

수구수 − 도착포인트수 = 1쿠션수
40 − 10 = 30

3쿠션은 설계이다
쉬운 공은 실수 없이 안정적으로 / 어려운 공은 창조적으로

⑤ 수구 수 30출발 / 5쿠션 수 10도착

▶ 30포인트에서 도착 포인트 수를 뺀 20포인트를 겨냥하면 득점이 됩니다.(일자 라인 1쿠션 : 당점 3시 30분 방향 3팁이 유리합니다.)

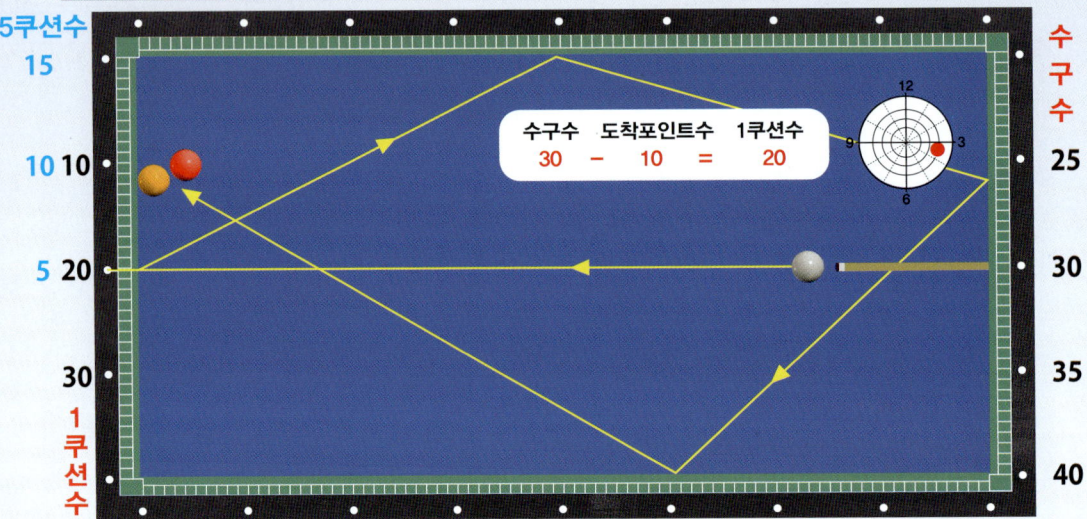

⑥ 수구 수 30출발 / 5쿠션 수 15도착

▶ 30포인트에서 도착 포인트 수를 뺀 25포인트를 겨냥하면 득점이 됩니다. (30안쪽은 좁아지는 각이므로 2~3 정도 앞으로 보정)

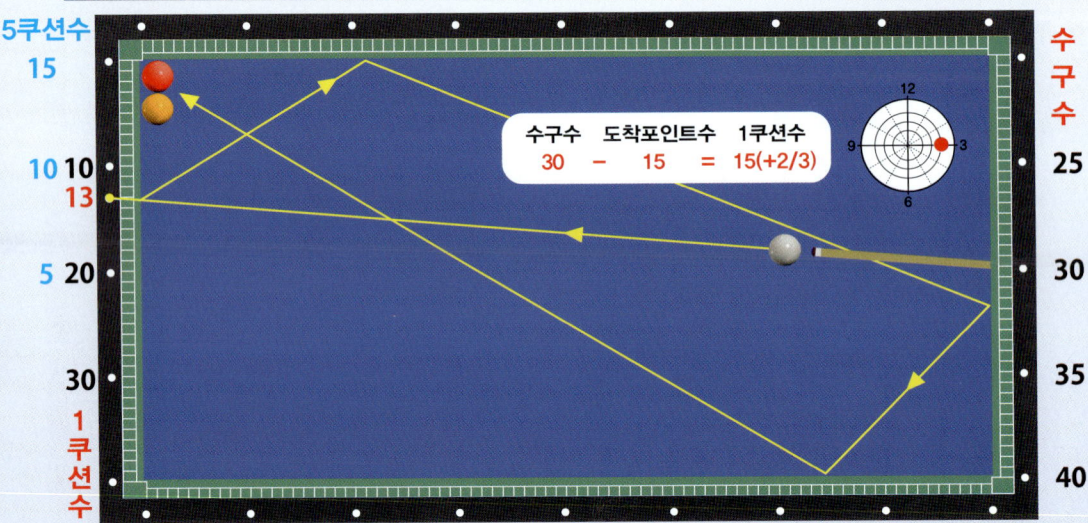

⑦ 수구 수 40출발 / 5쿠션 수 15도착

숭그리 당당 Tip

▶ 40포인트에서 도착 포인트 수를 뺀 25포인트(보정+3=28)를 겨냥하면 득점이 됩니다. (볼 퍼스트 공략 시 비거리와 밀림을 고려하여 2~3 포인트 뒤쪽으로 보정합니다.)

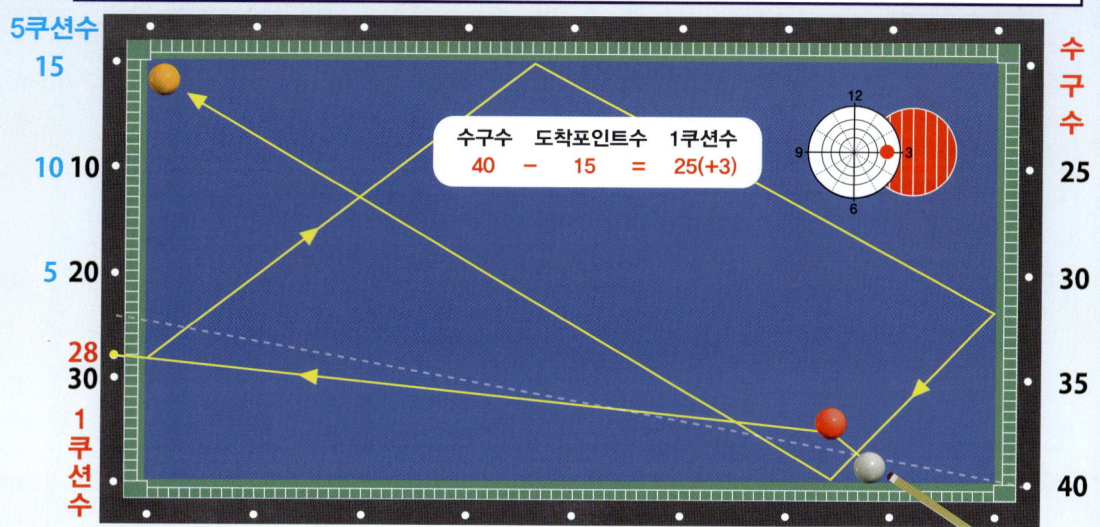

⑧ 수구 수 35출발 / 5쿠션 수 15도착

숭그리 당당 Tip

▶ 35포인트에서 도착 포인트 수를 뺀 20포인트(보정+3=23)를 겨냥하면 득점이 됩니다. (볼 퍼스트 공략 시 비거리와 밀림을 고려하여 2~3 포인트 뒤쪽으로 보정합니다.)

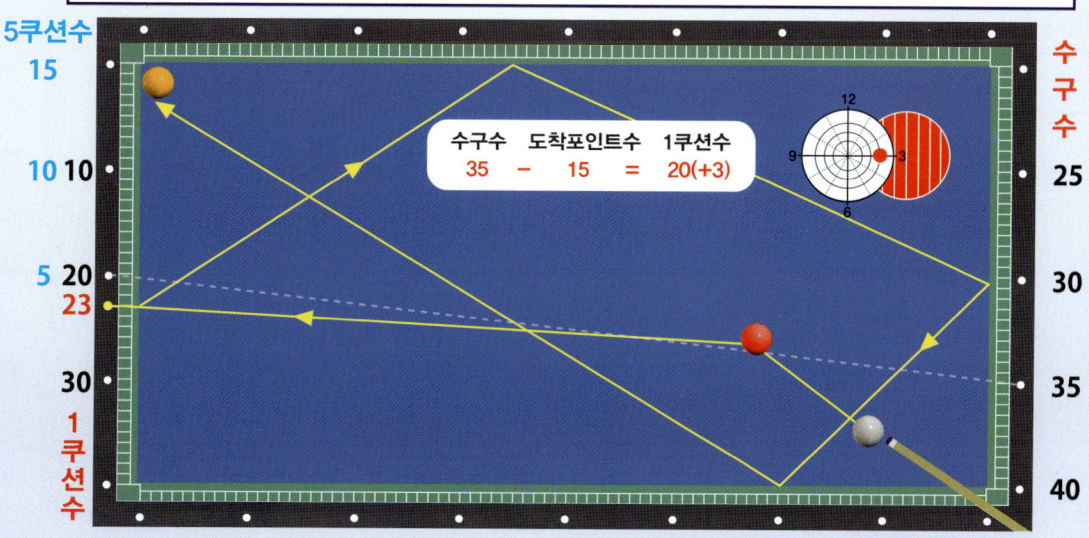

⑨ 수구 수 35출발 / 5쿠션 수 10도착

▶ 35포인트에서 도착 포인트 수를 뺀 10포인트(보정+3=28)를 겨냥하면 득점이 됩니다.
(볼 퍼스트 공략 시 비거리와 밀림을 고려하여 2~3 뒤쪽으로 보정합니다.)

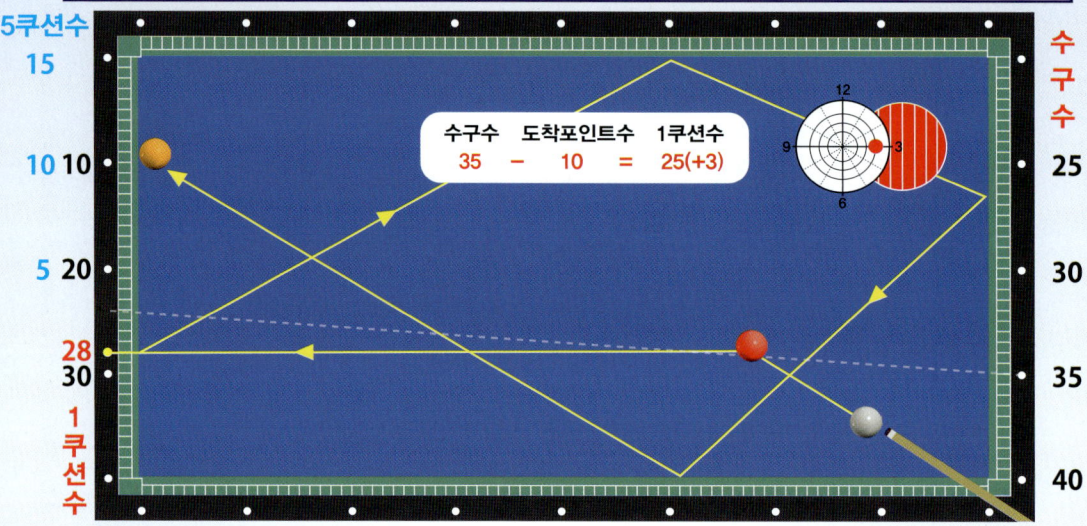

수구수   도착포인트수   1쿠션수
35   −   10   =   25(+3)

⑩ 수구 수 30출발 / 5쿠션 수 15도착

▶ 30포인트에서 도착 포인트 수를 뺀 15포인트(보정−3=12)를 겨냥하면 득점이 됩니다.
(긴각 출발 시 2~3 앞쪽으로 보정합니다.)

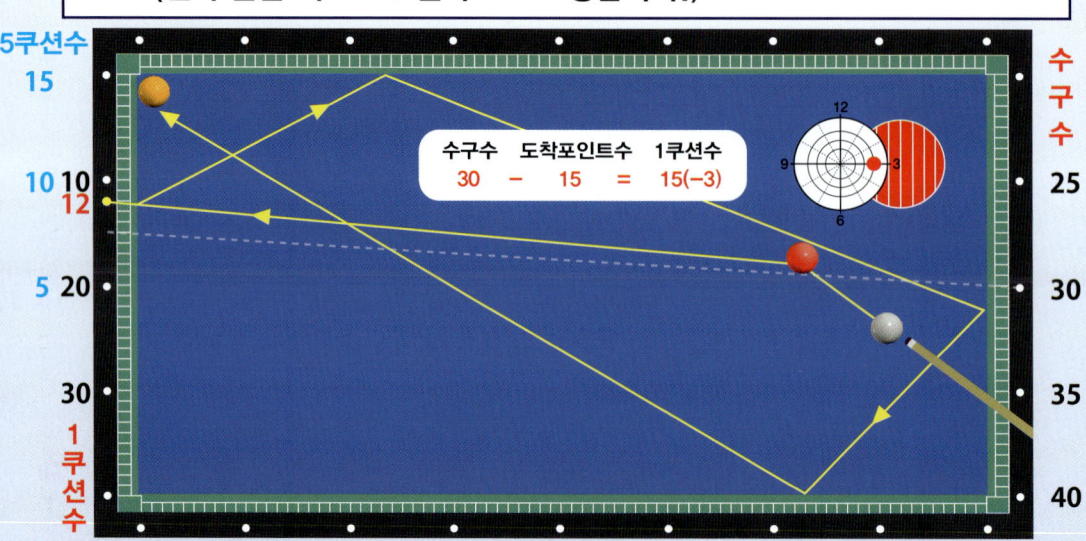

수구수   도착포인트수   1쿠션수
30   −   15   =   15(−3)

3쿠션은 설계이다
쉬운 공은 실수 없이 안정적으로 / 어려운 공은 창조적으로

숭그리 당당 Tip

⑪ **수구 수 30출발 / 5쿠션 수 10도착**

▶ **30포인트**에서 **도착 포인트 수**를 뺀 **20포인트**를 겨냥하면 득점이 됩니다.
(볼 퍼스트 공략 시 일자로 들어가는 각은 스트록에 따라 다르므로 많은 연습이 필요합니다.)

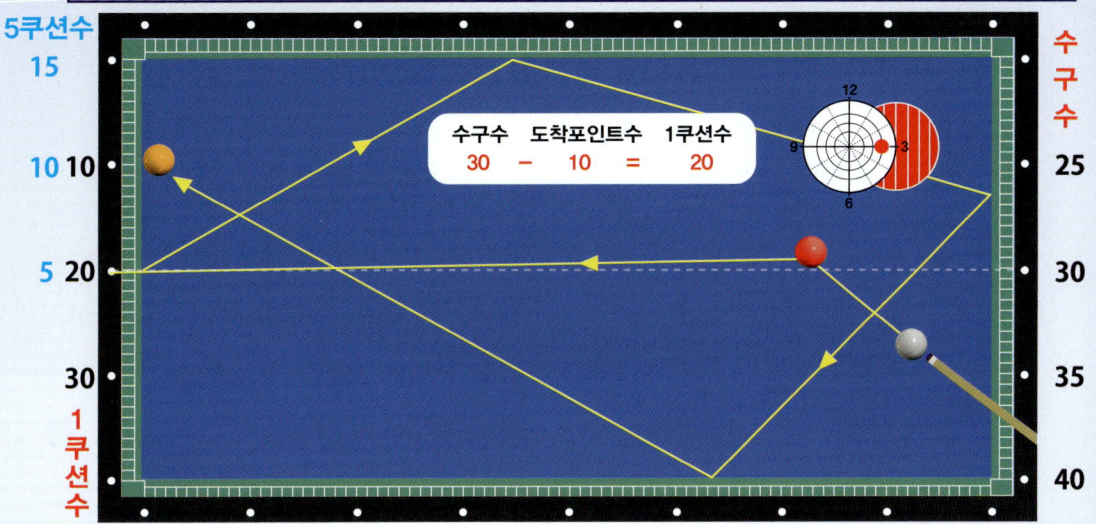

숭그리 당당 Tip

⑫ **수구 수 35출발 / 5쿠션 수 20도착**

▶ **35포인트**에서 **도착 포인트 수**를 뺀 **15포인트**를 겨냥하면 득점이 됩니다.
(6쿠션으로 득점하시려면 35-10=25(+3=28)으로 길게 득점 가능합니다.)

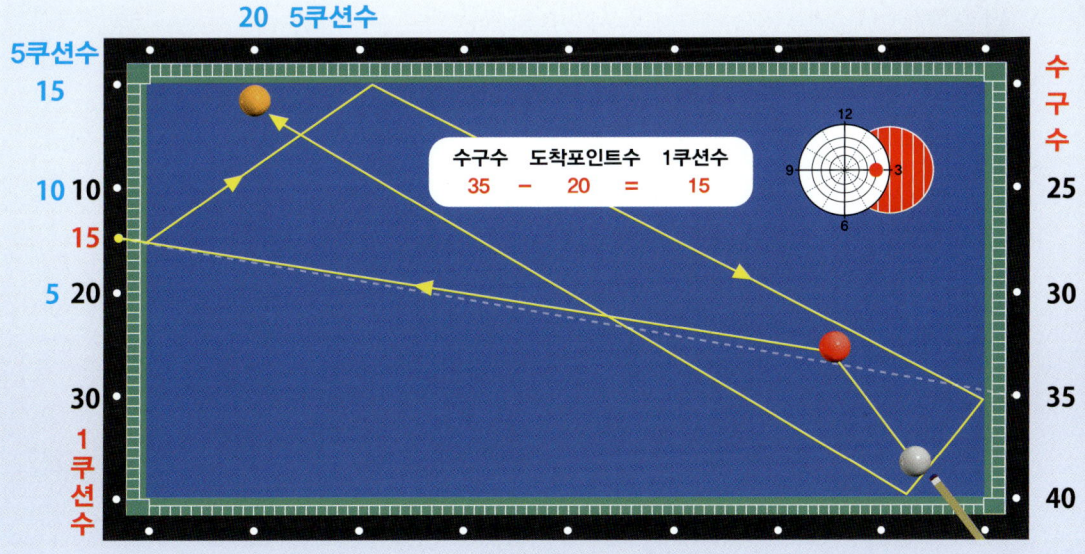

3쿠션은 설계이다
쉬운 공은 실수 없이 안정적으로 / 어려운 공은 창조적으로

비껴치기

3쿠션에 꼭 필요한 시스템 유튜브 핵심 강의 총정리

chapter 5 짱꼴라 볼 시스템

주번 김성현
반장 김수진

1) 스트록 : 부드러운 미들 팔로우
2) 당 점 :
   ▶ 수구와 1적구 기울기 0
   2목적구 장 쿠션 7칸 길게 : 6시 3팁
   2목적구 코너 : 중단
   2목적구 장 쿠션 7칸 짧게 : 12시 1팁~2팁
   2목적구 장 쿠션 6칸 짧게 : 11시 15분 3팁
   2목적구 장 쿠션 5칸 짧게 : 10시 30분 3팁
   ▶ 수구와 1적구 기울기 1
   2목적구 장 쿠션 7칸 길게 : 중단(기울기 0보다 1팁 위로)
   ▶ 수구와 1적구 기울기 2
   2목적구 장 쿠션 7칸 길게 : 12시 1팁~2팁(기울기 0보다 2팁 위로)

▶ YouTube 당구뽀개기 13편 짱꼴라 볼 시스템 성현

▶ 유튜브에서 **당구뽀개기 13편 짱꼴라 볼 시스템** 검색 또는 좌측에 **QR코드**를 통해서 배우실 수 있습니다.

당구뽀개기 Tip

① 6시 하단 당점

▶ **두께** : 1/2두께   **당점** : 6시 3팁 혹은 6시 2팁
스트록 : 앞 돌리기 길게 치기와 같은 부드러운 미들 팔로우

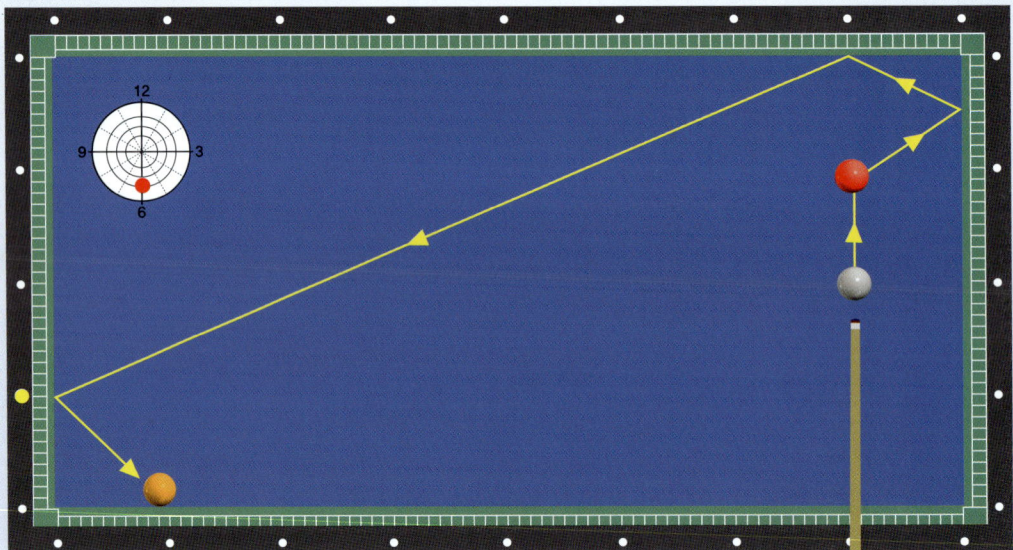

3쿠션은 설계이다
쉬운 공은 실수 없이 안정적으로 / 어려운 공은 창조적으로

② 중단 Center 당점

 당구 뽀개기 Tip

▶ 두께 : 1/2　당점 : 중단 Center 당점
　스트록 : 밀리지 않고 간결하게 부드러운 미들 팔로우

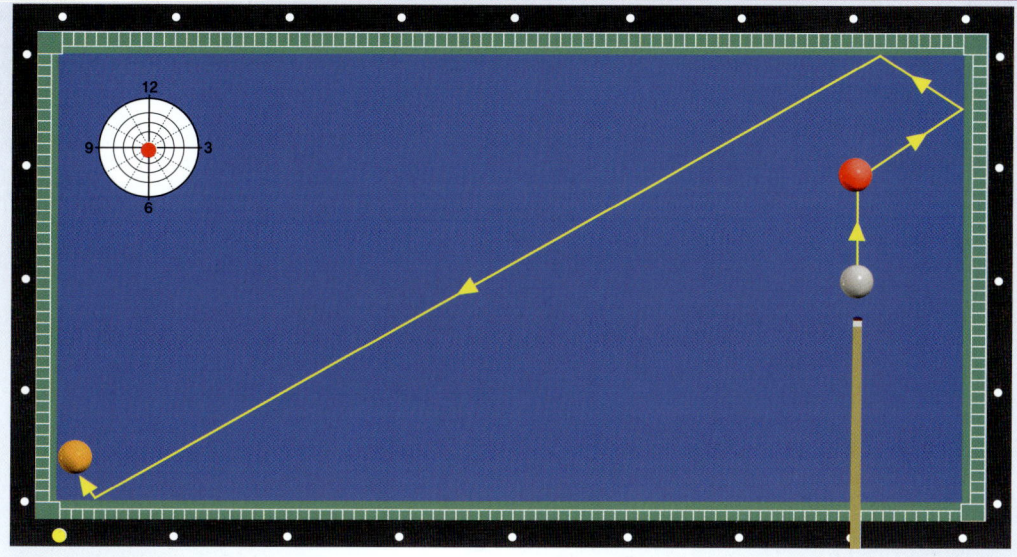

③ 2시 1팁 ~ 2팁 당점

 당구 뽀개기 Tip

▶ 두께 : 1/2　당점 : 12시 1팁 ~ 2팀
　스트록 : 밀리지 않고 간결하게 부드러운 미들 팔로우

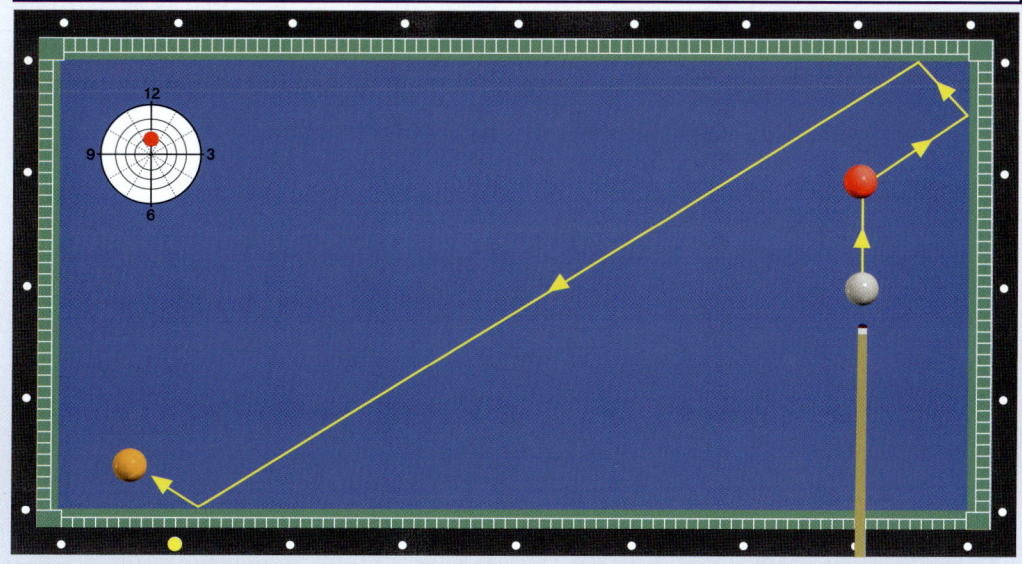

3쿠션은 설계이다
쉬운 공은 실수 없이 안정적으로 / 어려운 공은 창조적으로

3쿠션에 꼭 필요한 시스템 유튜브 핵심 강의 총정리

④ 11시 15분 3팁 당점

▶ 두께 : 1/2두께   당점 : 11시 15분 3팁
  스트록 : 상단 당점이지만 밀어 치시면 안 됩니다. 가볍게 던지듯

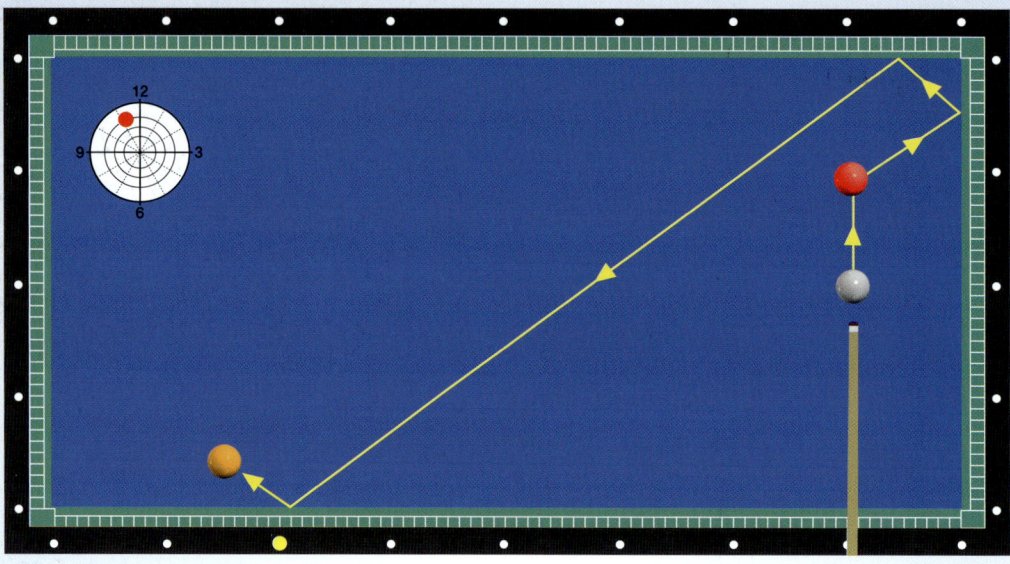

⑤ 10시 30분 3팁 당점

▶ 두께 : 1/2두께이므로 키스 나지 않음   당점 : 10시 30분 3팁
  스트록 : 상단 당점이지만 밀어 치시면 안 됩니다. 가볍게 던지듯

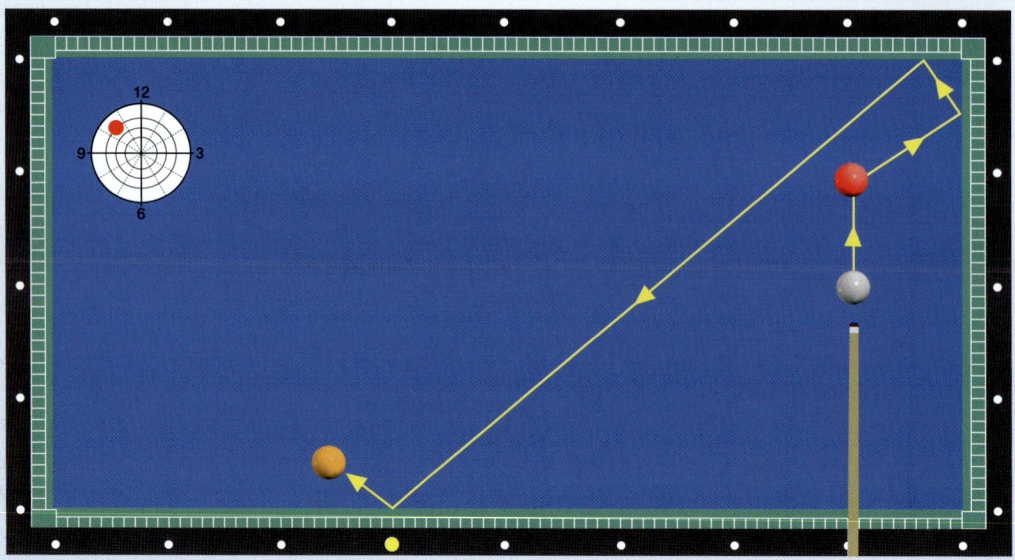

3쿠션은 설계이다
쉬운 공은 실수 없이 안정적으로 / 어려운 공은 창조적으로

비껴치기

당구 뽀개기 Tip
⑥ 기울기 1 중단 Center 당점

▶ **두께** : 1/2 **당점** : 기울기 1에서는 당점 하나를 올려서 Center 당점
  스트록 : 밀리지 않고 간결하게 부드러운 미들 팔로우

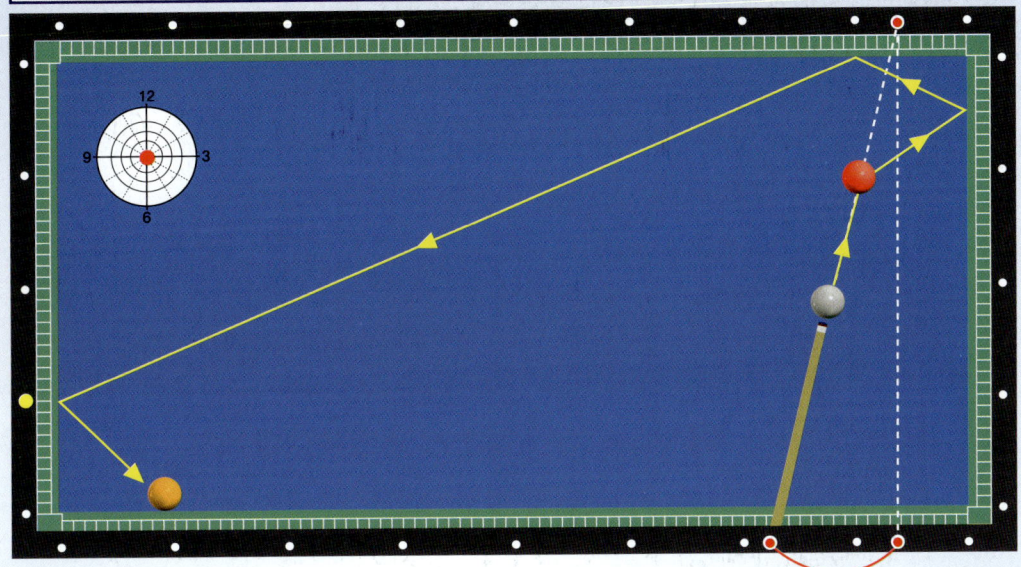

당구 뽀개기 Tip
⑦ 기울기 2 상단 12시 2팁 당점

▶ **두께** : 1/2 **당점** : 기울기 2에서는 당점 두 개를 올려서 상단 12시 2팁 당점
  스트록 : 밀리지 않고 간결하게 부드러운 미들 팔로우

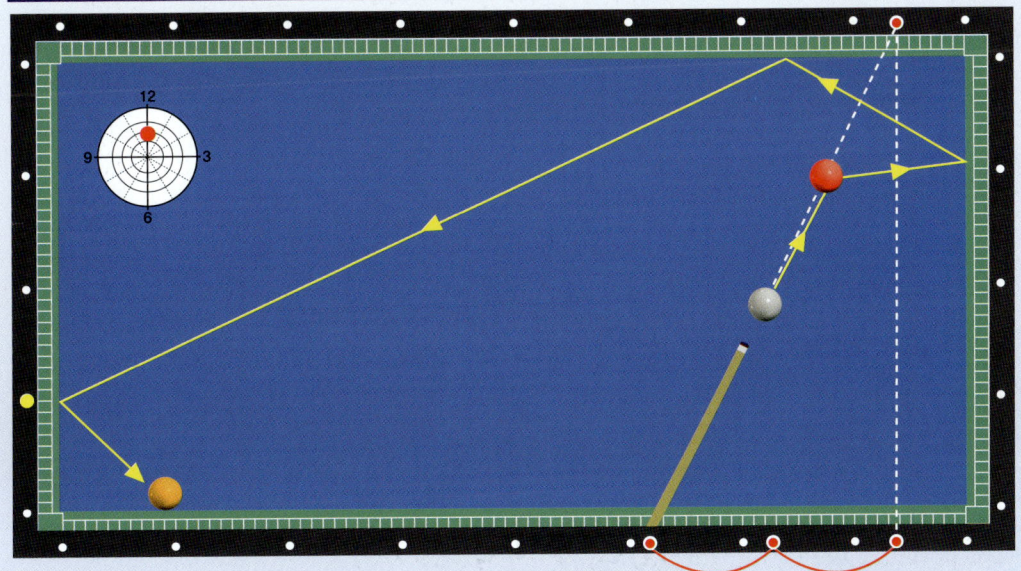

3쿠션은 설계이다
쉬운 공은 실수 없이 안정적으로 / 어려운 공은 창조적으로

Chapter 6. 볼 퍼스트 더블 레일(접시)

1) 당   점 : 수구 출발 값 + 목적구 도착 값
2) 주 의 점 : 두꺼운 두께와 빠른 스트로크는 득점 확률을 떨어트립니다.
3) 보   정 : 회전 주는 방향에 공을 맞히는 경우는 회전량이 증가하여 10포인트 앞쪽을 겨냥해야 합니다.
4) 보   정 : 회전 주는 반대 방향의 공을 맞히는 경우 코너를 보내기 어려울 경우 2포인트당 1팁 증가의 보정값으로 해결하면 쉽게 득점이 됩니다.

▶ 유튜브에서 **당구 레슨 16 공먼저 더블 레일** 검색 또는 좌측에 **QR코드**를 통해서 배우실 수 있습니다.

탄도 Tip

① 수구 출발 값 + 목적구 도착 값 = 팁

▶ 큐선이 코너를 향해 진행해야 합니다. 실제 공은 코너 보다 더 안쪽으로 진행되어 각각의 팁 수에 따라 목적구 도착 값이 아래와 같습니다.

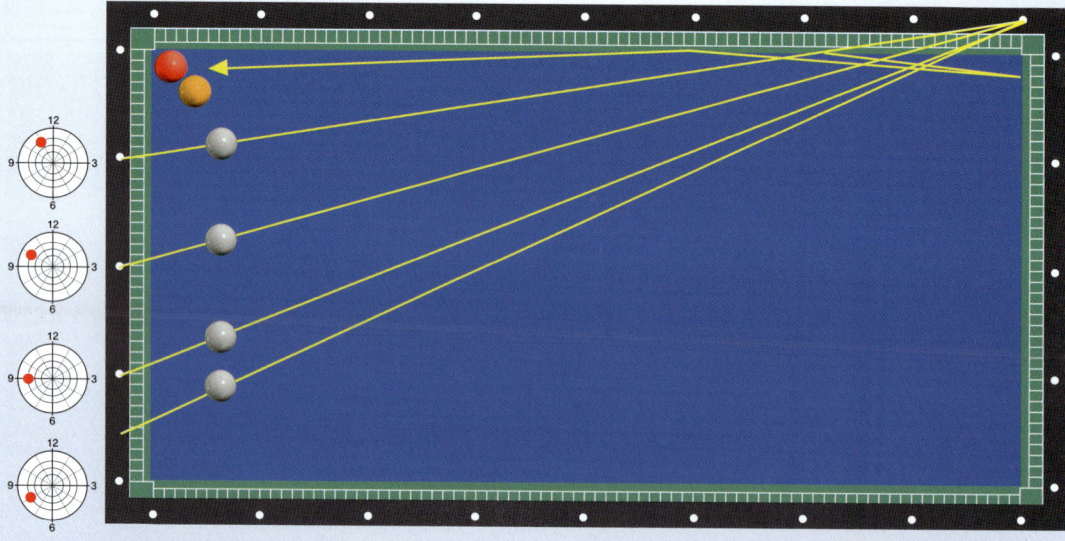

3쿠션은 설계이다
쉬운 공은 실수 없이 안정적으로 / 어려운 공은 창조적으로

② 수구 수 1.5팁 + 도착 값 0.5팁 = 2팁

▶코너에서 연결한 **1목적 구 위치는 1.5팁** 위치에 **2목적 구 위치는 0.5팁** 위치에 있으므로 **합은 2팁으로 코너를 공략**하시면 득점이 됩니다.
코너로 분리시키는 게 어렵기 때문에 2포인트당 1팁 보정값을 적용해서 **편안한 분리각 위치인 20포인트로 3팁 회전**으로 득점 가능합니다.

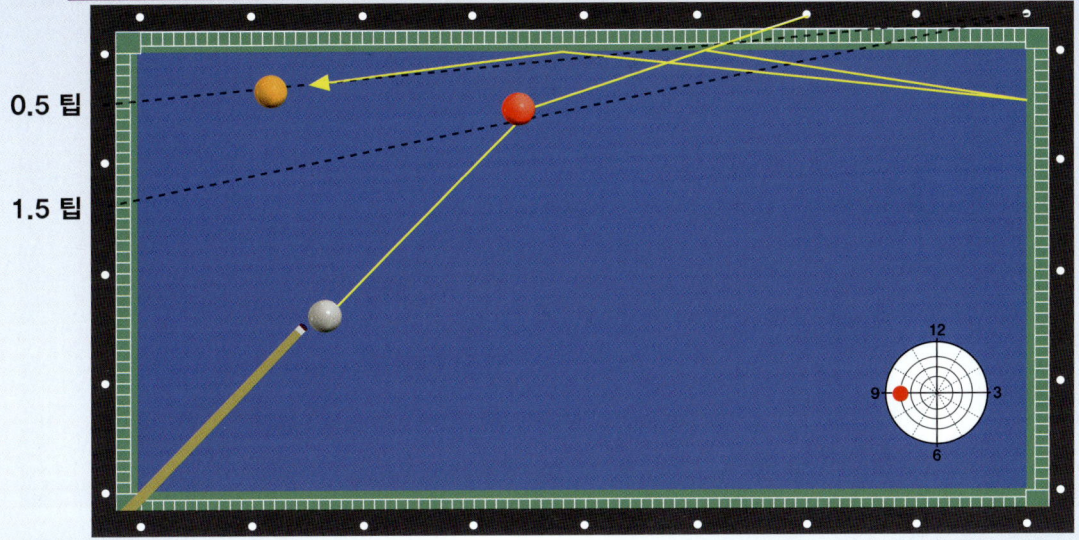

③ 수구 수 1.5팁 + 도착 값 1팁 = 2.5팁

▶코너에서 연결한 **1목적 구 위치는 1.5팁** 위치에 **2목적 구 위치는 1팁** 위치에 있으므로 **합은 2.5팁**(회전 주는 방향에 공을 맞히는 경우는 회전량이 증가하기 때문에 1포인트 앞을 향해 공략)10포인트로 쉽게 분리하기 위해 공의 무게를 가볍게 하는 방법 2.5팁에서 당점만 살짝 내려주세요.

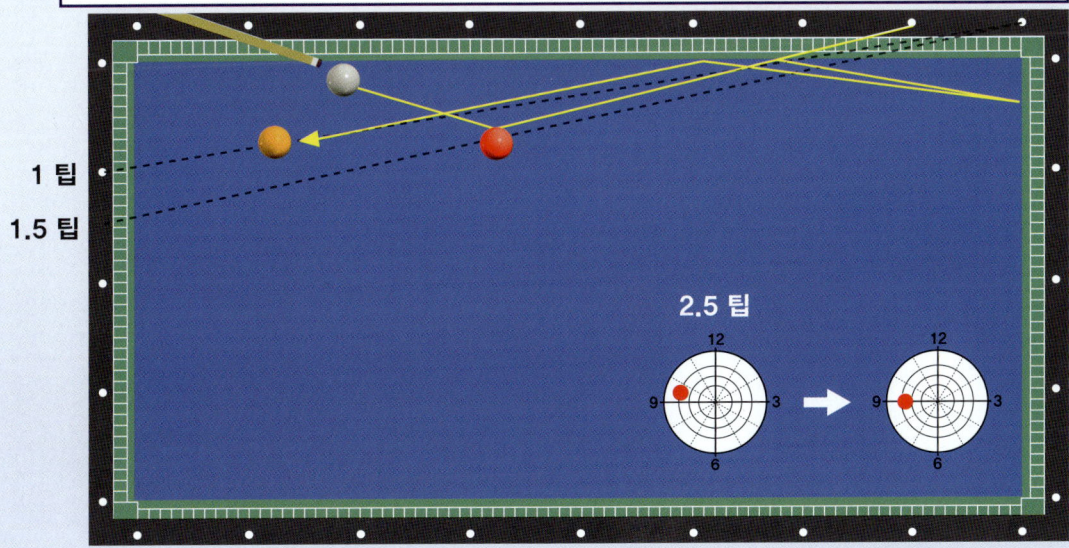

3쿠션에 꼭 필요한 시스템 유튜브 핵심 강의 총정리

탄도 Tip ④ 가는 방향에 상단 느낌 팁

▶ 1,2목적구가 쿠션에 가까운 위치 제각 돌리기 또한 어려운 위치에서 이런 공은 계산하지 마세요. **얇은 두께 피하고 가는 방향에 상단 느낌 팁,** 자신이 가장 싫어하는 사람의 뺨을 때린다는 생각으로 공략

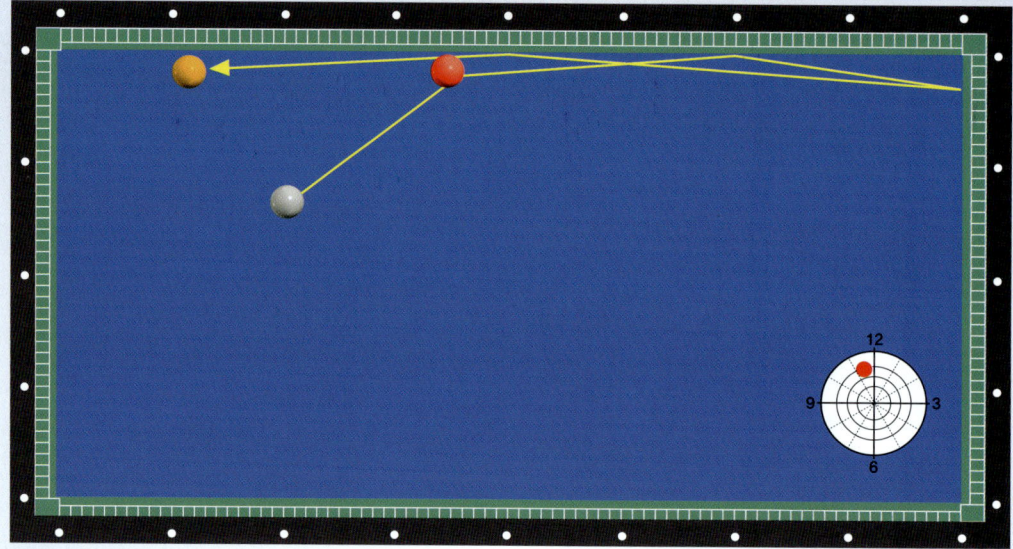

탄도 Tip ⑤ 가는 방향에 상단 느낌 팁

▶ 회전량을 조절해서 조심스럽게 치는 방법보다는 득점 확률을 높이기 위해서 자신 있는 스트록으로 사용해 주시면 좋습니다.

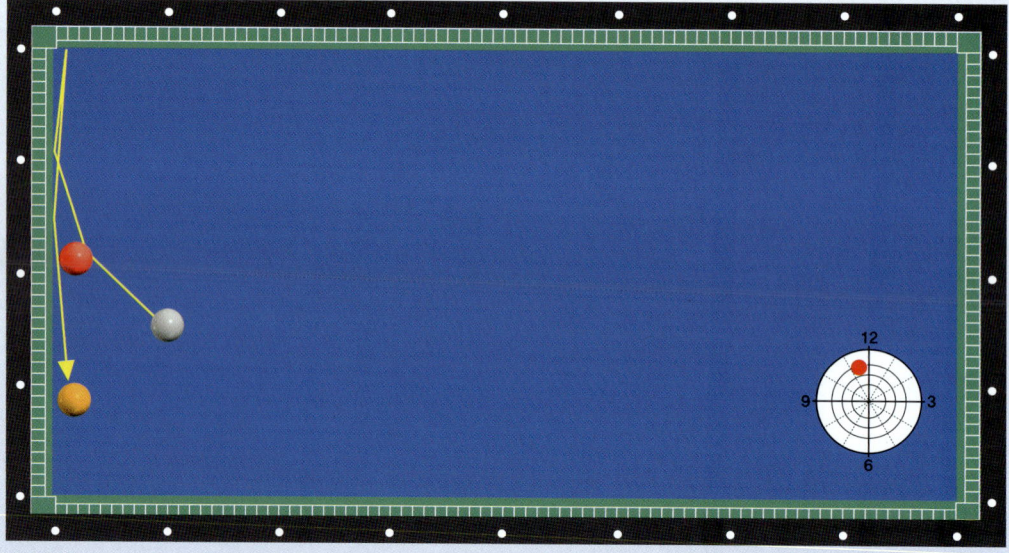

3쿠션은 설계이다
쉬운 공은 실수 없이 안정적으로 / 어려운 공은 창조적으로

6 chapter 되돌아오기 더블레일 시스템

1) 당   점 : 9시 3팁 or 3시 3팁
   (짧게 떨어지는 경우 8시 30분 or 8시 3팁 / 4시 30분 or 4시 3팁)
2) 스 피 드 : 2.5레일
3) 스 트 록 : 등속의 미들 팔로우
4) 라   인 : 큐선이 포인트 라인 일치(실제 수구는 더 안쪽을 맞음)
5) 공   식 : 수구수 + 3쿠션수 = 1쿠션수
            수구수와 3쿠션수의 위치는 코너와 연결된 라인 위치

 ▶ YouTube 당구뽀개기 20편 접시돌리기

▶ 유튜브에서 **당구뽀개기 20편 접시돌리기** 검색 또는 좌측에 **QR코드**를 통해서 배우실 수 있습니다.

당구뽀개기 Tip

① 수구수 30 + 목적구 10 = 1쿠션 40

▶ 큐선이 **40포인트**를 향해 진행해야 함 / 실제로 수구는 스쿼드 현상으로 40포인트보다 살짝 뒤로 진행합니다.

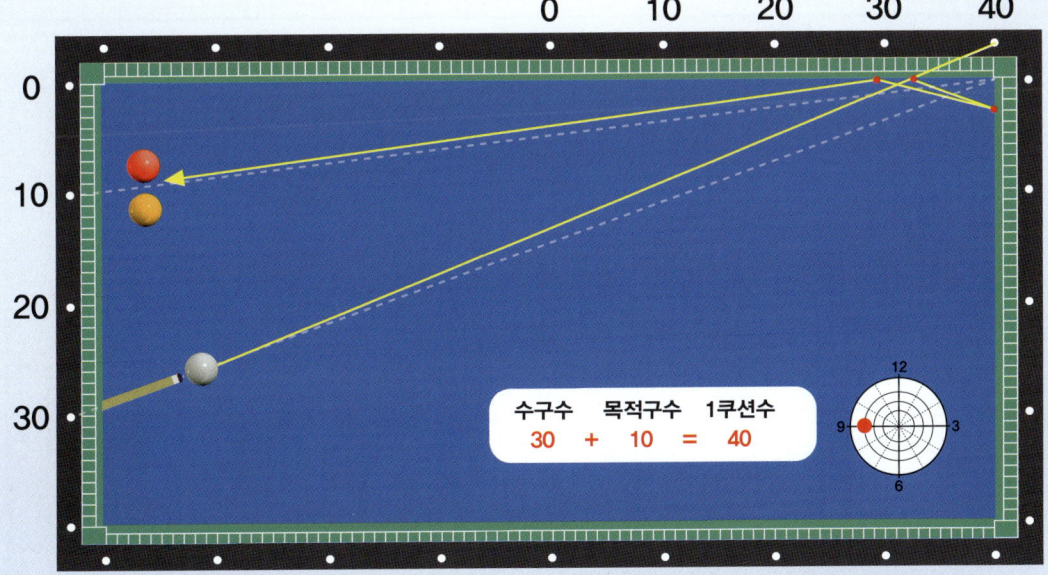

3쿠션은 설계이다
쉬운 공은 실수 없이 안정적으로 / 어려운 공은 창조적으로

되돌아오기

3쿠션에 꼭 필요한 시스템 유튜브 핵심 강의 총정리

당구 뽀개기 Tip ② 수구수 30 + 목적구 5 = 1쿠션 35

▶ 30과 40포인트 중간에 **35포인트**를 향하여 **큐션**으로 보냅니다.
이때 **큐를 비틀어 치지 않고** 부드럽게 팔로우를 하셔야 합니다.

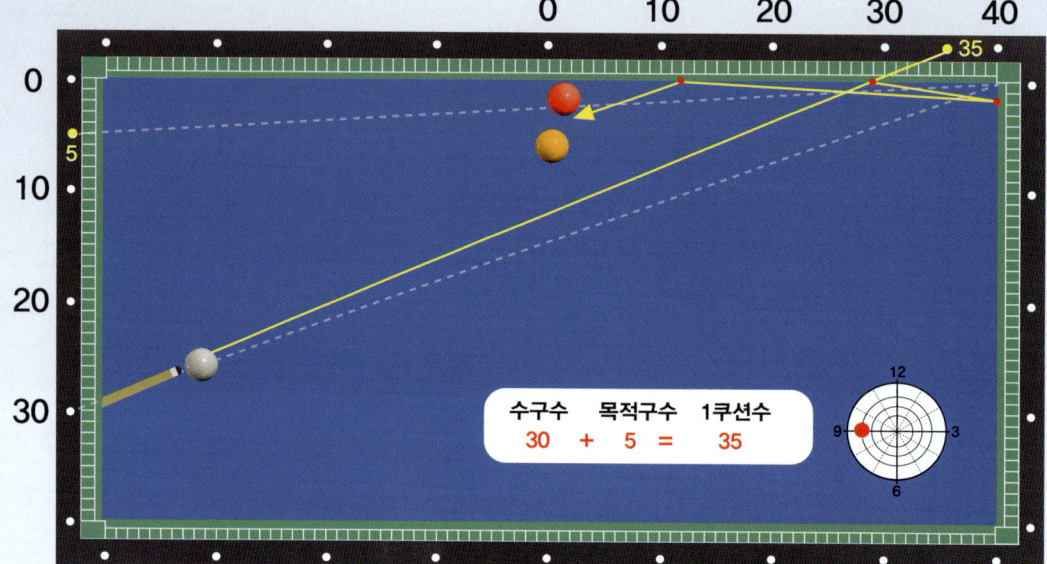

수구수	목적구수	1쿠션수
30	+ 5 =	35

당구 뽀개기 Tip ③ 수구수 20 + 목적구 10 = 1쿠션 30

▶ 볼 퍼스트 역시 **1적구 맞추는 지점**을 연결하면 **수구수는 20**, **목적구는 10**이므로 **30지점**을 향해 4/8두께로 공략 가능합니다.

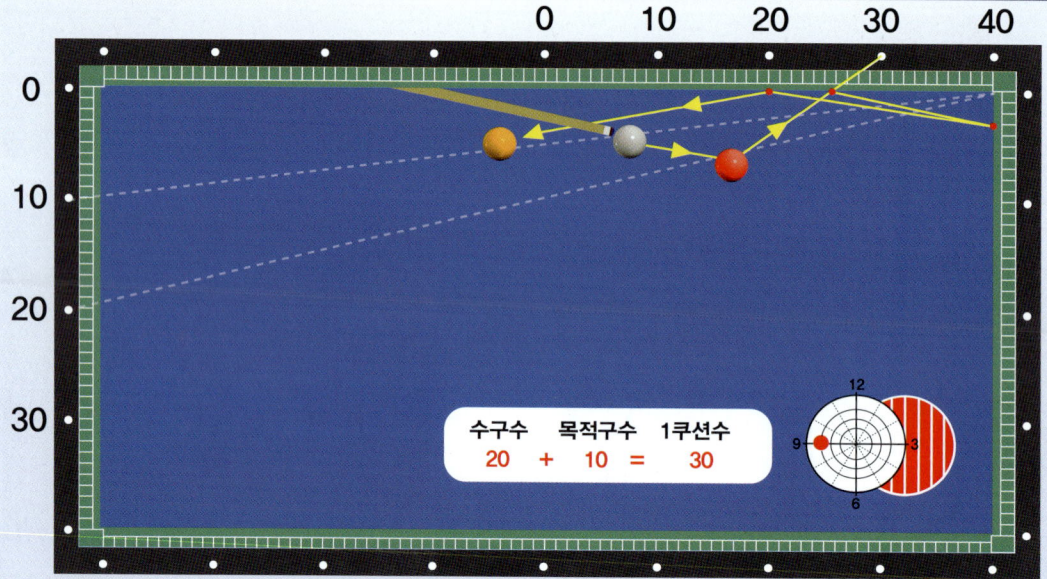

수구수	목적구수	1쿠션수
20	+ 10 =	30

3쿠션은 설계이다
쉬운 공은 실수 없이 안정적으로 / 어려운 공은 창조적으로

6 chapter 되돌아오기 16/20시스템

1) 위   치 : 볼 퍼스트 4/8두께 미만 ▶ 단 쿠션 16, 8, 0
           볼 퍼스트 4/8두께 이상 ▶ 단 쿠션 20, 10, 0
2) 당   점 : 일반적으로 9시 3팁 or 3시 3팁
           세공이 모두 장 쿠션 1포인트 안쪽 10시 3팁 or 2시 3팁
3) 스 트 록 : 등속의 미들 팔로우
4) 라   인 : 큐선이 아니고 수구의 중심선과 포인트 라인 일치

 YouTube 52탄 되돌아오기 시스템

▶ 유튜브에서 **52탄 되돌아오기 시스템** 검색 또는 좌측에 **QR코드**를 통해서 배우실 수 있습니다.

숭그리당당 Tip

① 목적구 16 + 수구수 0 = 1쿠션 16

▶ 코너를 향해 되돌아오기를 쳤을 때 테이블이 **부드러운 테이블**에서는 **14~15포인트**로 도착함 **뻣뻣한 테이블**에서는 **16포인트**로 도착함

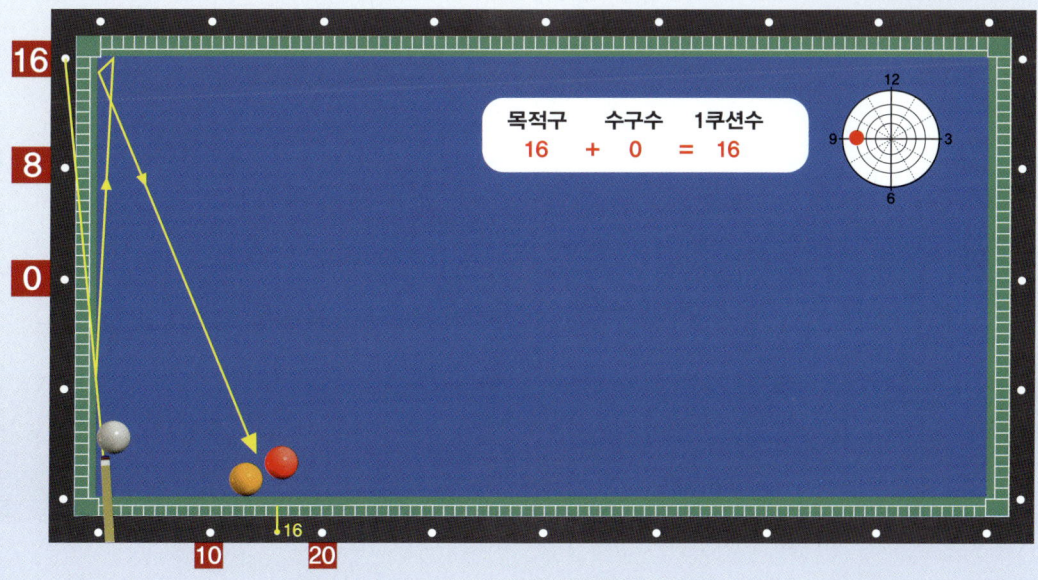

목적구	수구수	1쿠션수
16	+ 0	= 16

3쿠션은 설계이다
쉬운 공은 실수 없이 안정적으로 / 어려운 공은 창조적으로

② 수구수 8 + 목적구 7 = 1쿠션 15

▶ 수구 라인 8 + 목적구 라인 7 = 원쿠션 15지점 공략
▶ 볼 퍼스트 4/8 미만 두께일 때 16시스템 사용

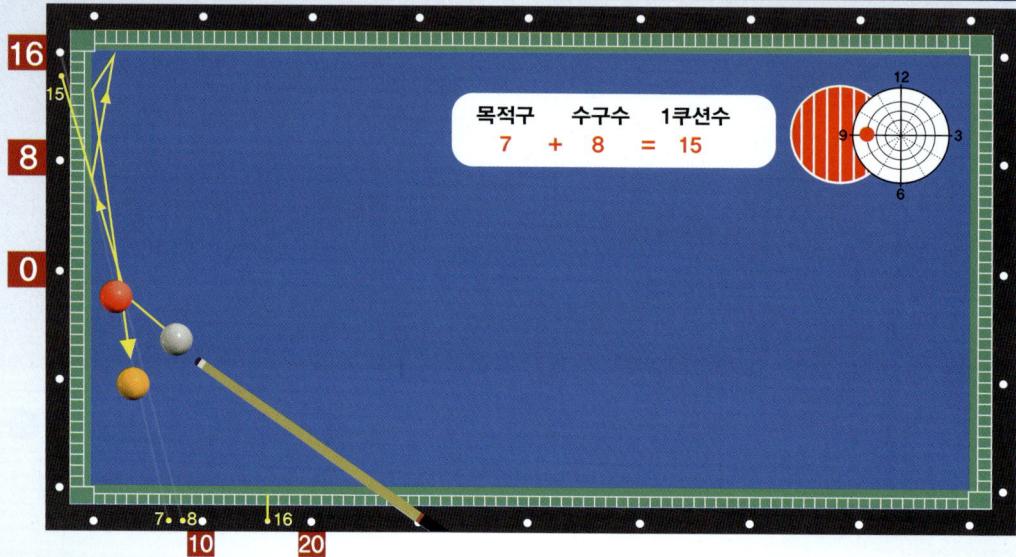

③ 목적구 4 + 수구수 9 = 1쿠션 13

▶ 수구라인 4 + 목적구 라인 9 = 원쿠션 13지점 공략
▶ 볼 퍼스트 4/8 이상 두께일 때 20시스템 사용

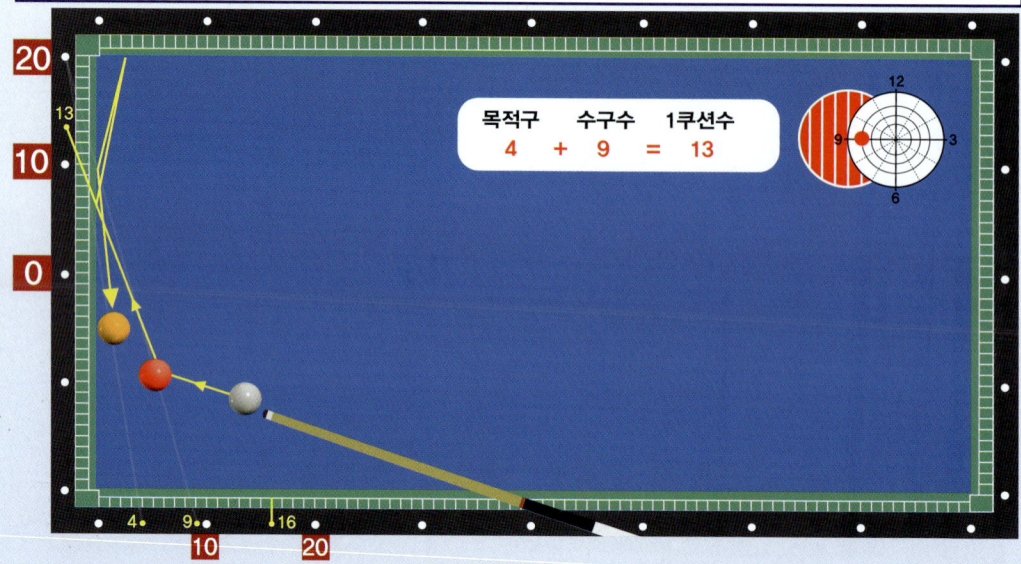

3쿠션은 설계이다
쉬운 공은 실수 없이 안정적으로 / 어려운 공은 창조적으로

3쿠션에 꼭 필요한 시스템 유튜브 핵심 강의 총정리

④ 목적구 3 + 수구수 13 = 1쿠션 16

▶ 목적구 라인 3 + 수구라인 13 = 원쿠션 16지점 공략
▶ 볼 퍼스트 4/8미만 두께일 때 16시스템 사용

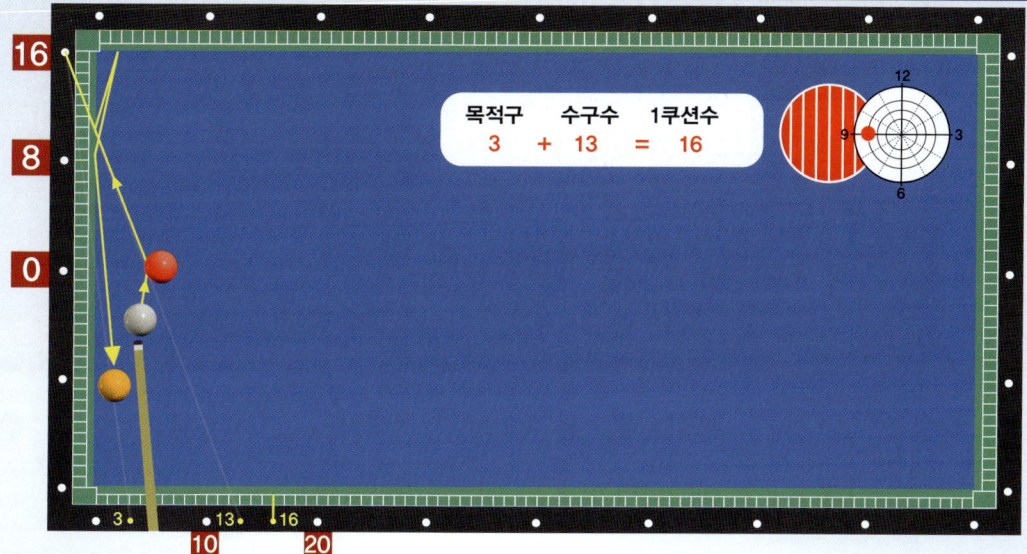

목적구	수구수	1쿠션수
3	+ 13	= 16

⑤ 목적구 5 + 수구수 2 = 1쿠션 7

▶ 목적구 라인 5 + 수구라인 2 = 원쿠션 7 공략
▶ 세공이 모두 1포인트 안쪽에 위치할 경우 10시 방향 3팁

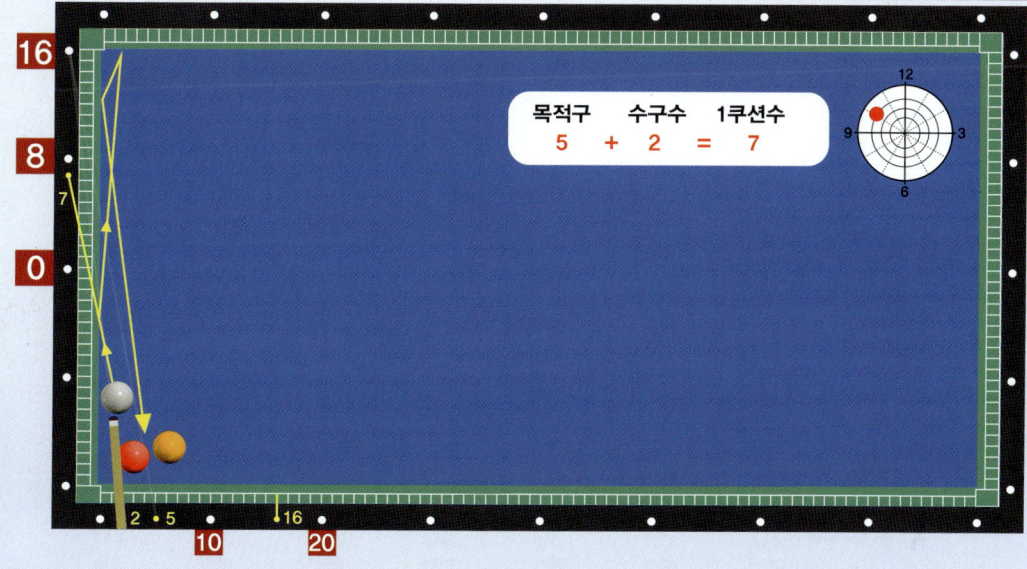

목적구	수구수	1쿠션수
5	+ 2	= 7

되돌아오기

3쿠션은 설계이다
쉬운 공은 실수 없이 안정적으로 / 어려운 공은 창조적으로

플러스시스템

chapter 7 — 플러스시스템 1편

주번 김성현
반장 김수진

1) **기본 계산** : 3쿠션 도착 지점 = 수구 출발 + 1쿠션 도착 포인트
2) **프레임 포인트 당점** : 2시 보다 살짝 부족한 느낌 (1시 45분/50분 느낌)
3) **스피드** : 플러스 시스템은 속도에 굉장히 민감하므로 이시스템에 맞는 나의 속도를 찾아주는 것이 관건입니다.
4) **코너 값** : 1쿠션 포인트 20미만일 때에는 코너 값을 생각해야 합니다.
6) **보 정 값** : 단 쿠션 1포인트당 1회전

※ 3쿠션의 위치 설정이 가장 중요함 / 회전량에 따라 입사각 반사각 다름

▶ YouTube 당구 레슨 4 플러스시스템 1편

▶ 유튜브에서 **당구 레슨 4 플러스시스템 1편** 검색 또는 좌측에 **QR코드**를 통해서 배우실 수 있습니다.

 **탄도 Tip**

① 30(수구) + 30(1쿠션수) = 60(3쿠션수)

▶ 항상 편하게 기준이 되는 포인트를 잡아주고 수구와 가까운 포인트를 먼저 그려봅니다. 아래 이미지는 **30라인에서 성립**이 됩니다.

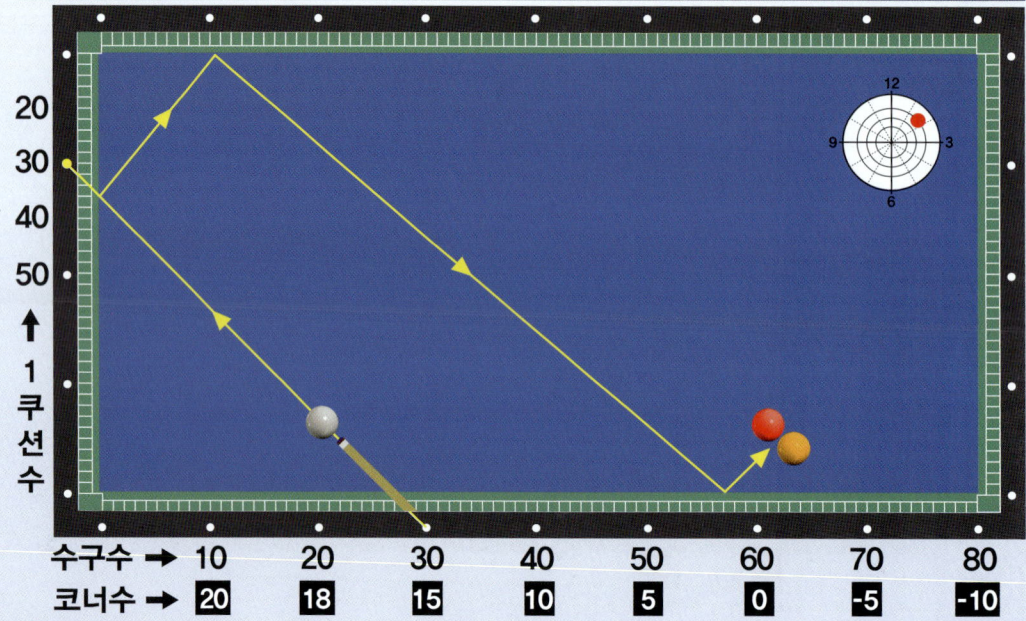

수구수 →	10	20	30	40	50	60	70	80
코너수 →	20	18	15	10	5	0	-5	-10

3쿠션은 설계이다
쉬운 공은 실수 없이 안정적으로 / 어려운 공은 창조적으로

② 입사각이 45도 미만 / 짧아지는 배치 그립의 악력 높게 + 회전량 줄임

▶3쿠션으로 들어오는 프레임 포인트 60으로 정해놓고, 수구수를 임의의 수 30으로 했을 경우 1목적구를 맞고 지나가는 라인이 미세한 설정은 29+31= 60이지만, 공 반개 정도의 차이는 거의 성립이 됩니다. 입사각이 45도 정도 된다면 그냥 반두께로 치시면 되지만 아래와 같이 얇은 두께로 맞추기 위해 힘이 빠지면 공이 가벼워져서 분리각이 커집니다. 이럴 경우 처음부터 그립에 악력을 주고, 짧아지는 배치에서는 회전량을 조금 빼주고 치는 게 유리합니다.

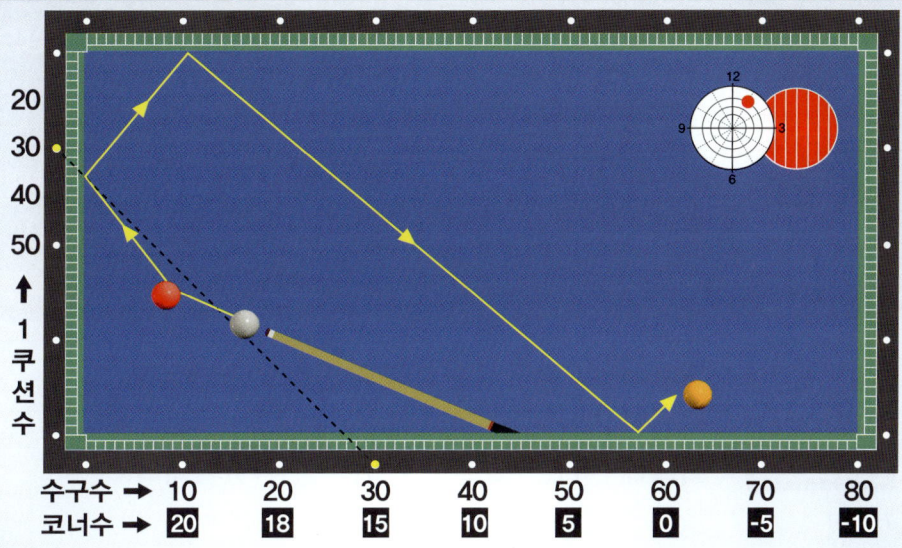

③ 공하나~두게 순각 짧게 치기 그립의 악력 낮게 + 1적구 마찰력 크게

▶아래 이미지는 보통 길게 앞 돌리기를 많이 구사하지만, 시스템 계산으로 수구 35와 25가 걸려있는 배치이고, 수구가 1적구 보다 공 하나~두게 정도 순각일 경우 짧게 치는게 유리합니다. 2번과 반대로 그립에 악력을 빼고 편하게 굴려서 치면 분리각이 커져서 자연스럽게 짧게 득점이 됩니다. 공이 분리되기 위한 조건은 1적구에 수구가 오래 머물수록 분리가 커진다. (마찰력을 크게 하면 회전력이 더 생깁니다.)

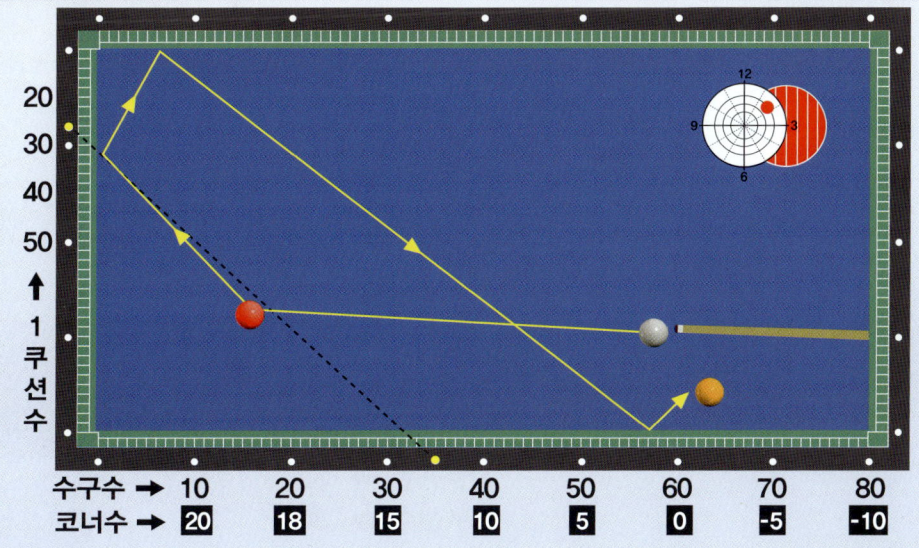

chapter 7 긴 각 플러스시스템 2편

1) **기준 위치** : 5번째 포인트 아래 있는 긴 각 플러스시스템
2) **기본 계산** : 수구수 - 3쿠션 = 1쿠션
3) **당 점** : 3시(프레임 포인트), 2시 40분(레일 포인트)
4) **스피드** : 회전량이 많아서 플러스시스템 1편 보다 더욱더 스피드에 예민합니다. 처음에 스쿼드 현상 일어나고 그 다음 커브 현상으로 1쿠션에 도착하는 속도가 관건입니다.
5) **겨냥 포인트** : 큐 끝이 1쿠션을 향하도록 조준
6) **맥시멈 회전량** : 이 시스템에서 가장 많은 맥시멈 회전으로 공략했을 경우 짧아질 수 있습니다. (한계각에 걸려 있어도 사용 가능합니다.)

▶YouTube 당구 레슨 5 긴 각 플러스시스템 2편

▶ 유튜브에서 당구 레슨 5 긴 각 플러스시스템 2편 검색 또는 좌측에 QR코드를 통해서 배우실 수 있습니다.

탄도 Tip

① 시스템에 맞는 회전량 측정 3시당점 프레임 포인트

▶ 2적구를 10레일 포인트에 놓고, 수구수(30) - 3쿠션(10) = 1쿠션(20) **3시 당점**으로 공략했을 때 아래와 같이 **프레임 포인트**로 들어옵니다.

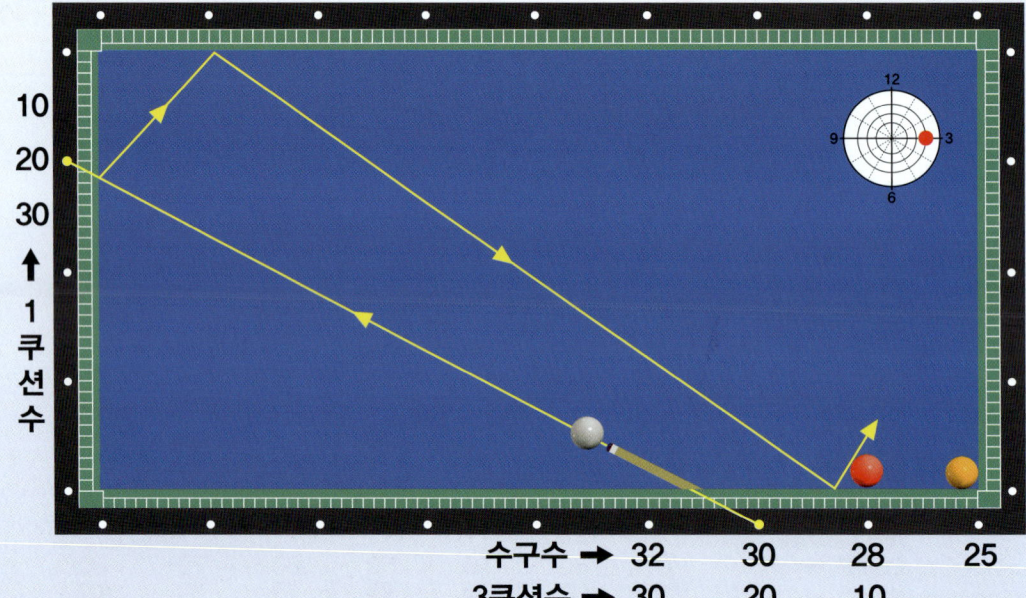

수구수 →	32	30	28	25
3쿠션수 →	30	20	10	

3쿠션은 설계이다
쉬운 공은 실수 없이 안정적으로 / 어려운 공은 창조적으로

② 시스템에 맞는 회전량 측정 2시 40분 당점 레일 포인트

▶ 2적구를 10레일 포인트에 놓고, 수구수(30) – 3쿠션(10) = 1쿠션(20)
2시 40분 당점으로 공략했을 때 아래와 같이 **레일 포인트**로 들어옵니다.

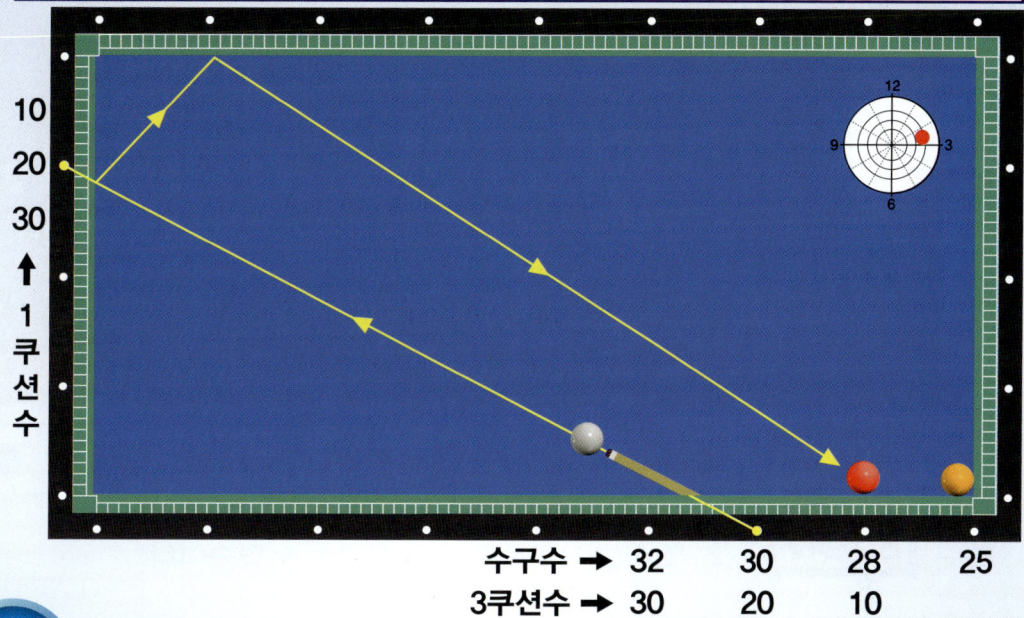

③ 레일 포인트 2시 40분 당점으로 공략

▶ 아래 이미지의 경우 레일 포인트로 계산하면 13, 수구수(28)-3쿠션(13)
= 1쿠션(15) 임의의 수 15로 큐선을 맞추어보니 공의 오른쪽 끝부분만
걸쳐 있으므로 **느낌적으로 1쿠션을 16이라고 생각**하고 치시면 됩니다.

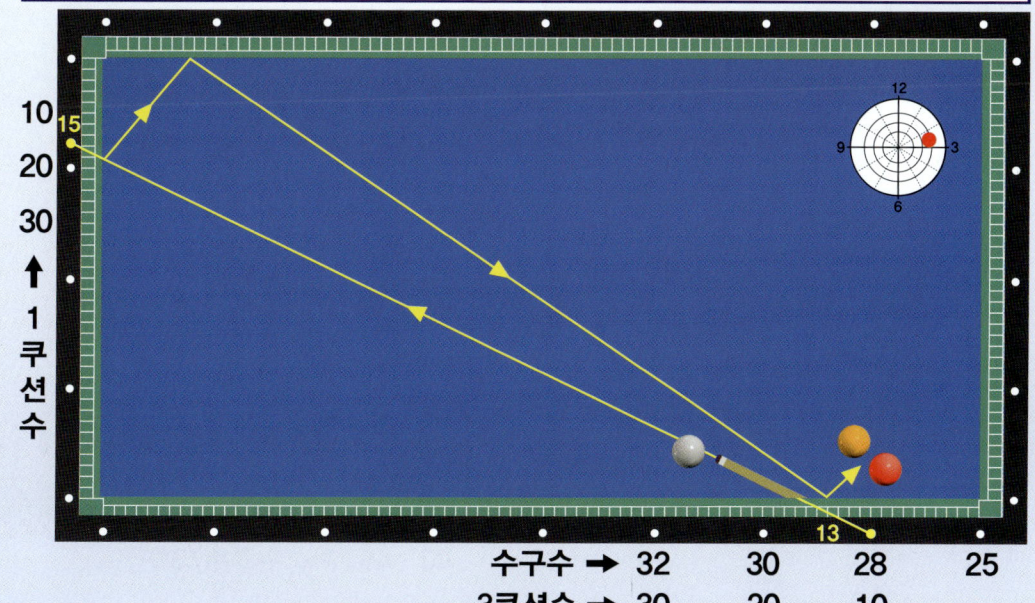

3쿠션은 설계이다
쉬운 공은 실수 없이 안정적으로 / 어려운 공은 창조적으로

15 플러스시스템 3편

1) 기준 위치 : 45안쪽에 수구와 3쿠션 지점이 있을 경우 사용
2) 기본 계산 : 도착 – 15 = 출발 + 1쿠션
3) 당 점 /포인트 : 3시 / 프레임 포인트 도착
5) 겨냥포인트 : 큐 끝이 1쿠션을 향하도록 조준
6) 앞 돌리기와 뒤돌리기 볼 퍼스트 이해

앞 돌리기 = 오른쪽 회전, 오른쪽 맞추는 공들은(스쿼드 현상으로 두껍게 맞고) 그리고 회전량 증가로 짧아지기 쉽다. 그래서 여유 있게 칠수록 불리합니다.

뒤 돌리기 = 오른쪽 회전, 왼쪽 두께 회전량 감소로 길어지기 쉬운 배치. 그래서 여유있게 칠수록 유리합니다.

▶ YouTube 당구 레슨 6 잘 알려진 15시스템

▶ 유튜브에서 **당구 레슨 6 잘 알려진 15시스템** 검색 또는 좌측에 **QR코드**를 통해서 배우실 수 있습니다.

① 3시당점 프레임 포인트

▶ 도착(40) – 15 = 출발(20) + 1쿠션(5) 3시 3팁 당점 / 큐 끝이 5포인트를 향해 치시면 프레임 포인트로 도착해서 득점이 됩니다.

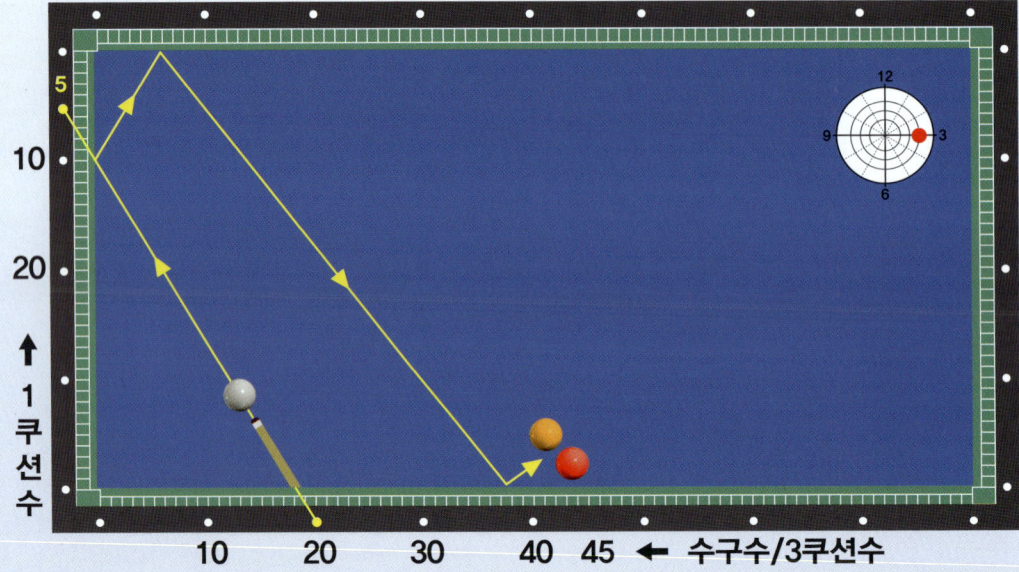

3쿠션은 설계이다
쉬운 공은 실수 없이 안정적으로 / 어려운 공은 창조적으로

탄도 Tip
② 얇게 쳐야 하는 경우 : 그립의 악력 크게 + 백스윙 작게

▶ 도착(40) − 15 = 출발(15) + 1쿠션(10) 3시 3팁 당점 / 10포인트로 보내기 위해 얇게 쳐야 하는 경우 그립의 악력을 살짝 주시고(공을 무겁게)엄지, 검지가 붙을수록 좋습니다. 그리고 백스윙을 작게 하여 임팩트를 작게 해줍니다.

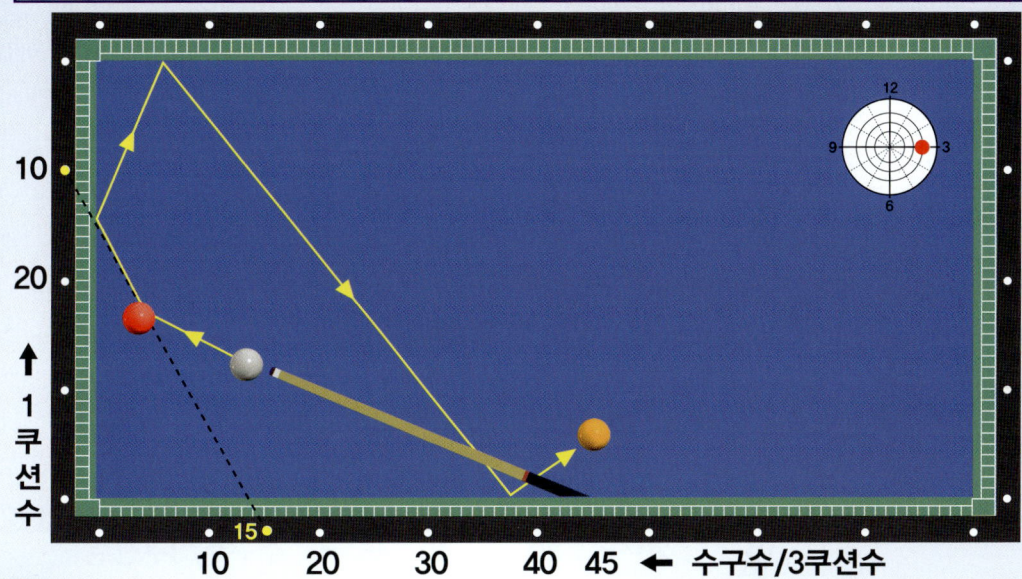

탄도 Tip
③ 분리각을 크게 : 그립의 악력 작게 + 1적구 마찰력 크게

▶ 도착(40) − 15 = 출발(13) + 1쿠션(12) /12포인트로 보내기 위해 두껍게 맞추면 1적구가 내려와서 키스가 날수 있는 위치이므로 분리가 잘 되게(공을 가볍게)그립의 악력을 약하게 하고 1적구에 머무는 시간을 많이 주어 마찰력을 크게 하여 분리각을 만들어냅니다.(12포인트에 놓고 온다는 느낌)

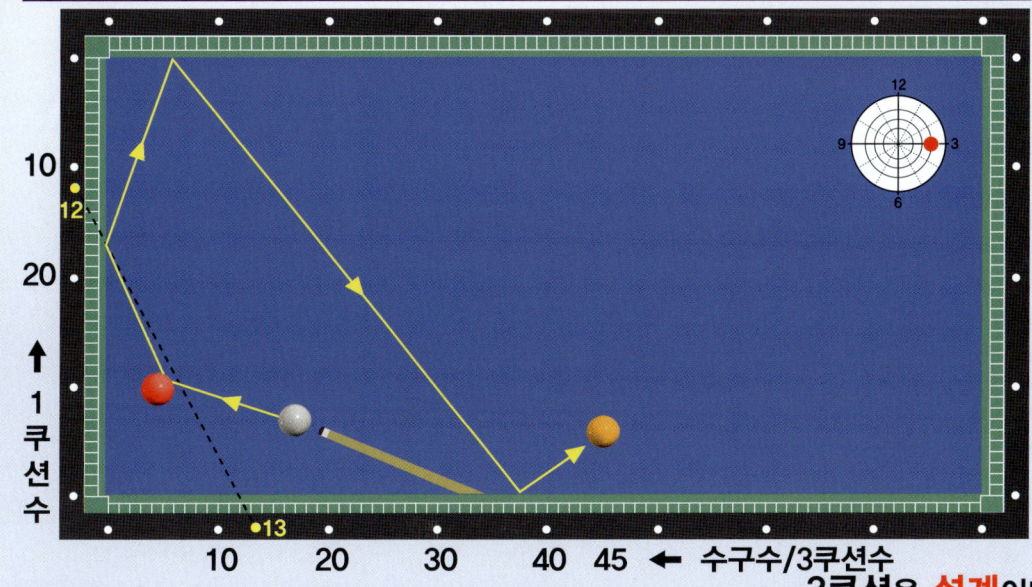

3쿠션은 설계이다
쉬운 공은 실수 없이 안정적으로 / 어려운 공은 창조적으로

플러스 시스템

3쿠션에 꼭 필요한 시스템 유튜브 핵심 강의 총정리

탄도 Tip

④ 10포인트로 자신 있게 득점

▶ 도착(40) - 15 = 출발(15) + 1쿠션(10) 3시 3팁 당점 / 일자 라인에서는 10포인트로 보내서 쉽게 득점이 되지만, 아래와 같이 수구가 조금 엇각으로 빠져있는 경우 10포인트로 그냥 소심하게 치시면 10포인트 앞쪽으로 분리가 되어 짧아지는 형태가 됩니다. 방법은 **자신 있게 치시면 득점이 됩니다.**

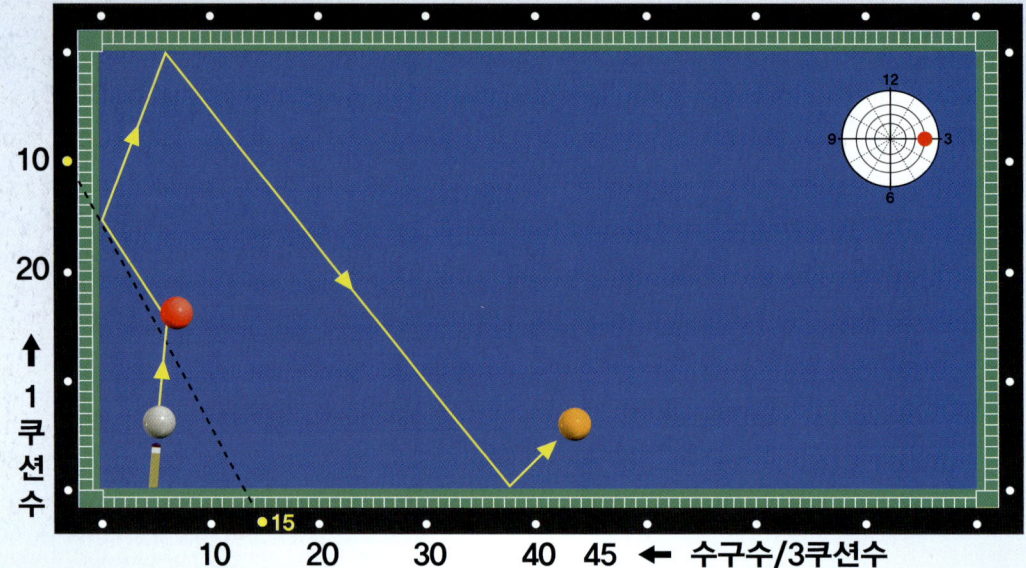

탄도 Tip

⑤ 당점 내려서 그냥 친다는 생각

▶ 4번 보다 수구가 조금 더 엇각으로 빠져있고 1적구와 가깝게 위치한 경우 10포인트로 보내기 **당점을 내려서 공략**하는데, 그 상태에서 끌어치면 과해지기 쉽습니다. 그냥 **친다는 생각으로 공략**해야 득점이 쉽게 됩니다.

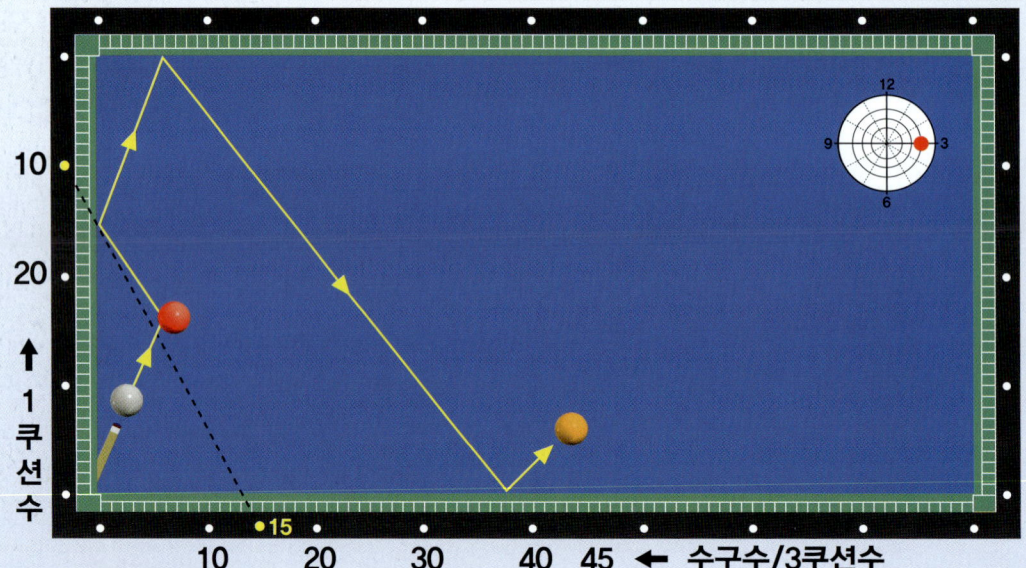

3쿠션은 설계이다
쉬운 공은 실수 없이 안정적으로 / 어려운 공은 창조적으로

chapter 8 볼퍼스트 리버스 시스템

주변 김성현
반장 김수진

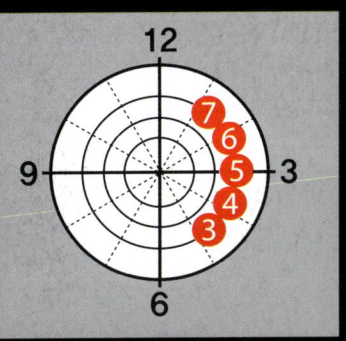

1) 당점 : 왼쪽 이미지 참고
   기준점 : 3시 3팁 방향 = 5
   팁 하나 위 = 6 팁 두개 위 = 7
   팁 하나 아래 = 4 팁 두개 아래 = 3
2.5? ▶최소값 3으로 공략
당점의 합이 1 혹은 8 이 나오는 경우는 다른 공략
2) 스트록 : 리버스는 테이블 상태가 예민하다
   빽빽한 테이블은 상단으로 한 칸 조정
   미끄러운 테이블은 하단으로 한 칸 조정
   타격이 아닌 밀어 치듯이
3) 두께 : 6/8이상의 두꺼운 두께
4) 보정 : 수구와 1적구가 1포인트 안쪽 거리인
   경우 당점 하나를 올려줍니다.

▶ YouTube 당구 레슨 9. 리버스 믿고 치세요 성현

▶ 유튜브에서 **당구 레슨 9. 리버스 믿고 치세요** 검색 또는
좌측에 **QR코드**를 통해서 배우실 수 있습니다.

탄도 Tip

① 2쿠션(5)+기울기(2)+3쿠션(-1)

▶ 1적구의 위치는 장 쿠션과 수직으로 내려오는 포인트(5) + 기울기(2)
3쿠션(-1) = 6이므로 당점을 아래와 같이 설정하고
6/8 이상의 두께로 부드럽게 밀어 쳐서 치시면 득점이 됩니다.

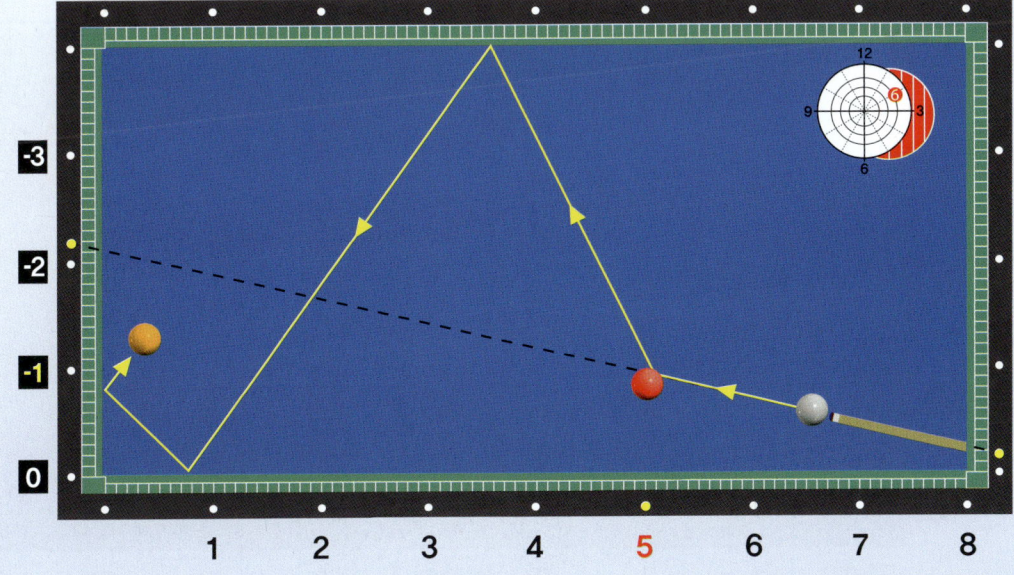

3쿠션은 설계이다
쉬운 공은 실수 없이 안정적으로 / 어려운 공은 창조적으로

3쿠션에 꼭 필요한 시스템 유튜브 핵심 강의 총정리

탄도 Tip ② 2쿠션(2.5)+기울기(2.5)+3쿠션(-2)

▶ 2쿠션(2.5)+기울기(2.5)+3쿠션(-2) = 3 / 3위치는 4시 30분 당점
당점을 내리는 이유 : 밀리지 않게 하기 위해/끌리기 위해/분리각을
만들기 위해 ▶ 팔까지 분리각을 만들려고 하면 오버가 됩니다.
하단을 주고 치세요! (보정:수구와 1적구가 가까우면 1팁 올려서 공략)

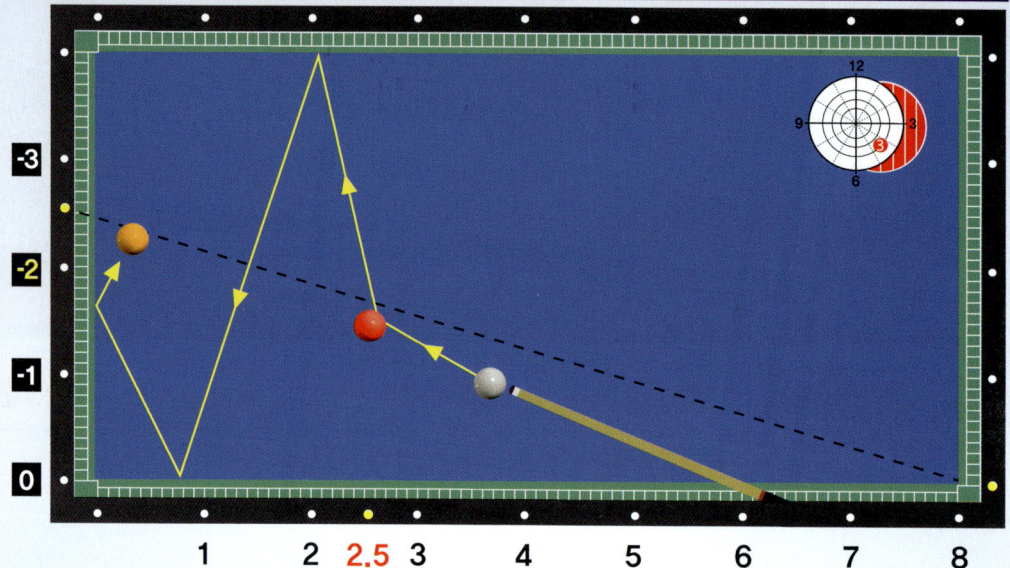

탄도 Tip ③ 1적구가 쿠션에 가까워도 가능

▶ 2쿠션(5)+기울기(2)+3쿠션(-1) = 6 스핀볼 형태로 가야 되어서
회전을 3팁 사이드로 공략하는 것이 확률적으로 좋습니다.
기울이기는 장축 2칸이 단축 1칸과 같으므로 기울기는 +2 됨

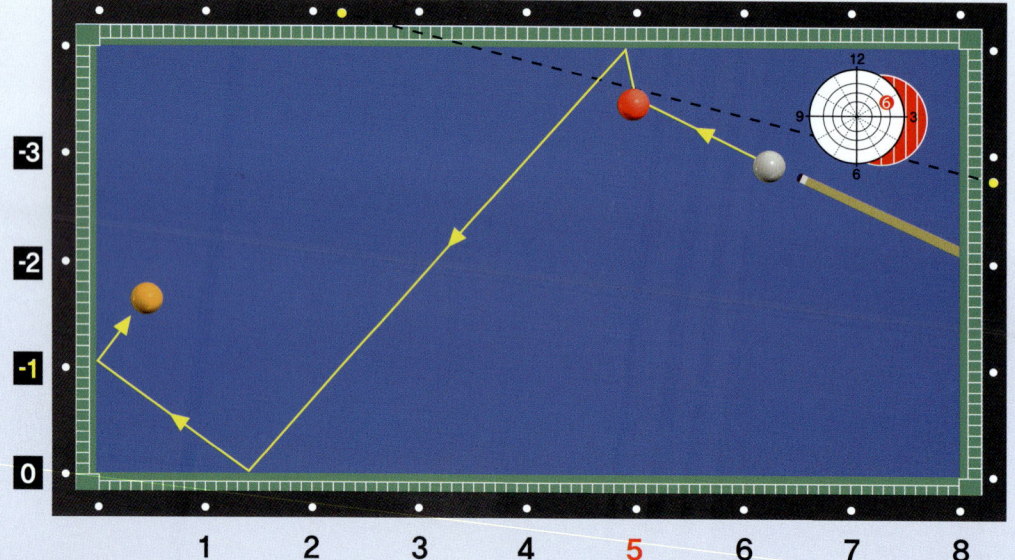

3쿠션은 설계이다
쉬운 공은 실수 없이 안정적으로 / 어려운 공은 창조적으로

9 chapter. 3단 횡단 샷 더블 쿠션

1) 스트록 : 롱팔로우가 아닌 공 2 ~ 3개 관통할 수 있는 미들 팔로우
   (라운딩은 과하지 않은 살짝 휘면서) 그립 손은 느슨하지 않고
   꽉 잡는 느낌으로 딱딱한 스트록

2) 당 점 : 1, 2적구가 일자 라인
   ▶ 무회전(12시 2팁~3팁)이지만 살짝 느낌 팁
   (스트록이 밀리고 파워가 없으신 분들은 무회전 추천)

3) 스피드 : 5레일 스피드 (예외 : 기울기 1일 때에는 PBA 뱅킹 속도로
   부드럽게 3~4레일)

 ▶ YouTube 당구뽀개기 15편 횡단 샷

▶ 유튜브에서 **당구뽀개기 15편 횡단 샷** 검색 또는 좌측에
QR코드를 통해서 배우실 수 있습니다.

① 기울기에 따른 두께/당점 설정

▶ 횡단 샷은 두께 3 이상을 쓰는 게 좋지 않습니다. 기울기가 4이면 두께 3을 그대로 하고 회전을 역회전 -1팁으로 치시는 게 좋습니다.
이때 **무회전은 12시 2팁 ~ 3팁**이지만 **느낌 팁**을 살짝 주시는 게 좋습니다.
(스트록이 밀리고 파워가 없으신 분들은 무회전이 좋습니다.)

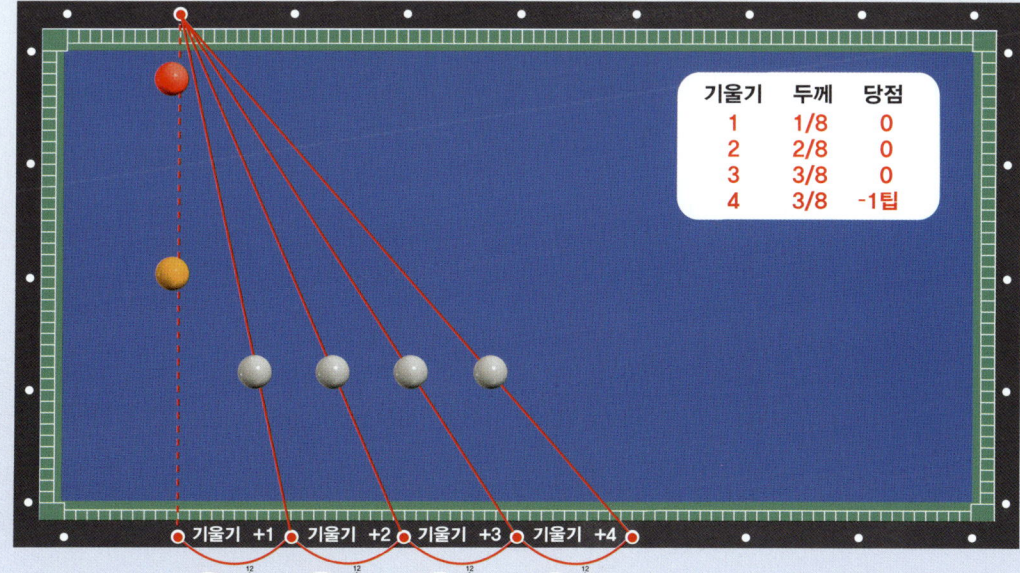

기울기	두께	당점
1	1/8	0
2	2/8	0
3	3/8	0
4	3/8	-1팁

더블 횡단

② 기울기 1 두께/당점 설정

▶ **1/8두께** PBA 뱅킹 속도로 다른 횡단 샷보다 부드럽게 공략합니다.
(당점 12시 2팁~3팁)

③ 기울기 2 두께/당점 설정

▶ **2/8두께** 4~5레일(기울기 1보다 빠른 딱딱한 스트록) **당점** 12시 2팁~3팁
브릿지 단단한 고정(치고 나서 자세 고정) / 상체는 중간 높이로 공략
자세를 너무 낮게 하시면 오른팔 스윙이 잘되지 않습니다.

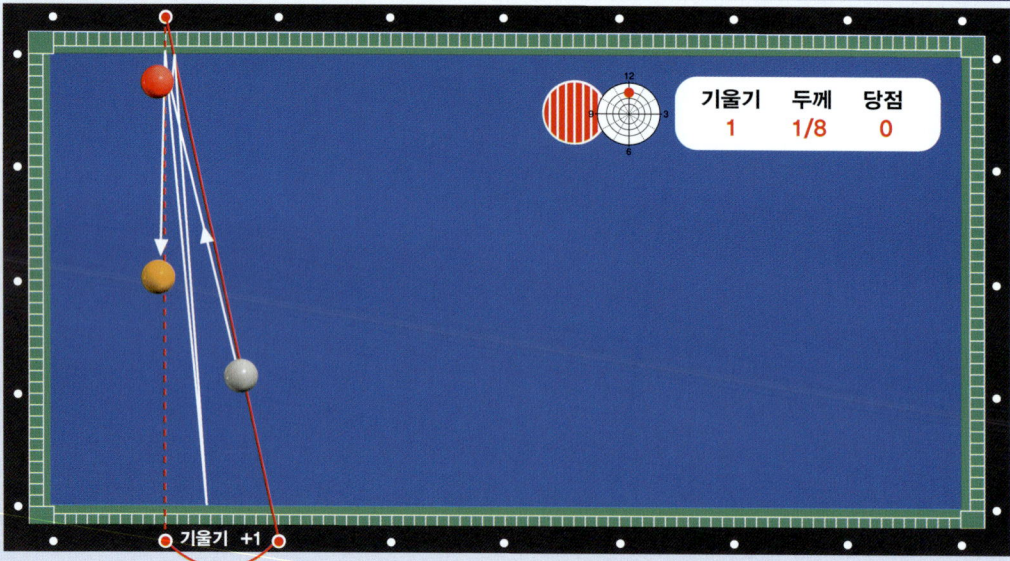

3쿠션은 설계이다
쉬운 공은 실수 없이 안정적으로 / 어려운 공은 창조적으로

3쿠션에 꼭 필요한 시스템 유튜브 핵심 강의 총정리

더블횡단

④ 기울기 3 두께/당점 설정

▶ **3/8두께** 4~5레일(기울기 1보다 빠른 딱딱한 스트록)
  당점 12시 2팁~3팁 브릿지 단단한 고정(치고 나서 자세 고정)

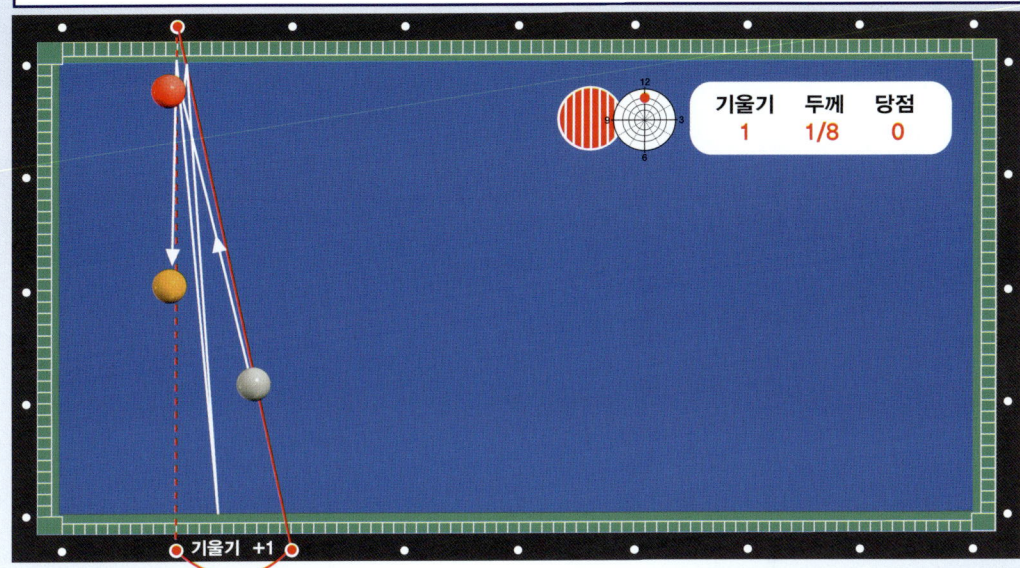

⑤ 기울기 4 두께/당점 설정

▶ **3/8두께** 4~5레일(기울기 1보다 빠른 딱딱한 스트록)
  당점 1시 2팁~3팁(역회전 1팁) 브릿지 단단한 고정(치고 나서 자세 고정)
  (4/8두께는 밀림 현상이 있어서 3/8두께에 -1회전(1시 2팁~3팁))

103

3쿠션은 설계이다
쉬운 공은 실수 없이 안정적으로 / 어려운 공은 창조적으로

⑥ 기울기 2 / 1목적구 & 2목적구 2포인트 차이

▶ **2/8두께** 4~5레일(기울기 1보다 빠른 딱딱한 스트록)
  당점 10시 3팁(1목적구와 2목적구가 2포인트 떨어져 있으므로 시계당점 2팁)

⑦ 기울기 2 / 1목적구 & 2목적구 1포인트 차이

▶ **2/8두께** 4~5레일(기울기 1보다 빠른 딱딱한 스트록)
  당점 11시 3팁(1목적구와 2목적구가 1포인트 떨어져 있으므로 시계당점 1팁)

3쿠션은 설계이다
쉬운 공은 실수 없이 안정적으로 / 어려운 공은 창조적으로

⑧ 기울기 1 / 1목적구 & 2목적구 2포인트 차이

▶ **1/8두께** (기울기 1일 때에는 PBA 뱅킹 속도로 부드럽게 3~4레일)
　당점 10시 3팁(1목적구와 2목적구가 2포인트 떨어져 있으므로 시계당점 2팁)

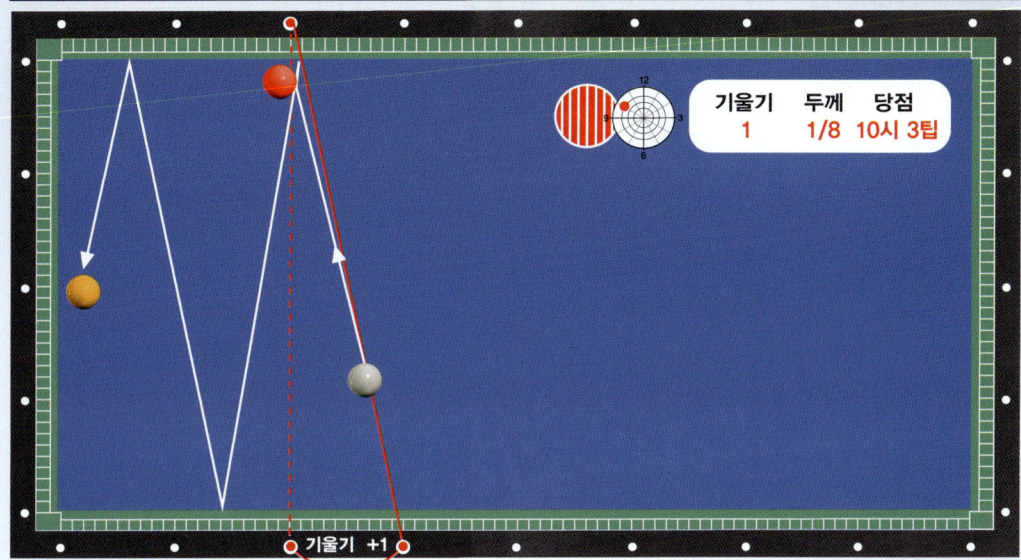

기울기	두께	당점
1	1/8	10시 3팁

⑨ 기울기 3 / 1목적구 & 2목적구 2포인트 차이

▶ **3/8두께** 4~5레일(기울기 1보다 빠른 딱딱한 스트록)
　당점 10시 3팁(1목적구와 2목적구가 1포인트 떨어져 있으므로 시계당점 2팁)

기울기	두께	당점
3	3/8	10시 3팁

더블 횡단

⑩ 기울기 4 / 1목적구 & 2목적구 1포인트 차이

▶ **3/8두께** 4~5레일(기울기 1보다 빠른 딱딱한 스트록) **당점 12시 3팁**(1목적구와 2목적구가 같은 라인에서는 기울기 4일 경우 −1팁 역회전이지만 1포인트 떨어져 있으므로 무회전 12시 3팁으로 득점이 됩니다.)

⑪ 기울기 1 / 1목적구 & 2목적구 1포인트 차이

▶ **1/8두께** (기울기 1일 때에는 PBA 뱅킹 속도로 부드럽게 3~4레일)
당점 11시 3팁(1목적구와 2목적구가 1포인트 떨어져 있으므로 시계당점 1팁)

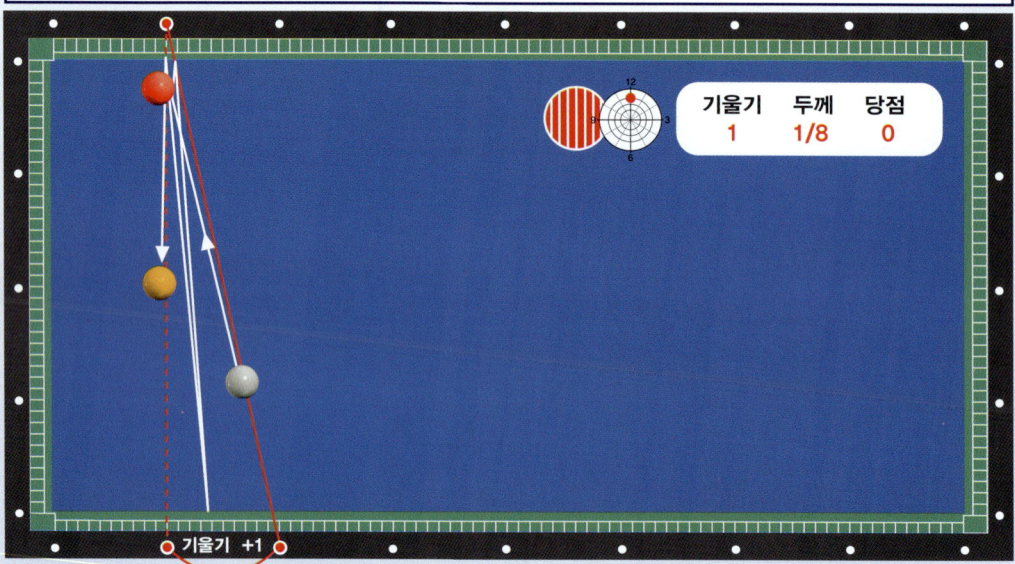

3쿠션은 설계이다
쉬운 공은 실수 없이 안정적으로 / 어려운 공은 창조적으로

10 chapter 장축 1뱅크 넣어 치기

1) 기본 계산 :
1적구는 장 쿠션 공간이 공 한 개 ~ 한 개 반 정도가 기준입니다.
1적구가 3포인트에 있든 2포인트에 있든 중요한 것은 수구의 기울기가 5칸 / 4칸에 따라 회전 변화로 득점이 가능합니다.

2) 응용 :
회전 변화, 1팁당 0.5포인트 이동

3) 스트록 :
스피드 강한 자신 있는 스트록

▶ YouTube 당구 레슨 42 장축 1뱅크 넣어 치기
▶ 유튜브에서 **당구 레슨 42 장축 1뱅크 넣어 치기** 검색 또는 좌측에 **QR코드**를 통해서 배우실 수 있습니다.

탄도 Tip

① 1적구 3포인트 / 2적구 코너 : 무회전 상단 2~3팁

▶ 1적구는 장 쿠션 3포인트에 공 하나 들어가는 넓이로 배치 수구는 5칸 기울기 출발 / **상단 무회전 2팁~3팁**으로 1적구가 안 맞을 만큼 깊숙하게 설정하고 자신 있는 스트록으로 쳐주시면 **무회전 기준으로 코너**로 옵니다.

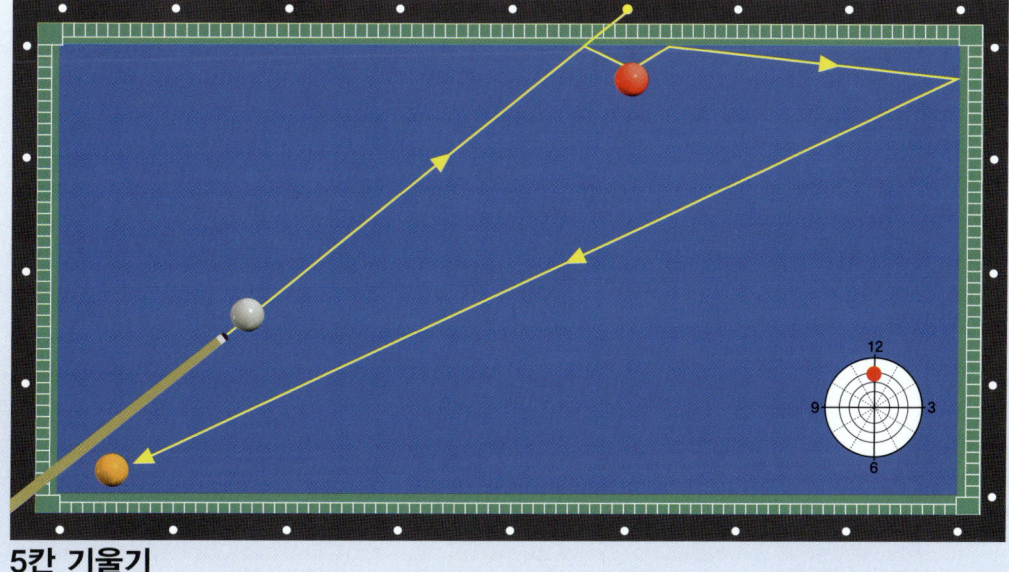

3포인트

5칸 기울기

3쿠션은 설계이다
쉬운 공은 실수 없이 안정적으로 / 어려운 공은 창조적으로

② 1적구 3포인트 / 2적구 코너 한 칸 앞 : 상단 1팁 회전

▶ **상단 1팁회전** 으로 1적구가 안 맞을 만큼 깊숙하게 설정하고 자신 있는 스트록으로 쳐주시면 **코너보다 한 칸 앞** 으로 들어와 득점이 됩니다.

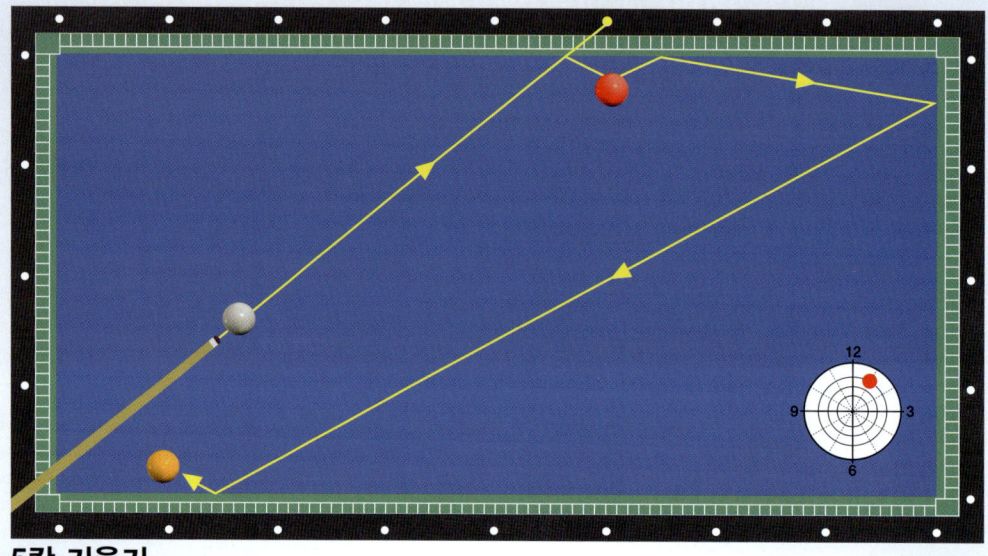

5칸 기울기

③ 1적구 3포인트 / 2적구 코너 두 칸 앞 : 상단 2팁 회전

▶ **상단 2팁회전** 으로 1적구가 안 맞을 만큼 깊숙하게 설정하고 자신 있는 스트록으로 쳐주시면 **코너보다 두 칸 앞** 으로 들어와 득점이 됩니다.

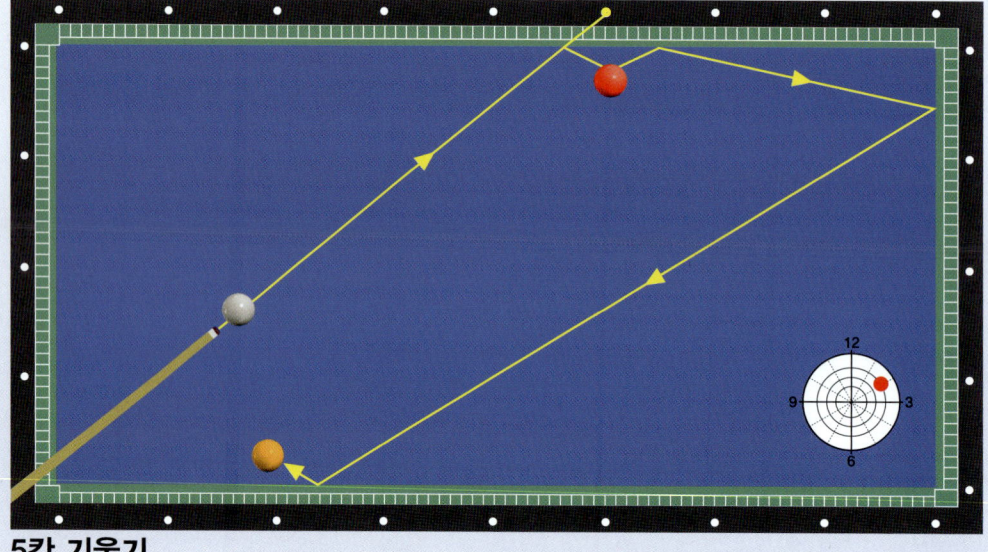

5칸 기울기

3쿠션은 설계이다
쉬운 공은 실수 없이 안정적으로 / 어려운 공은 창조적으로

④ 1적구 3포인트 / 2적구 코너 세 칸 앞 : 중단 3팁 회전

▶ **중단 3팁**으로 1적구가 안 맞을 만큼 깊숙하게 설정하고 자신 있는 스트록으로 쳐주시자만 너무 강하지 않게 치시면 **코너보다 세 칸 앞**으로 들어와 득점이 됩니다. (너무 많은 상단을 주고 너무 깊게 넣으시면 길어질 수가 있습니다.)

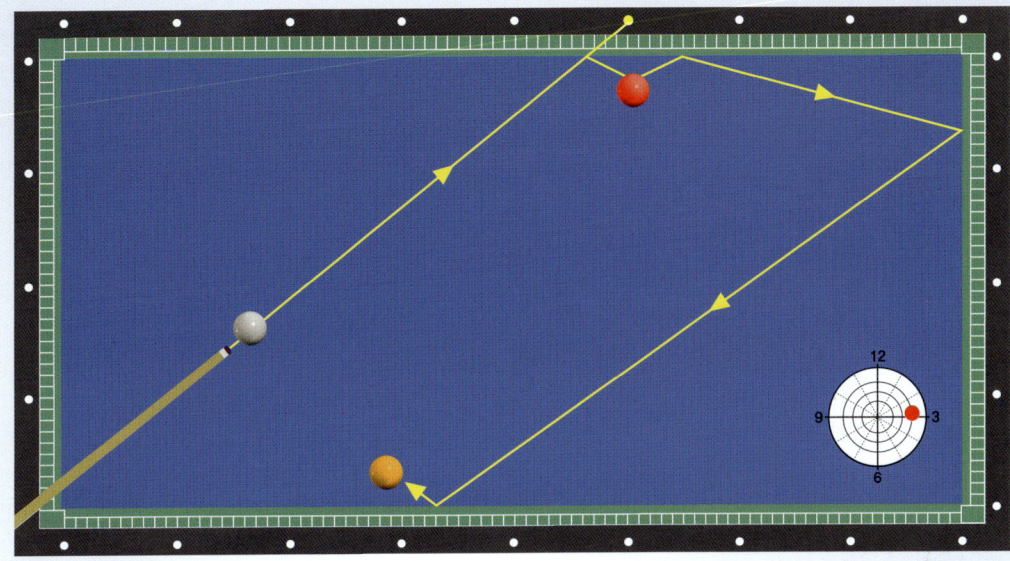

5칸 기울기

⑤ 1적구 3포인트 / 수구 4칸 기울기 / 2적구 코너

▶ 1적구는 장 쿠션 3포인트에 공하나 들어가는 넓이로 배치 **수구는 4칸** 기울기 출발 / **상단 1팁**으로 1적구가 안 맞을 만큼 깊숙하게 설정하고 자신 있는 스트록으로 쳐주시면 **코너**로 옵니다.

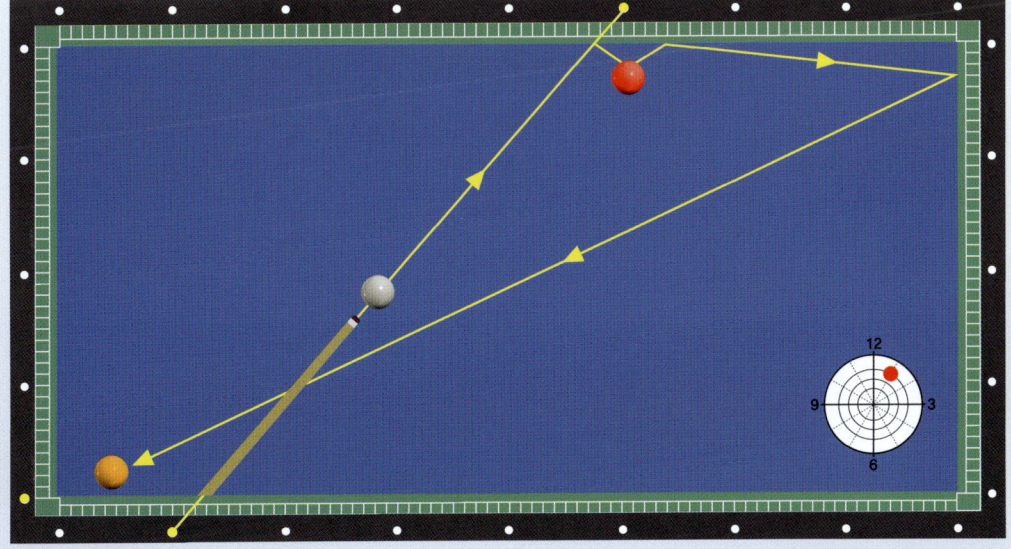

5칸 기울기

3쿠션은 설계이다
쉬운 공은 실수 없이 안정적으로 / 어려운 공은 창조적으로

3쿠션에 꼭 필요한 시스템 유튜브 핵심 강의 총정리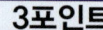

탄도 Tip ⑥ 1적구 3포인트 / 수구 4칸 기울기 / 2적구 코너 한 칸 앞

▶ 수구 4칸 기울기/**상단 2팁회전** 으로 1적구가 안 맞을 만큼 깊숙하게 설정하고 자신 있는 스트록으로 쳐주시면 **코너보다 한 칸 앞**으로 들어와 득점이 됩니다.

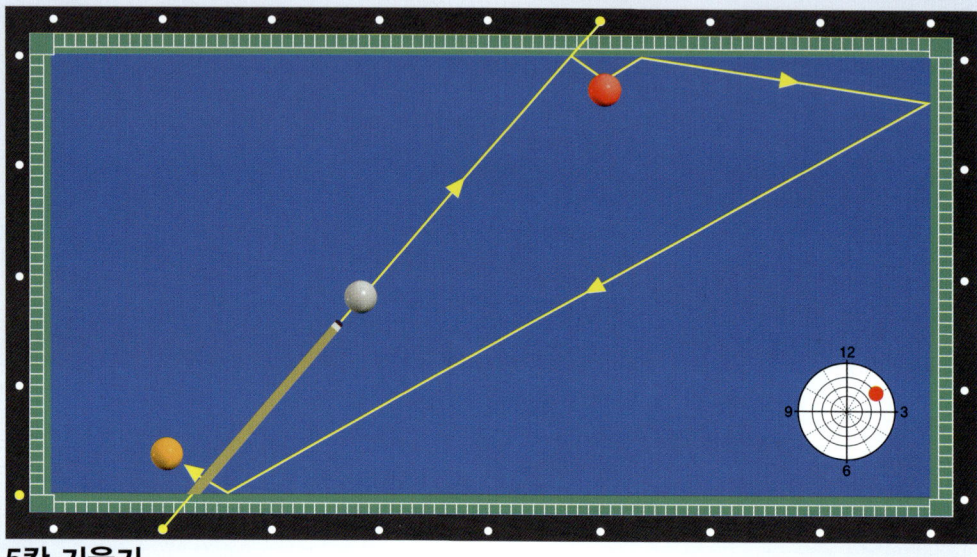

3포인트

5칸 기울기

탄도 Tip ⑦ 1적구 3포인트 / 수구 4칸 기울기 / 2적구 코너 두 칸 앞

▶ 수구 4칸 기울기/**중단 3팁회전** 으로 1적구가 안 맞을 만큼 깊숙하게 설정하고 자신 있는 스트록으로 쳐주시면 **코너보다 두 칸 앞**으로 들어와 득점이 됩니다.

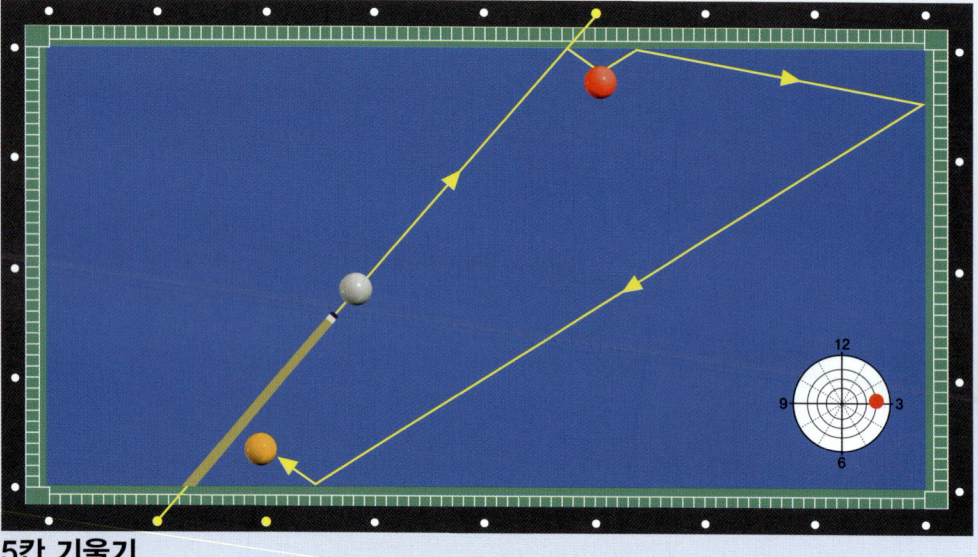

3포인트

5칸 기울기

3쿠션은 설계이다
쉬운 공은 실수 없이 안정적으로 / 어려운 공은 창조적으로

장축 1뱅크 넣어치기

10 chapter 단축 1뱅크 넣어 치기

1) **기본 계산 : 무회전 기준**
   수구 출발 1.5포인트 ▶ 도착지점 2포인트
   수구 출발 2포인트 ▶ 도착지점 1.5포인트
   수구 출발 2.5포인트 ▶ 도착지점 2포인트
   (도착지점이 0.5포인트 내려갈 것 같지만 그렇지 않습니다. 포인트가 더 올라갔다고 해서 계속 도착 포인트가 내려가지는 않습니다.)

2) **응용 : 회전 변화**
   1팁당 0.5포인트 이동

3) **스트록 : 스피드 강한 자신 있는 스트록**

▶YouTube 당구 레슨 43 단축 1뱅크 넣어 치기

▶ 유튜브에서 **당구 레슨 43 단축 1뱅크 넣어 치기** 검색 또는 좌측에 **QR코드**를 통해서 배우실 수 있습니다.

① **장 쿠션 1.5포인트 출발 / 장 쿠션 2포인트 도착**

▶1적구는 공하나 들어가는 크기 / 장축 1.5포인트 수구는 넣어 치기를 하시면 장축 2포인트로 들어옵니다. 상단 무회전으로 자신 있게 넣어치셔야 합니다.
(공 하나보다 넓어도 얇게 맞지만 않으면 적용 가능)

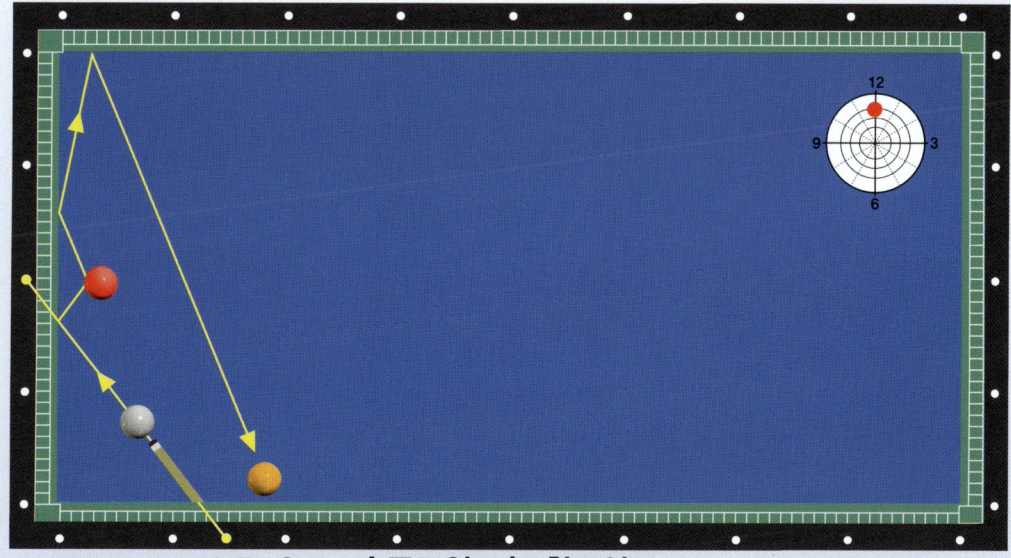

1.5 2 ← 수구포인트/도착포인트

3쿠션에 꼭 필요한 시스템 유튜브 핵심 강의 총정리 빌리어드+PIPETTE 벨·포드

단축 1뱅크 넣어치기

탄도 Tip ② 장 쿠션 1.5포인트 출발 / 장 쿠션 2.5포인트 도착

▶ 1적구는 공하나 들어가는 크기 / 장축 1.5포인트 수구는 넣어 치기를 하시면 장축 2.5포인트로 들어옵니다. 상단 원팁회전으로 자신 있게 넣어치셔야 합니다. (1팁 회전당 0.5포인트 이동)

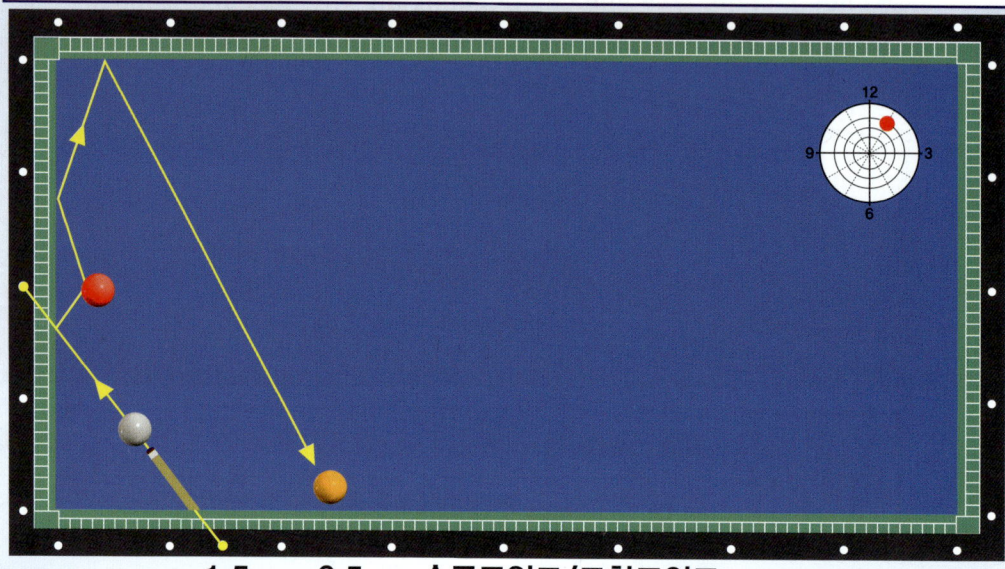

1.5   2.5 ← 수구포인트/도착포인트

탄도 Tip ③ 장 쿠션 1.5포인트 출발 / 장 쿠션 3.5포인트 도착

▶ 1팁당 0.5포인트로 이동하므로 3포인트 도착할려면 3팁으로 가능할 것 같지만 3포인트 이상일 때에는 약간의 끌림이 필요합니다. (당점을 더 내리거나 혹은 조금 더 부드럽게 공략합니다.)

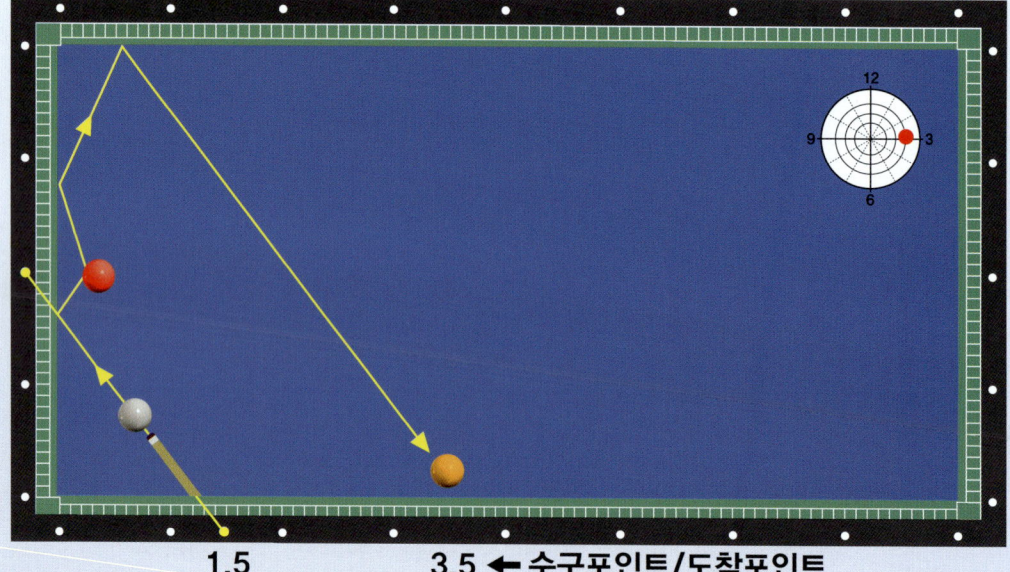

1.5   3.5 ← 수구포인트/도착포인트

3쿠션은 설계이다
쉬운 공은 실수 없이 안정적으로 / 어려운 공은 창조적으로

3쿠션에 꼭 필요한 시스템 유튜브 핵심 강의 총정리

단축 1뱅크 넣어치기

탄도 Tip ④ 장 쿠션 2포인트 출발 / 장 쿠션 1.5포인트 도착

▶1적구는 공하나 들어가는 크기 / 장축 2포인트 수구는 넣어 치기를 하시면 장축 1.5포인트로 들어옵니다. **상단 무회전으로 자신 있게 넣어치셔야 합니다.** (공하나 보다 넓어도 얇게 맞지만 않으면 적용 가능)

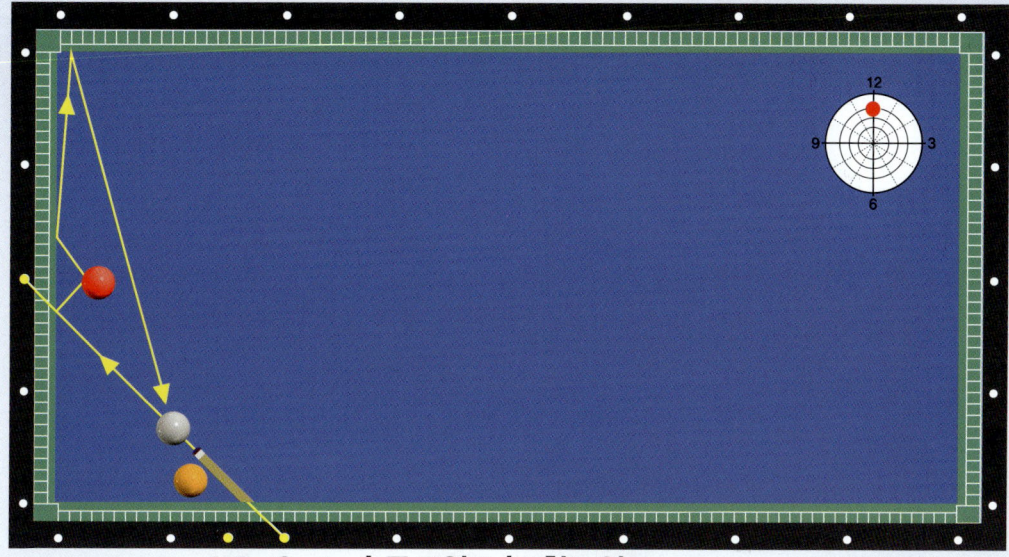

1.5 2 ← 수구포인트/도착포인트

탄도 Tip ⑤ 장 쿠션 2포인트 출발 / 장 쿠션 2포인트 도착

▶1적구는 공하나 들어가는 크기 / 장축 2포인트 수구는 넣어 치기를 하시면 장축 2포인트로 들어옵니다. **상단 1팁회전으로 자신 있게 넣어치셔야 합니다.** (1팁 회전당 0.5포인트 이동)

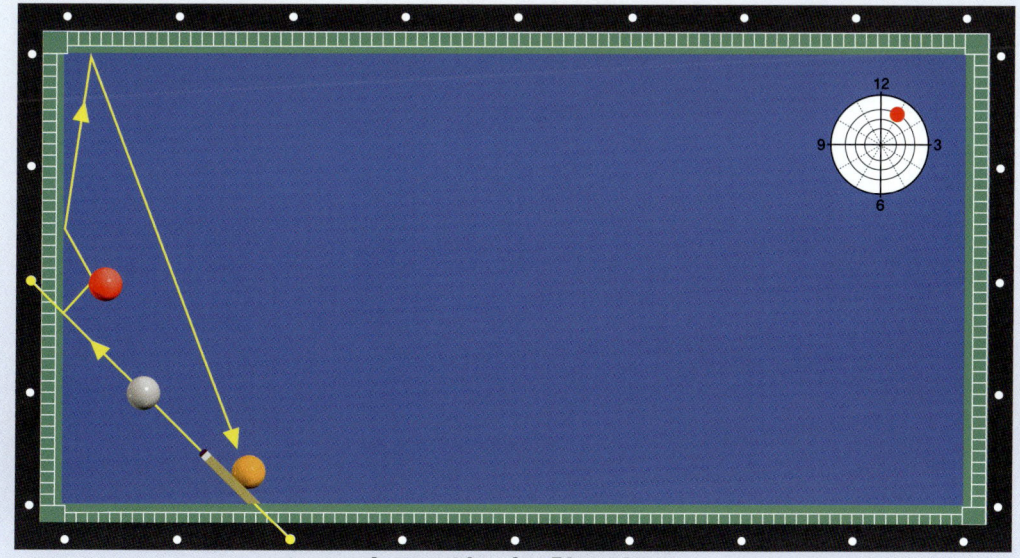

2 ← 수구포인트/도착포인트

3쿠션은 설계이다
쉬운 공은 실수 없이 안정적으로 / 어려운 공은 창조적으로

113

단축 1뱅크 넣어치기

3쿠션에 꼭 필요한 시스템 유튜브 핵심 강의 총정리

탄도 Tip

⑥ 장 쿠션 2포인트 출발 / 장 쿠션 3포인트 도착

▶ 1적구는 공하나 들어가는 크기 / 장축 2포인트 수구는 넣어 치기를 하시면 장축 3포인트로 들어옵니다. **3팁회전으로 자신 있게 넣어치셔야 합니다.**
(1팁 회전당 0.5포인트 이동)

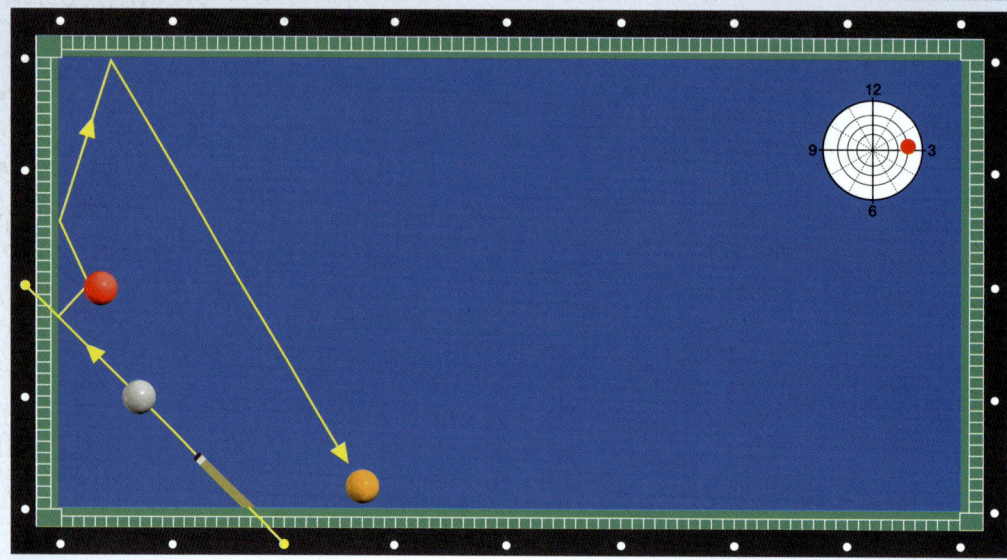

2   3   ← 수구포인트/도착포인트

탄도 Tip

⑦ 장 쿠션 2.5포인트 출발 / 장 쿠션 2포인트 도착

▶ 1적구는 공하나 들어가는 크기 / 장축 2.5포인트 수구는 넣어 치기를 하시면 장축 2포인트로 들어옵니다.
무회전으로 자신 있게 넣어치셔야 합니다.

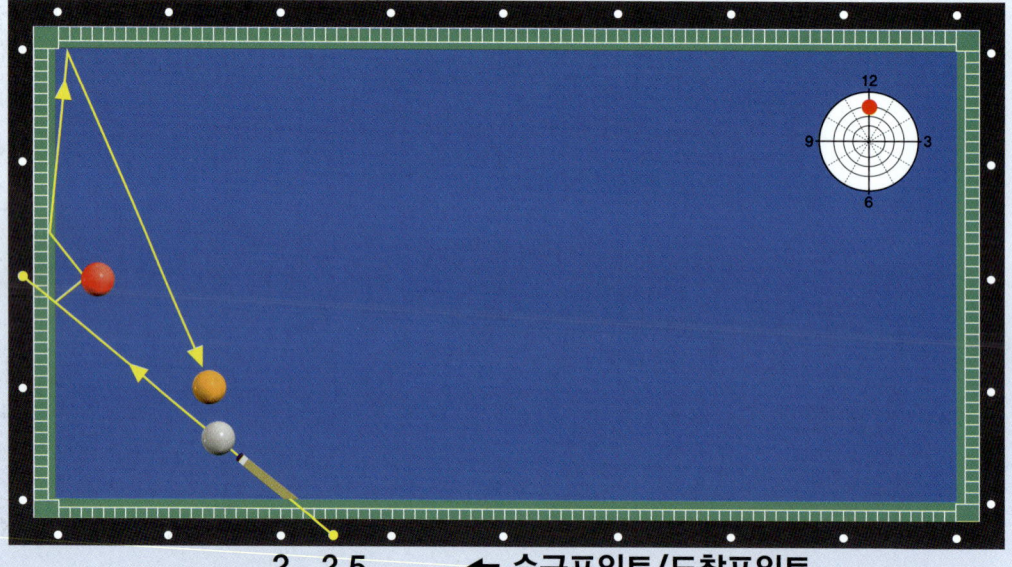

2   2.5   ← 수구포인트/도착포인트

3쿠션은 설계이다
쉬운 공은 실수 없이 안정적으로 / 어려운 공은 창조적으로

11 chapter 역회전 원뱅크 시스템 (플레이트 샷)

1) 위   치 : 1목적구의 포인트를 읽을 때에는 공의 끝선 포인트를 적용
2) 당   점 : 9시 3팁 or 3시 3팁
3) 스 트 록 : 등속의 미들 팔로우
4) 라   인 : 큐선이 아니고 수구의 중심선과 포인트 라인 일치

▶ 유튜브에서 **21탄 역회전 원뱅크 시스템** 검색 또는 좌측에 **QR코드**를 통해서 배우실 수 있습니다.

숭그리 당당 Tip

① 수구수 5 + 2쿠션수 0 = 1쿠션수 5

▶ 수구수는 **5**포인트 2쿠션은 **0**포인트에 있으므로 **1쿠션을 5포인트**로 겨냥하면 득점이 됩니다. 이때 라인은 큐선이 아니고 **수구의 중심선과 1쿠션의 라인이 일치해야** 합니다.

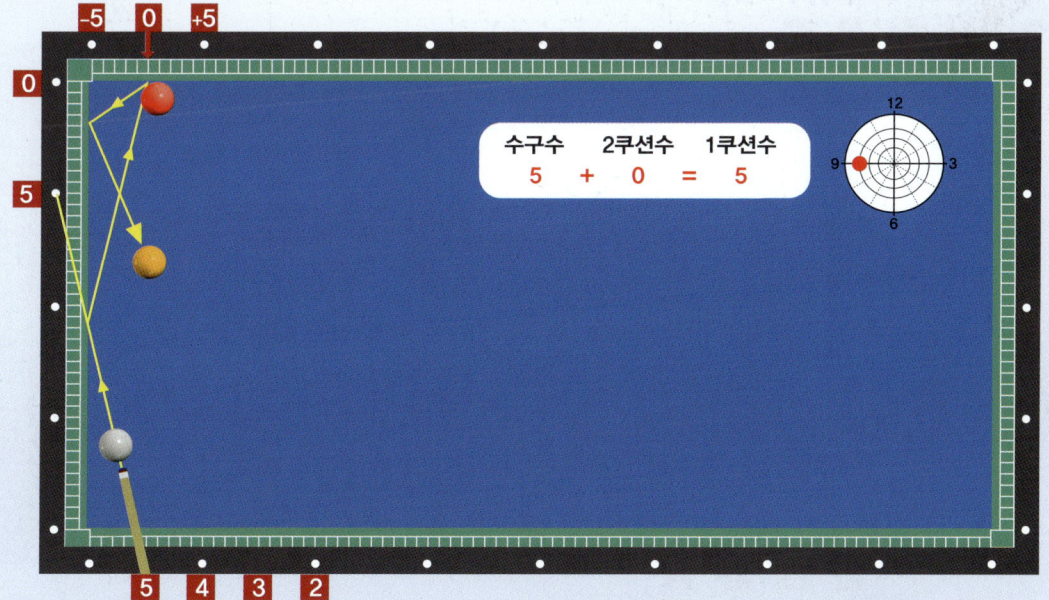

3쿠션은 설계이다
쉬운 공은 실수 없이 안정적으로 / 어려운 공은 창조적으로

② 수구수 3 2쿠션수 −2 = 1쿠션수 1

▶수구수는 3포인트 2쿠션은 −2포인트에 있으므로 1쿠션을 1포인트로 겨냥하면 득점이 됩니다.
(1적구의 포인트를 읽을 때에는 공의 끝선 포인트를 적용합니다.)

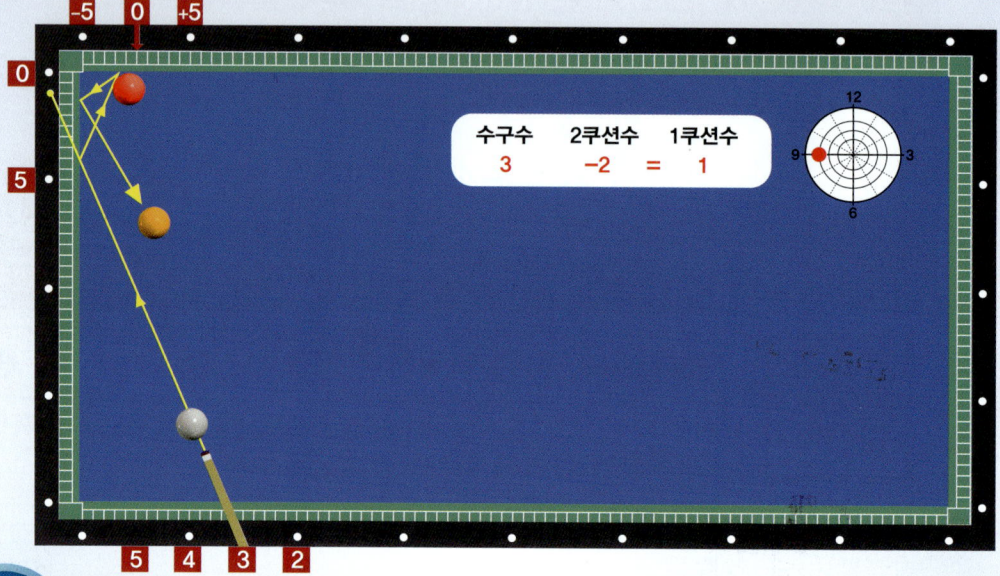

③ 수구수 2 + 2쿠션수 +2 = 1쿠션수 4

▶수구수는 2포인트 2쿠션은 +2포인트에 있으므로 1쿠션을 4포인트로 겨냥하면 득점이 됩니다. 이때 라인은 큐선이 아니고 수구의 중심선과 1쿠션의 라인이 일치해야 합니다.

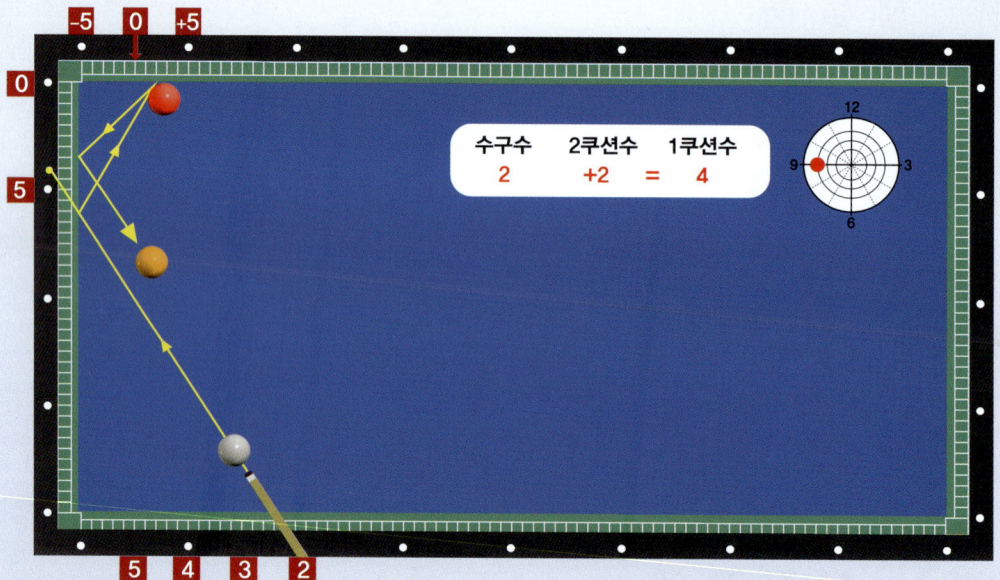

3쿠션은 설계이다
쉬운 공은 실수 없이 안정적으로 / 어려운 공은 창조적으로

11 chapter 역회전 원뱅크 시스템 (플레이트 샷)

주번 김성현
반장 김수진

1) 공　식 : 수구수 × 2쿠션수 = 1쿠션수
　　　　1적구가 단 쿠션에 떨어졌을 경우 장 쿠션포인트 ÷ 2 = 보정값을 더함

2) 당　점 : 3시 3팁 or 9시 3팁

3) 스 피 드 : 2.5레일

4) 겨냥방법 : 큐선이 아닌 공의 중심 부위가 목적 포인트에 도착

5) 스 트 록 : 공 2개 정도 가볍게 밀어주는 느낌으로 편안한 미들팔로우

▶ YouTube 37편 진짜 1뱅크 접시가 나타났다

▶ 유튜브에서 37편 진짜 1뱅크 접시가 나타났다 검색 또는 좌측에 QR코드를 통해서 배우실 수 있습니다.

당구 뽀개기 Tip

① 3쿠션 후 진행 라인

▶ 1목적구 10포인트 뻣뻣한 테이블 : 7포인트　미끄러운 테이블 : 8포인트
　1목적구 5위치에 뻣뻣한 테이블 : 6포인트　미끄러운 테이블 : 7포인트
　2목적구가 기준점 보다 짧은 경우 : 좀더 앞에 포인트를 향해 강한 스트록
　2목적구가 기준점 보다 길게 있을 경우 : 좀 더 부드러운 스트록

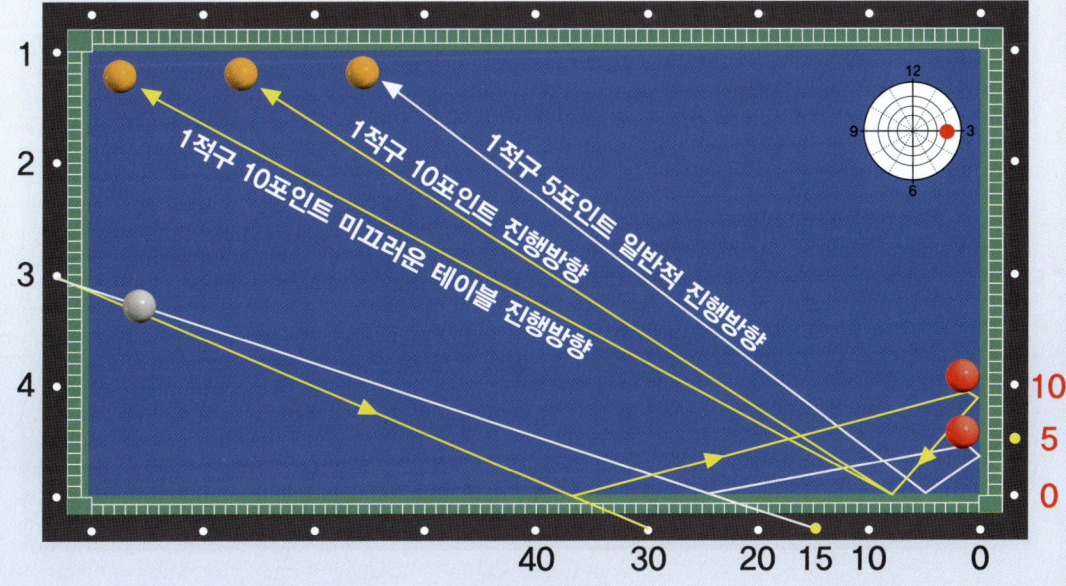

3쿠션은 설계이다
쉬운 공은 실수 없이 안정적으로 / 어려운 공은 창조적으로

원뱅크샷

3쿠션에 꼭 필요한 시스템 유튜브 핵심 강의 총정리

당구 뽀개기 Tip

② 수구수 3포인트 출발 / 1목적구 포인트 체크

▶ 수구수3 × 2쿠션수10 = 1쿠션수30 당구는 섬세해야 합니다.
1목적구가 1/2두께로 맞는 위치가 2쿠션 수의 위치입니다.
겨냥 방법은 큐선이 아니라 공의 중심이 30포인트를 향해야 합니다.

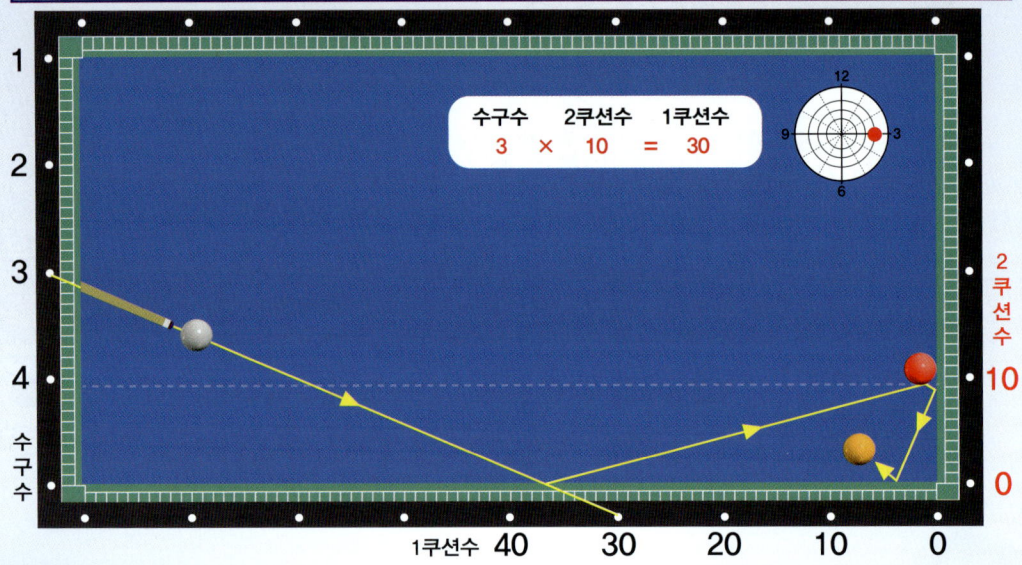

당구 뽀개기 Tip

③ 수구수 4포인트 출발 / 3쿠션 라인 확인

▶ 수구수4 × 2쿠션수10 = 1쿠션수40 / 40포인트 입사되는 지점에서 빨간색 1목적구가 노란색 2목적구에 가려져 있는지 확인, 노란색 2목적구가 3쿠션 7포인트로 향하는지 확인 (2.5레일에 부드러운 미들팔로우)

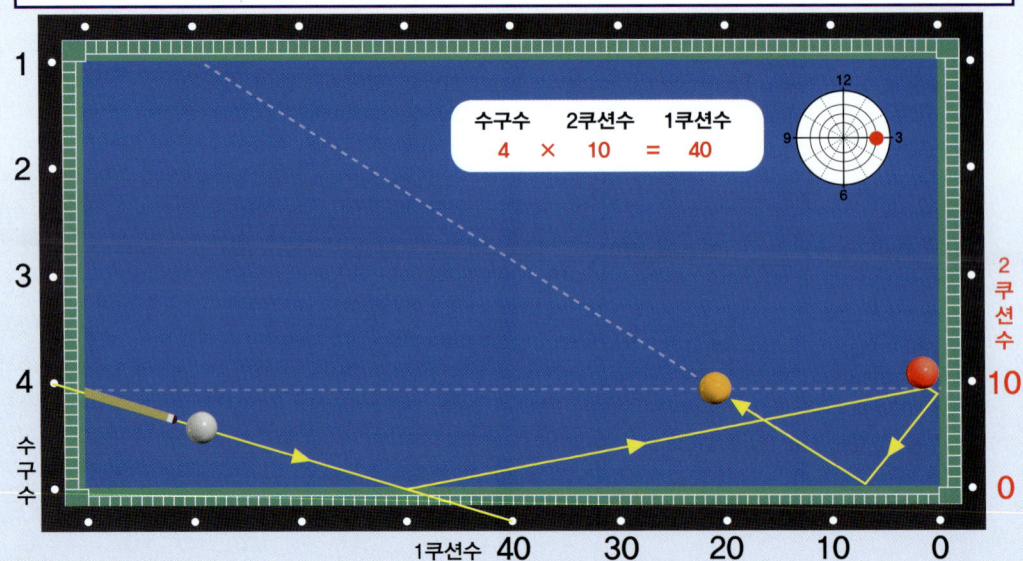

3쿠션은 설계이다
쉬운 공은 실수 없이 안정적으로 / 어려운 공은 창조적으로

④ 수구수 2.7 ? 곱셉 복잡하므로 거리비례

▶ 수구수 2 × 2쿠션수 5 = 1쿠션수 10
  수구수 3 × 2쿠션수 5 = 1쿠션수 15
  10포인트와 15포인트 사이에 거리비례로 겨냥하시면 됩니다.

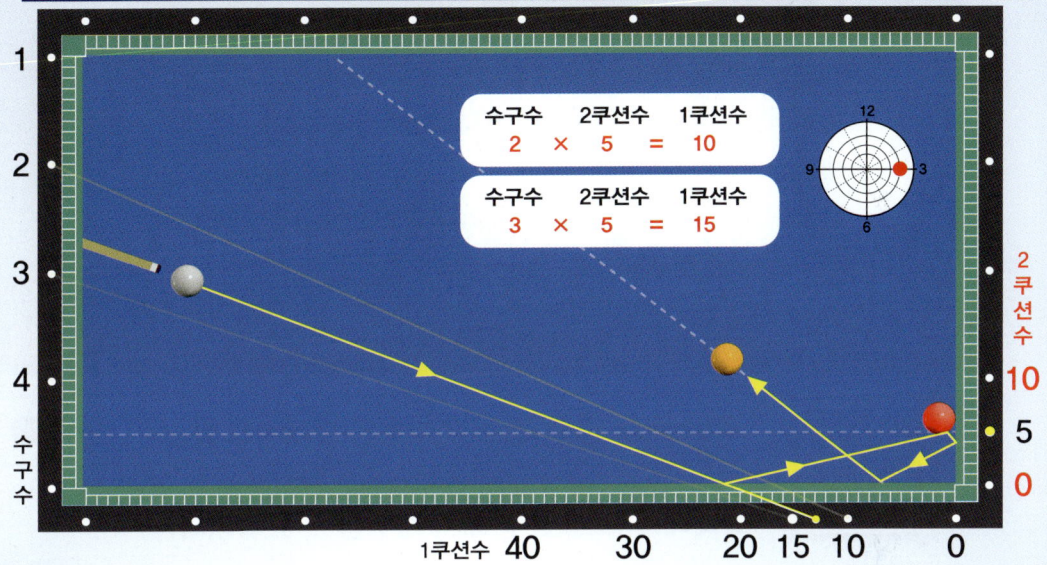

⑤ 1목적구가 단 쿠션에서 10포인트만큼 떨어졌을 때

▶ 수구수 4 × 2쿠션수 10 + 보정(10÷2=5) = 1쿠션수 45
  아래 그림과 같이 1목적구 끝 라인이 10포인트에 걸쳐 있는 경우
  보정은 10 ÷ 2 = 5

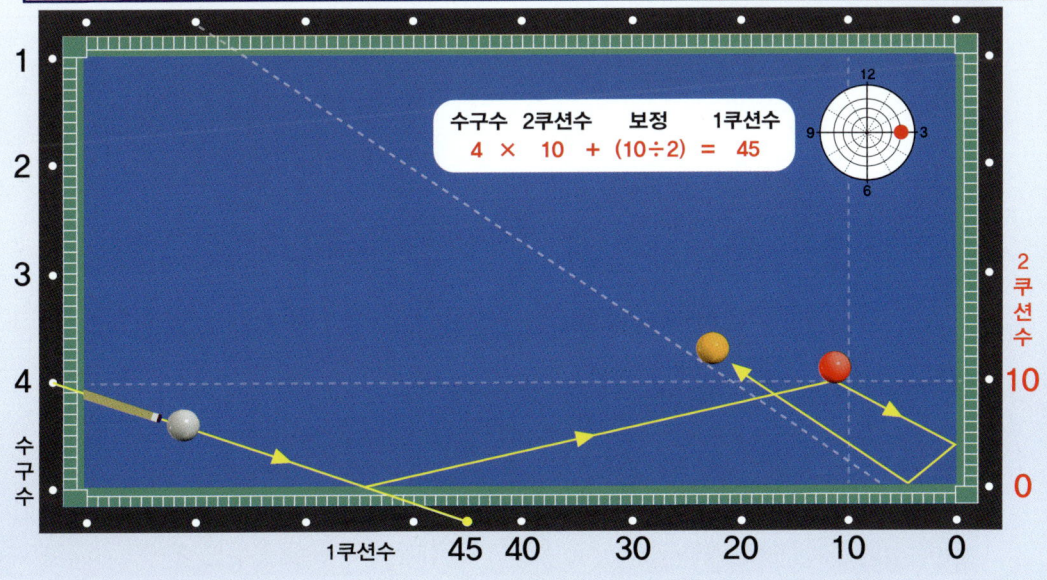

chapter 12 바운딩 [스네이크 샷] 1편

1) 기준 두께 : 6/8 (변화가 일어나기 전에 쿠션에 맞으면 안 됩니다.)
키스가 안날 정도의 최대한 두꺼운 두께

2) 스트록 :

▶ 2적구가 단 쿠션에 가까운 경우:
상단의 투박한 스트록 / 쿠션에서 회전력이 작용하는 시간을 주지 않음으로써 라운드를 작게 만들어 주어야 합니다.

▶ 2적구가 단 쿠션에서 멀어진 경우:
부드러운 스트록으로 쿠션에서 회전력이 최대한 발생하게 하여 라운드를 크게 만들어 주어야 합니다.

▶ YouTube 당구 레슨 37 바운딩 스네이크 샷

▶ 유튜브에서 **당구 레슨 37 바운딩 스네이크 샷** 검색 또는 좌측에 **QR코드**를 통해서 배우실 수 있습니다.

탄도 Tip ① 2적구가 단 쿠션에 가까운 위치

▶ **투박한 스트록 (뺨을 내리치듯) 탄력적**으로 하셔야 유리합니다.
부드러운 스트록은 회전력이 많이 작용하여 3쿠션을 맞고 올라오는 라운드가 커져서 불리합니다. ▶ **당점 : 12시 30분 적은 회전력**

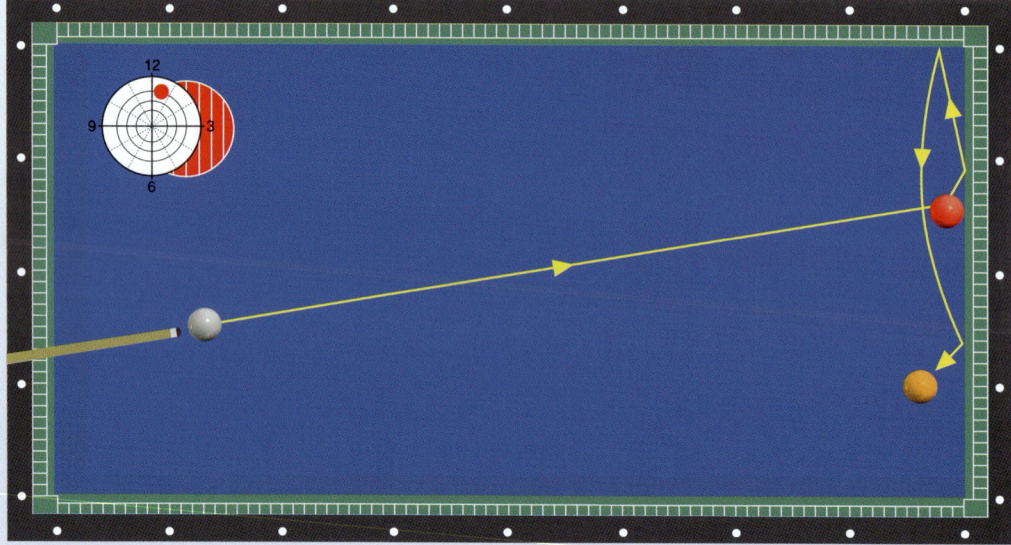

3쿠션은 설계이다
쉬운 공은 실수 없이 안정적으로 / 어려운 공은 창조적으로

3쿠션에 꼭 필요한 시스템 유튜브 핵심 강의 총정리

바운딩

탄도 Tip ② 2적구가 단 쿠션에 붙어있고 1적구와 가까운 위치

▶투박한 스트록 (뺨을 내리치듯) 탄력적으로 하셔야 유리합니다. 플루크(fluke)샷이 아닌 의도해서 칠 수 있는 공입니다. 내려가는 힘을 적게 하여 안쪽으로 들어갈 수 있도록 해서 득점이 됩니다.
▶당점 : 12시 무회전 느낌 팁

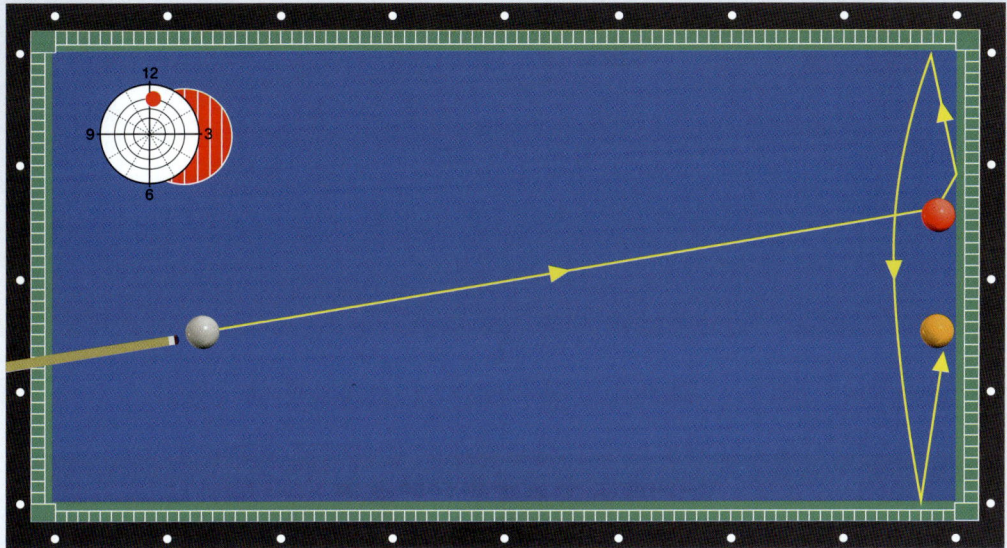

탄도 Tip ③ 2적구가 장 쿠션에 가깝게 내려온 위치

▶라운드를 크게 하기 위해 쿠션에서 회전력이 작용할 수 있는 시간이 필요한 공입니다. 부드럽고 원쿠션과 투쿠션에서 머무르는 시간이 많아야 됩니다. ▶당점 : 1시 당점에 팁 하나 내린 느낌

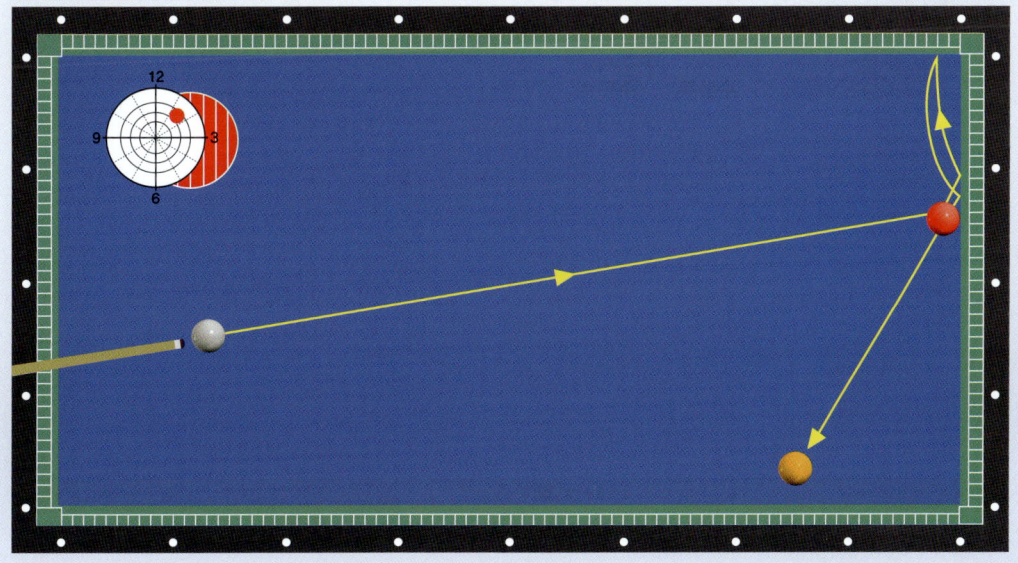

3쿠션은 설계이다
쉬운 공은 실수 없이 안정적으로 / 어려운 공은 창조적으로

12 chapter 바운딩 [스네이크 샷] 2편

1) 기준 두께 : 6/8(변화가 일어나기 전에 쿠션에 맞으면 안 됩니다.)
   키스가 안날 정도의 최대한 두꺼운 두께

2) 스트록 :
   ▶ 1적구가 단 쿠션에 떨어진 경우 : 당점의 높낮이로 조절할 수 있습니다.
   상단 10시 30분 3팁 : 많이 내려와서 득점이 안됩니다.
   중단 9시 30분 3팁 : 조금 내려와서 득점이 안됩니다.
   중단 8시 30분 2~3팁 : 적당히 내려와서 편하게 득점이 됩니다.
   자신 있는 스트록으로 공략해도 바운딩이 많이 생기지 않는 역이용 방법
   ※주의 : 하단당점 이용 시 끌어칠려고 하면 오버가 생깁니다.

▶ 유튜브에서 당구 레슨 51 스네이크 샷 바운딩 검색 또는
좌측에 QR코드를 통해서 배우실 수 있습니다.

탄도 Tip

① 1적구가 단 쿠션에 떨어진 경우

▶ 라운드를 억제하기 위해 당점을 8시 30분 방향 2팁 당점으로 득점이 됩니다. 하단의 당점은 쿠션을 맞게 되면 상단 회전의 성질로 바뀌기 때문에 득점에 용이합니다. ▶ 당점 : 8시 30분 2팁

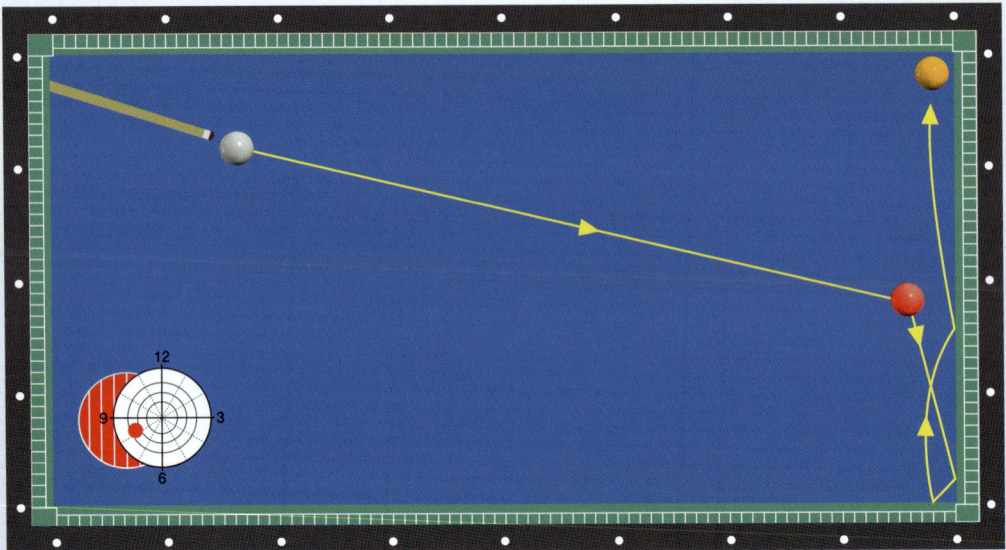

3쿠션은 설계이다
쉬운 공은 실수 없이 안정적으로 / 어려운 공은 창조적으로

13 chapter 무회전 코너 시스템

주번 김성현
반장 김수진

1) 당　점 : 12시 방향 2팁(무회전)

2) 공　식 : 장 쿠션 × 0.5 = 1쿠션수

3) 스피드 : 2~2.5레일(뱅킹과 PBA 뱅킹보다 0.5부족하게)

4) 스트록 : 부드러운 미들 팔로우

▶ YouTube 55탄 숭그리 당당 무회전 코너 시스템

▶ 유튜브에서 **55탄 숭그리 당당 무회전 코너 시스템** 검색 또는 좌측에 **QR코드**를 통해서 배우실 수 있습니다.

숭그리 당당 Tip

① 장 쿠션 출발 시 코너라인

▶ 당구 테이블은 정사각형 2개가 합친 비율이므로 **장 쿠션 포인트는 단 쿠션 절반 포인트와 같다**는 기본 이론으로 아래 공식이 적용됩니다.
수구수 × 0.5 = 1쿠션수 따라서 4포인트에서 2포인트를 겨냥하시고 치시면 수구는 코너를 향해 진행됩니다.

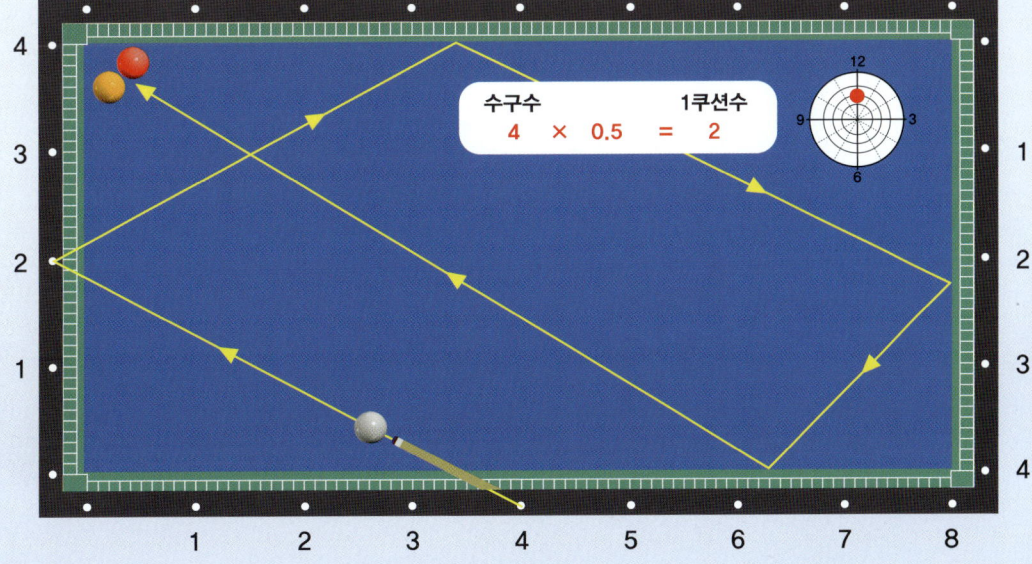

3쿠션은 설계이다
쉬운 공은 실수 없이 안정적으로 / 어려운 공은 창조적으로

쓰리뱅크샷

② 단 쿠션 출발시 코너라인

▶ 단 쿠션 출발 시에도 반대 숫자로 부여하고 1:2 비율로 공략하시면 코너를 향해 진행됩니다. **수구수 × 2 = 1쿠선수** 단쿠션 3포인트에서 6포인트를 겨냥하고 치시면 수구는 코너를 향해 진행됩니다.

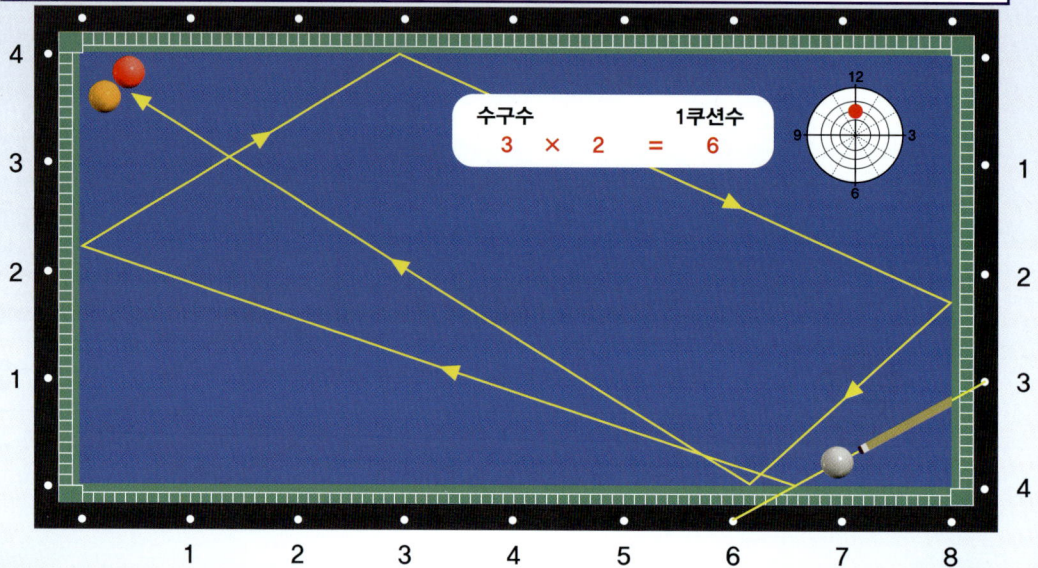

③ 볼 퍼스트 응용 – 앞 돌리기 대회전

▶ 볼 퍼스트에서도 수구 6포인트에서 0.5포인트인 3포인트를 향해 수구를 진행시키면 득점이 됩니다. **6 × 0.5 = 3**

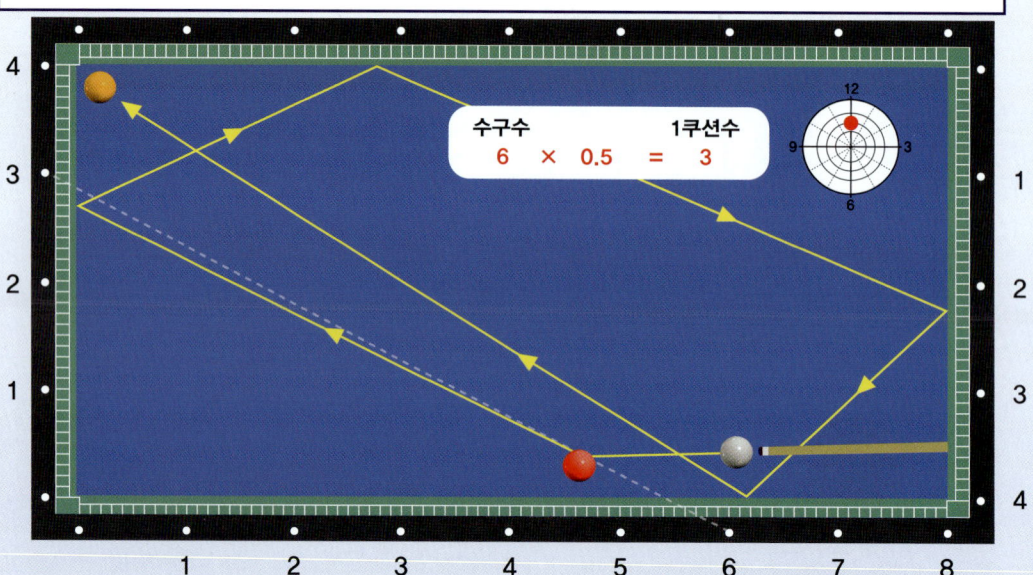

3쿠션은 설계이다
쉬운 공은 실수 없이 안정적으로 / 어려운 공은 창조적으로

④ 볼퍼스트 응용 – 뒤돌리기 대회전

▶ 회전을 주고 부담스러운 뒤돌리기 대회전 역시 1:2 비율로 공략하시면 코너를 향해 진행됩니다. **3수구수 × 2 = 6포인트**

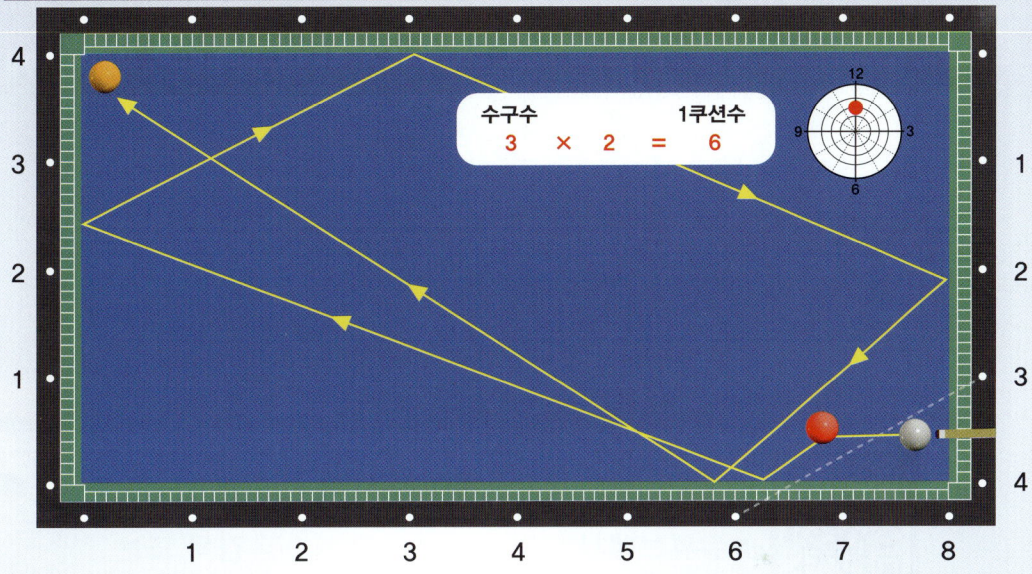

⑤ 코너를 향하는 라인 선상 득점

▶ **수구수 × 0.5 = 1쿠션수** 따라서 6포인트에서 3포인트를 겨냥하시고 치시면 수구는 코너를 향하는 라인 선상에 도착해서 득점이 됩니다.

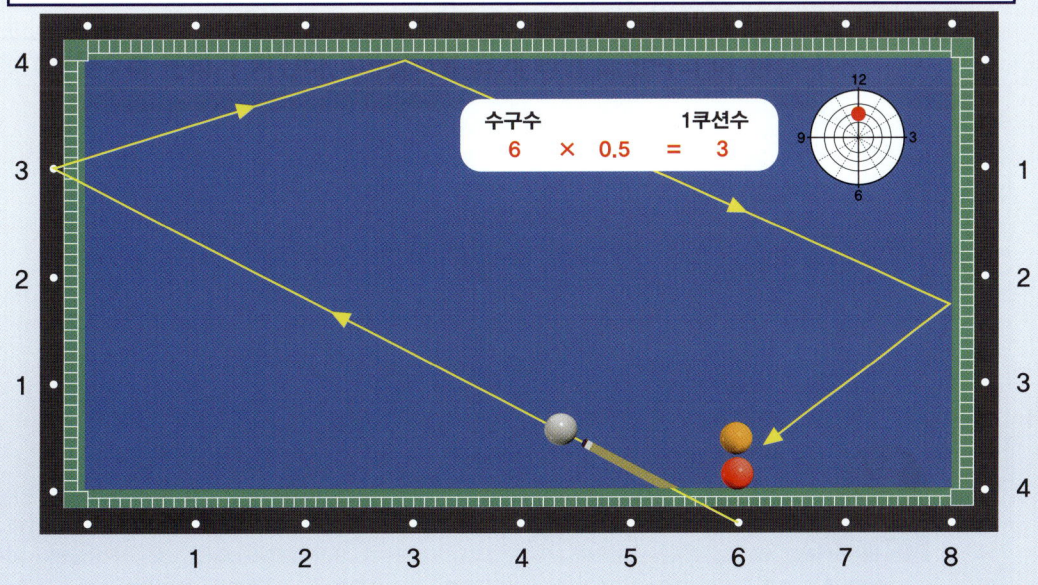

Chapter 14: 클레이 사격 / 장축 출발 무회전 시스템

1) 당 점 : 12시 방향 1팁(무회전)

2) 스피드 : 2~2.5레일(뱅킹과 PBA 뱅킹보다 0.5 부족하게)

3) 1 쿠션 : 프레임 포인트 기준

3) 3 쿠션 : 레일 포인트 기준

4) 스트록 : 부드러운 미들 팔로우

▶ YouTube 51탄 클레이 사격 시스템

▶ 유튜브에서 **51탄 클레이 사격 시스템** 검색 또는 좌측에 **QR코드**를 통해서 배우실 수 있습니다.

숭그리당당 Tip

① 80 − 0 = 80 (중상단 1팁 12시방향)

▶ 일반적으로 타 교재에서는 상단 3팁 당점으로 공략하라고 하지만 실제로 3팁 당점으로 치시면 70포인트로 도착합니다.
중상단 1팁 당점이 좀 더 정확합니다.

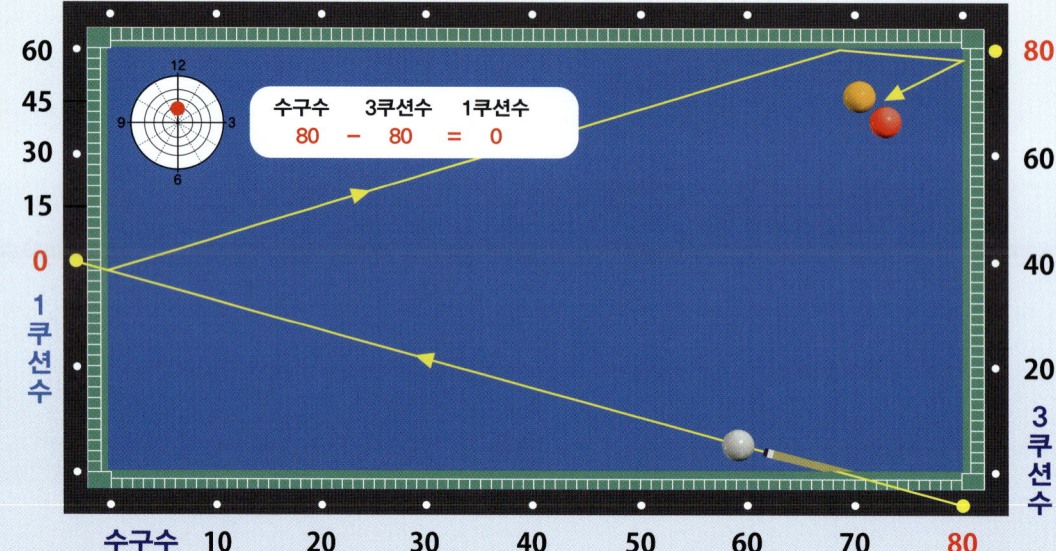

3쿠션은 설계이다
쉬운 공은 실수 없이 안정적으로 / 어려운 공은 창조적으로

② 볼 퍼스트 응용 절반두께 설정의 일자라인 (12시 1팁)

▶ 1목적구에서 3cm정도 떨어진 지점에서 라인을 그리시면
50(수구수) − 40(3쿠션수) = 10(1쿠션수) 위치에 공이 배치되어있습니다.
수구와 1목적구가 일자라인일 경우 그대로 12시 1팁 당점으로 10프레임 포인트로 수구를 보내시면 득점이 됩니다. (10포인트 보내기 위해 공을 끌어오는 방법 이용)

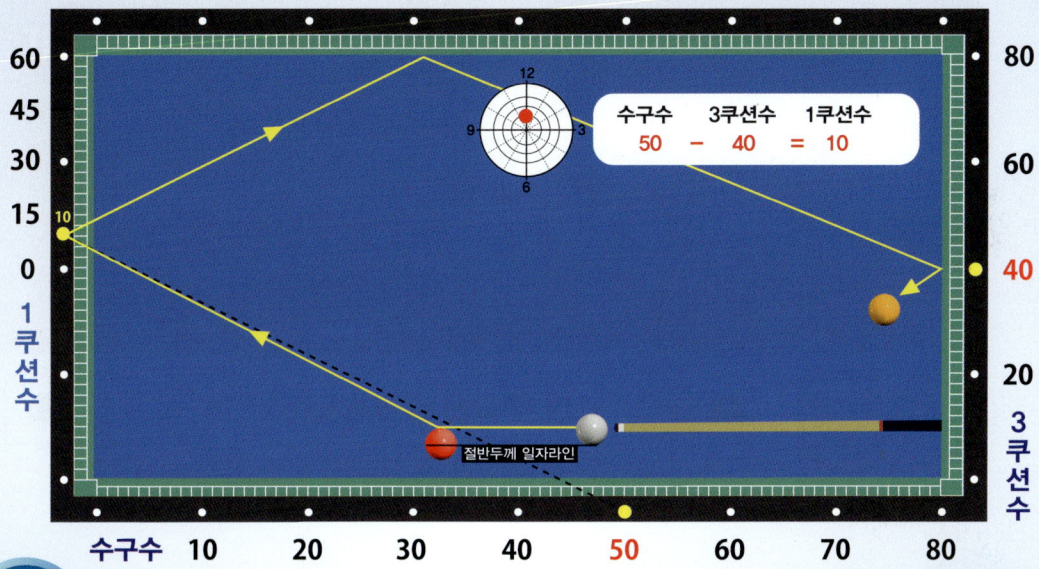

③ 볼 퍼스트 응용 8/8두께 설정의 일자라인 (역회전 느낌팁)

▶ 2번과 같은 방법으로 50 − 40 = 10프레임 포인트로 공략하시면 득점이 됩니다.
그런데 아래와 같이 공과 공이 8/8두께의 일자라인의 경우는 무회전 공략시
자연 회전이 발생합니다. 이럴 경우 역회전 느낌팁으로 공략하시면 득점이 됩니다.

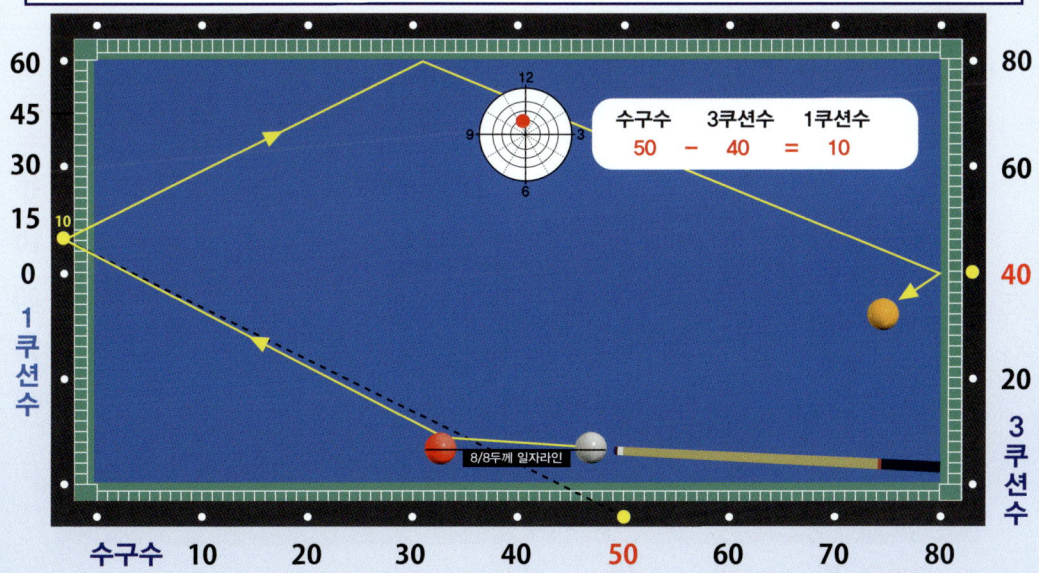

3쿠션은 설계이다
쉬운 공은 실수 없이 안정적으로 / 어려운 공은 창조적으로

chapter 14 : 무회전 장단장 시스템(뉴욕바비)

1) 당 점 : 12시 방향 3팁(무회전)
   (예외:수구 수 40라인은 느낌 팁)

2) 스피드 : 2~2.5레일(뱅킹과 PBA 뱅킹보다 0.5 부족하게)

3) 포인트는 프레임 포인트 기준

4) 스트록 : 부드러운 미들 팔로우

▶ 유튜브에서 **31탄 무회전 장단장단 시스템** 검색 또는 좌측에 **QR코드**를 통해서 배우실 수 있습니다.

① 수구수와 4쿠션 수의 합 = 1쿠션 수

▶수구 수와 4쿠션 수를 더한 값인 **1쿠션 0(코너)**를 향해 공략하시면 득점이 됩니다.
수구 수 10 ▶ 1쿠션 수 10포인트   **수구 수 20** ▶ 1쿠션 수 20포인트
수구 수 30 ▶ 1쿠션 수 30포인트 (동일한 방법)

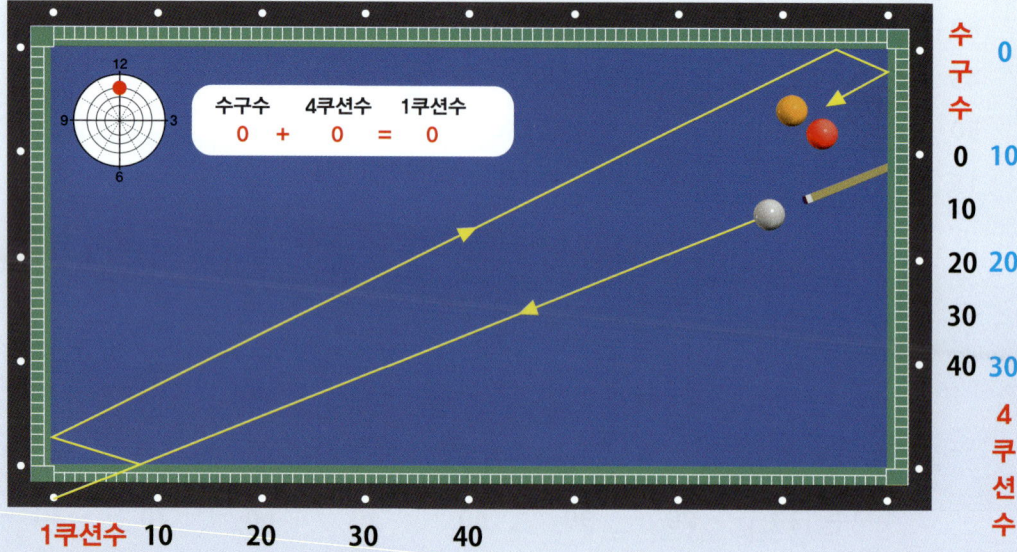

3쿠션은 설계이다
쉬운 공은 실수 없이 안정적으로 / 어려운 공은 창조적으로

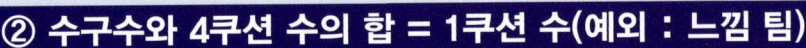

숭그리당당 Tip

② 수구수와 4쿠션 수의 합 = 1쿠션 수(예외 : 느낌 팀)

▶ 수구수와 4쿠션 수를 더한 값인 1쿠션 40을 향해 공략하시면 득점이 됩니다.

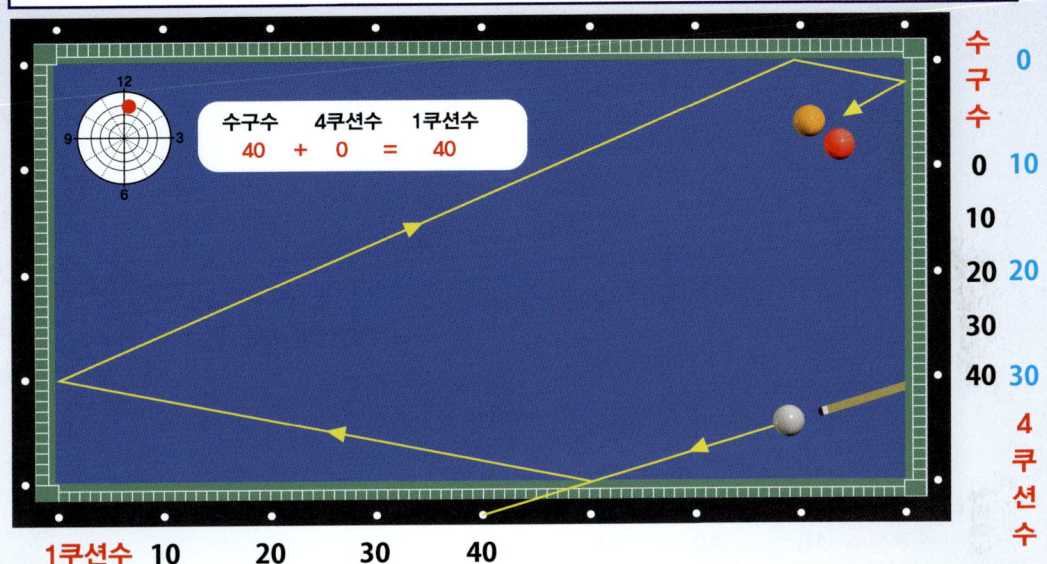

숭그리당당 Tip

③ 수구 수 20 + 4쿠션 수 10 = 1쿠션 수 30

▶ 수구수와 4쿠션 수를 더한 값인 1쿠션 30을 향해 공략하시면 득점이 됩니다.

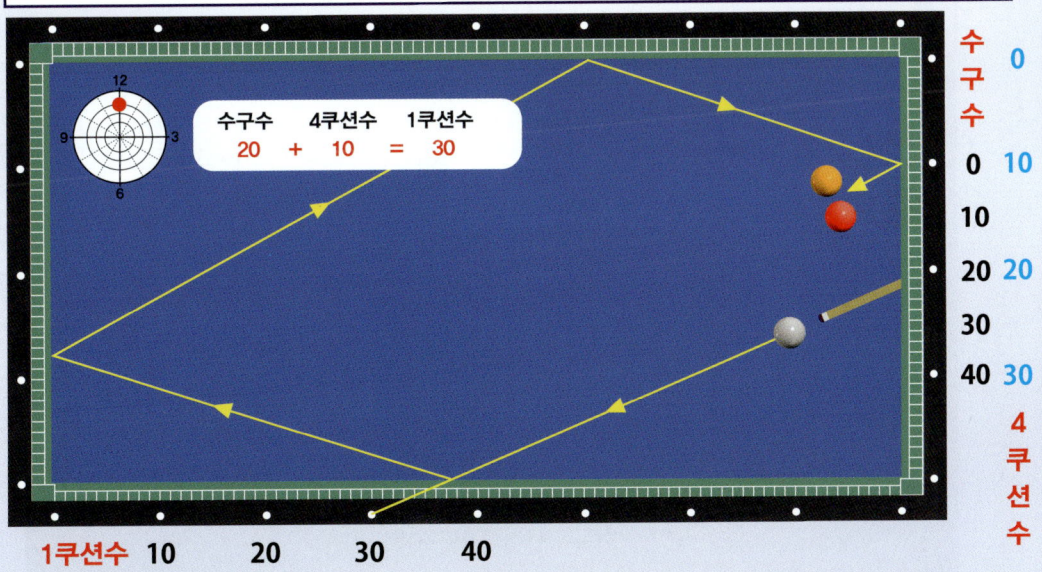

3쿠션은 설계이다
쉬운 공은 실수 없이 안정적으로 / 어려운 공은 창조적으로

④ 수구수 30 + 4쿠션수 20 = 1쿠션수 50

▶ 수구수와 4쿠션수를 더한 값인 **1쿠션 50**을 향해 공략하시면 득점이 됩니다.

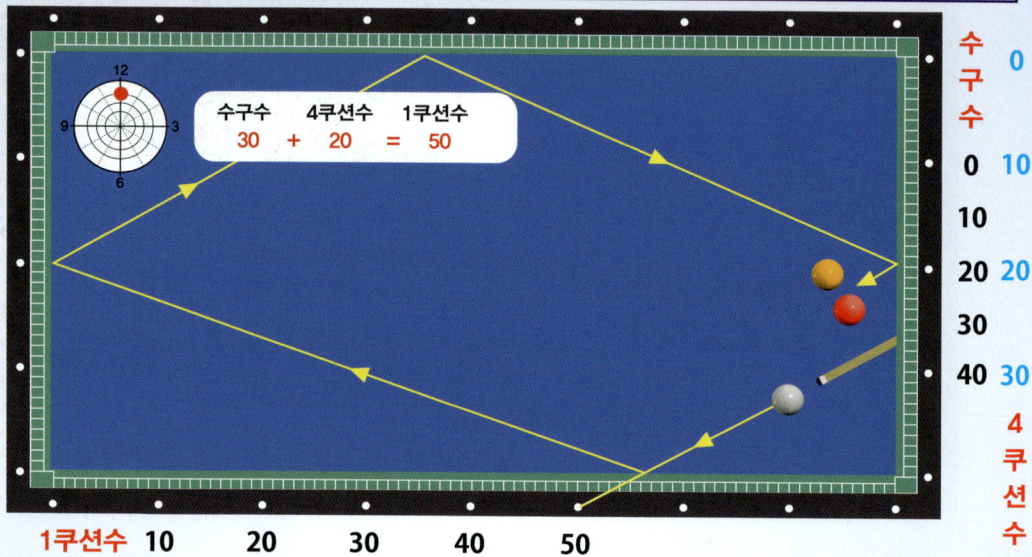

⑤ 수구수 20 - 4쿠션수 10 = 1쿠션수 10(장단단)

▶ 장단장단각이 어려운 경우 **장단단**으로 득점이 가능합니다. 이때에는 수구수 - 4쿠션수(3쿠션수) = **1쿠션 10**을 향해 공략하시면 득점이 됩니다.

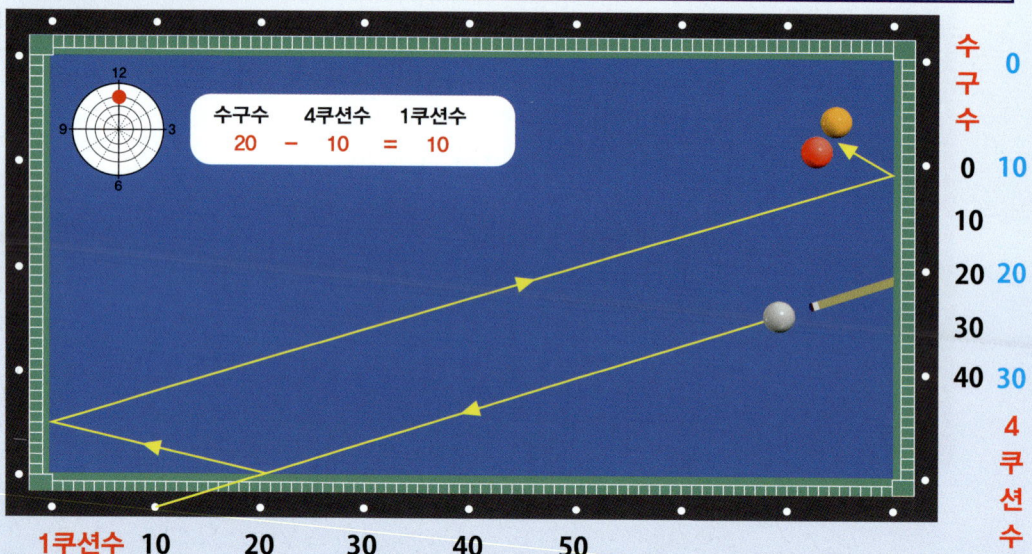

3쿠션은 설계이다
쉬운 공은 실수 없이 안정적으로 / 어려운 공은 창조적으로

⑥ 볼 퍼스트 적용 : 1목적구 10라인 / 2목적구 3라인

숭그리당당 Tip

▶볼퍼스트 적용에서 1목적구가 10라인 선상에 있고, 2목적구는 3라인 선상에 있으므로 10 − 3 = 7포인트로 미들팔로우 샷으로 보내면 득점이 됩니다.

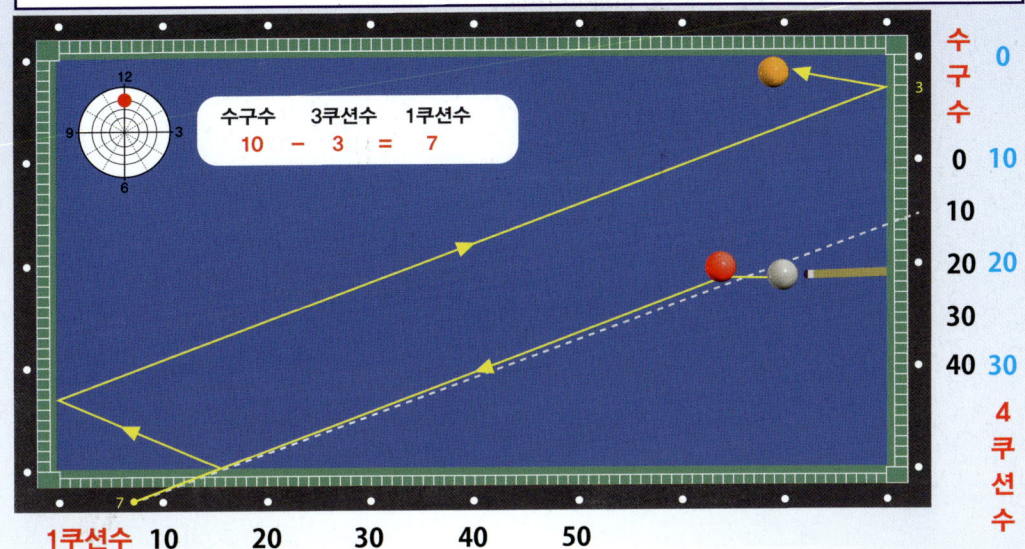

수구수   3쿠션수   1쿠션수
 10   −   3   =   7

⑦ 볼 퍼스트 적용 : 1목적구 15라인 / 2목적구 10라인

숭그리당당 Tip

▶볼퍼스트 적용에서 1목적구가 15라인 선상에 있고, 2목적구는 10라인 선상에 있으므로 15 + 10 = 25포인트로 등속 팔로우 샷으로 보내면 득점이 됩니다.

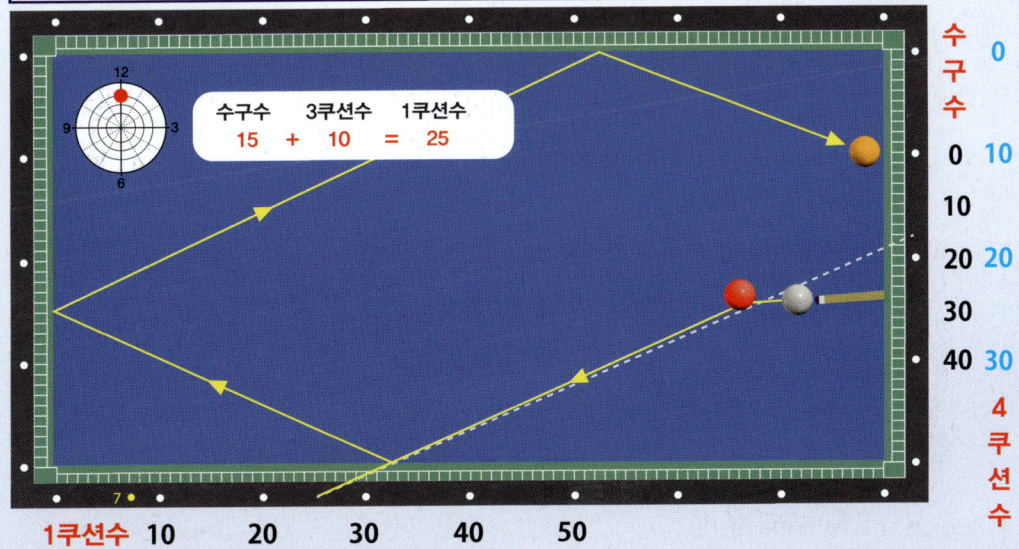

수구수   3쿠션수   1쿠션수
 15   +   10   =   25

3쿠션은 설계이다
쉬운 공은 실수 없이 안정적으로 / 어려운 공은 창조적으로

⑧ 수구 10라인 목적구 10라인 (장단단장)

▶수구수 10라인 목적구 10라인 선상에 있으므로 10 − 10 = 0포인트로 미들팔로우 샷으로 보내면 득점이 됩니다.

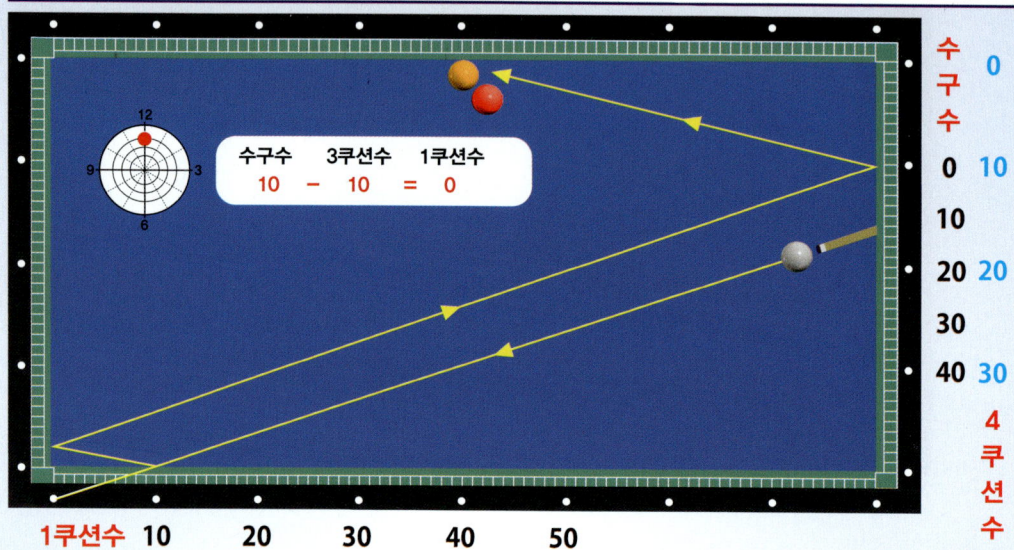

15 chapter 파이브앤하프 50라인 1편

1) 공 식 : 수구출발 포인트 − 도착 포인트 = 1쿠션 포인트
2) 수구출발포인트 : 장 쿠션 50포인트
3) 1쿠션 겨냥 포인트 : 프레임 포인트 회전량이 많은 분들은 큐선으로 맞춥니다.(미들팔로우 큐길이만큼의 거리 커브현상???)
4) 3쿠션 도착 포인트 : 레일 포인트
5) 50출발 25도착 포인트 이전까지 : 상단 2팁
6) 50출발 25도착 포인트 : 상단 2.5팁
7) 50출발 30도착 포인트 : 3팁
8) 50출발 40도착 포인트 : 3.5팁
8) 50출발 40도착 포인트 : 10포인트 겨냥 시 37포인트로 들어와 3포인트 짧게 떨어집니다.

▶ YouTube 38탄 파이브앤하프 50라인의 비밀

▶ 유튜브에서 **38탄 파이브앤하프 50라인의 비밀** 검색 또는 좌측에 **QR코드**를 통해서 배우실 수 있습니다.

숭그리 당당 Tip

①. 50포인트의 비밀

▶ 장 쿠션 50포인트에서 30을 겨냥하면 반대쪽 장 쿠션 20포인트로
▶ 코너 50포인트에서 30을 겨냥하면 반대쪽 코너 20포인트로
▶ 단 쿠션 50포인트에서 30을 겨냥하면 반대쪽 단 쿠션 20포인트로
50포인트라고 해서 다 같은 50포인트가 아닙니다.
(숭그리 도사님의 50포인트는 장 쿠션 50포인트 기준입니다.)

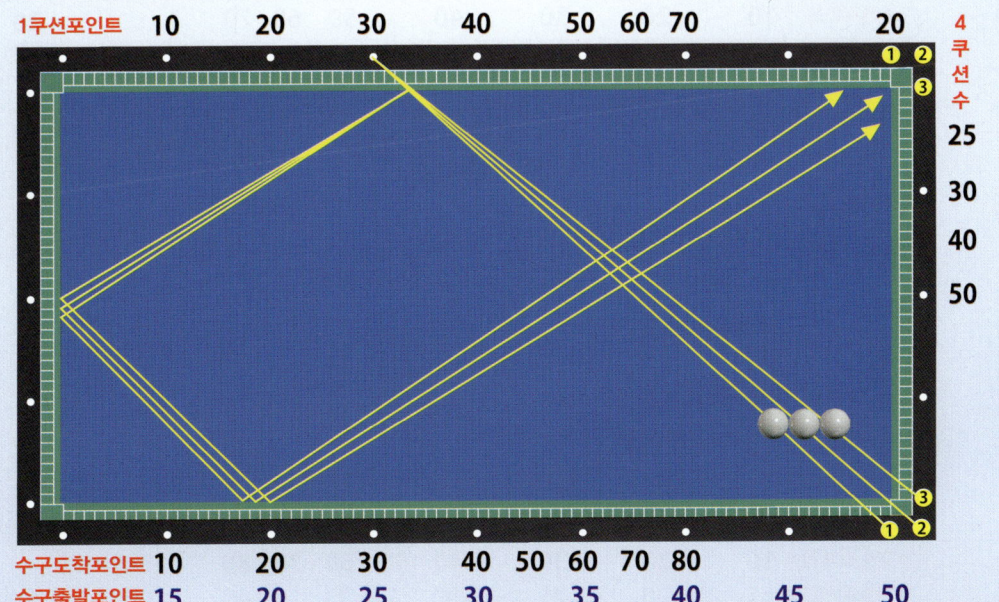

3쿠션은 설계이다
쉬운 공은 실수 없이 안정적으로 / 어려운 공은 창조적으로

②. 도착 10포인트 ~ 20포인트 (상단 2팁 당점)

▶ 장 쿠션 50포인트 10포인트의 공을 득점하기 위해 50 - 10 = 40프레임 포인트를 겨냥해서 PBA 뱅킹 속도로 치시면 10포인트 레일 포인트 도착하여 득점이 됩니다. (당점은 상단 2팁 : 10포인트 20포인트 동일)

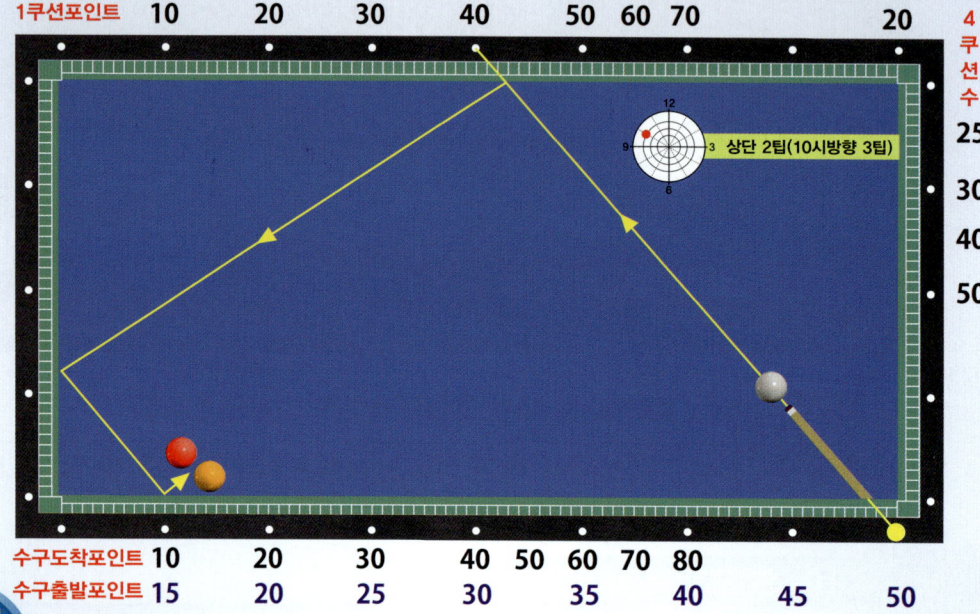

③. 도착 25포인트 (상단 2.5팁 당점)

▶ 장 쿠션 50포인트 25포인트의 공을 득점하기 위해 50 - 25 = 25프레임 포인트를 겨냥해서 PBA 뱅킹 속도로 치시면 25포인트 레일 포인트 도착하여 득점이 됩니다. (당점은 상단 2.5팁 : 25포인트)

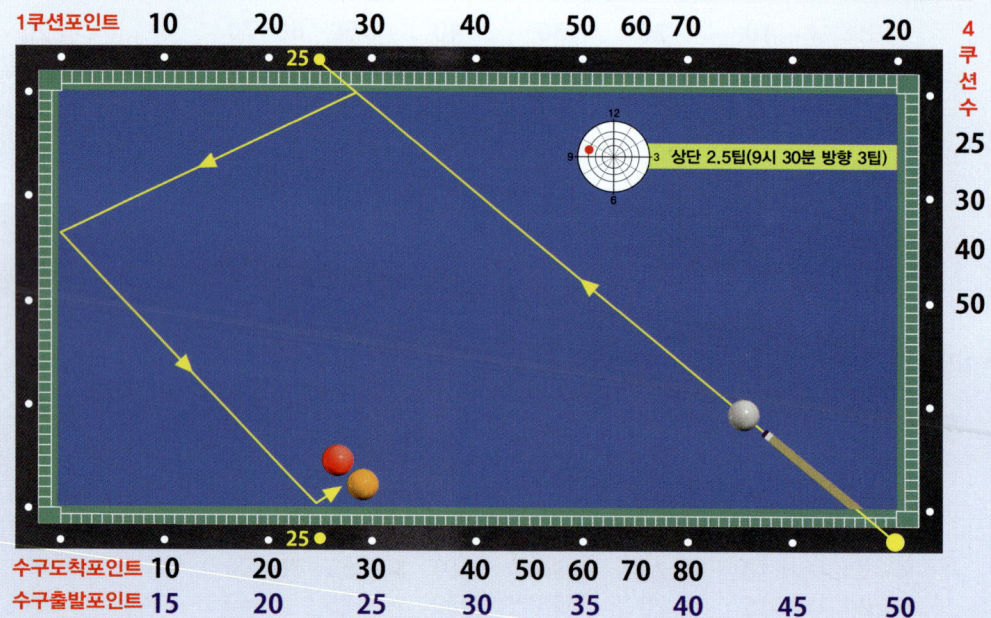

④. 도착 30포인트 (3팁 당점)

▶ 30포인트의 공을 득점하기 위해 50 - 30 = 20프레임 포인트를 겨냥해서 PBA 뱅킹 속도로 치시면 30포인트 레일 포인트 도착하여 득점이 됩니다.

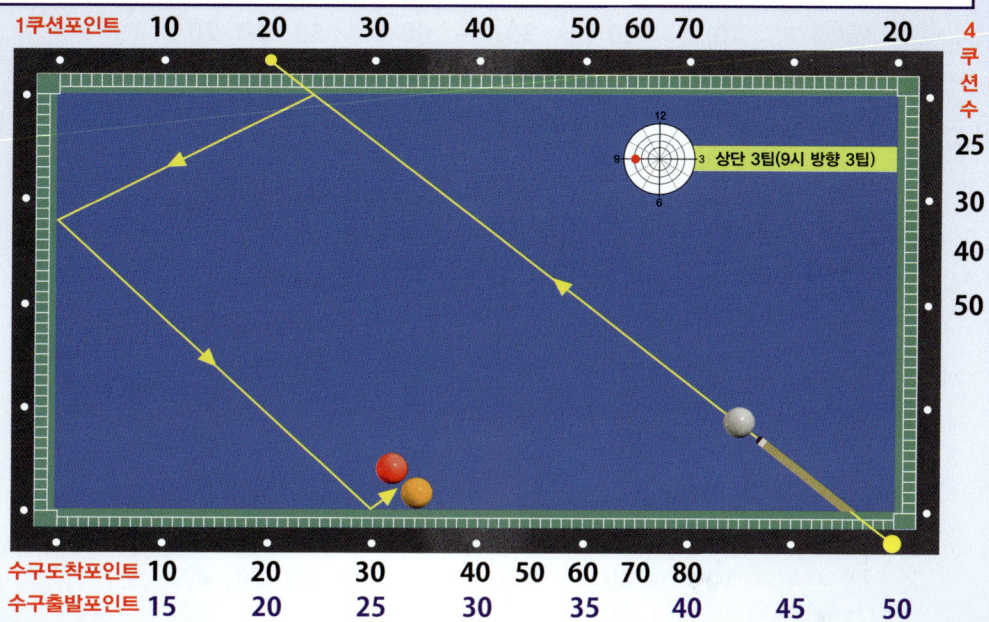

⑤. 도착 40포인트 (맥시멈 당점)

▶ 장 쿠션 50포인트 40포인트의 공을 득점하기 위해 50 - 40 = 10프레임 포인트를 겨냥해서 PBA 뱅킹 속도로 치시면 40포인트가 아니라, 실제로 37레일 포인트 도착합니다. (당점은 4팁 : 37포인트)

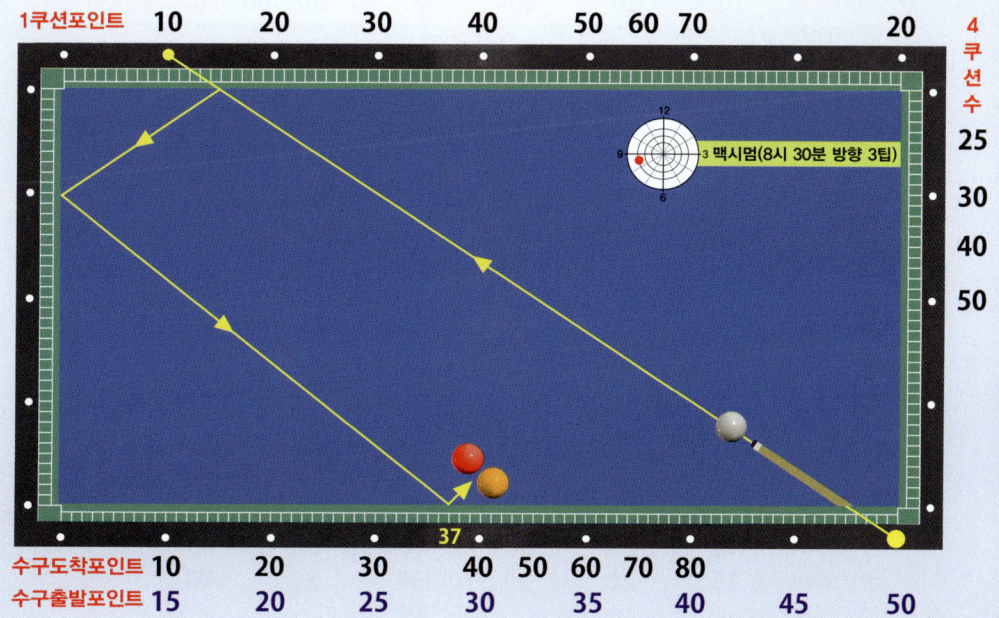

3쿠션은 설계이다
쉬운 공은 실수 없이 안정적으로 / 어려운 공은 창조적으로

⑥. 도착 25포인트 (상단 2.5팁 당점)

▶ 4쿠션 25포인트의 공을 득점하기 위해 50 − 25 = 25 프레임 포인트를 겨냥해서 PBA 뱅킹 속도로 치시면 25레일 포인트 도착하여 득점이 됩니다.

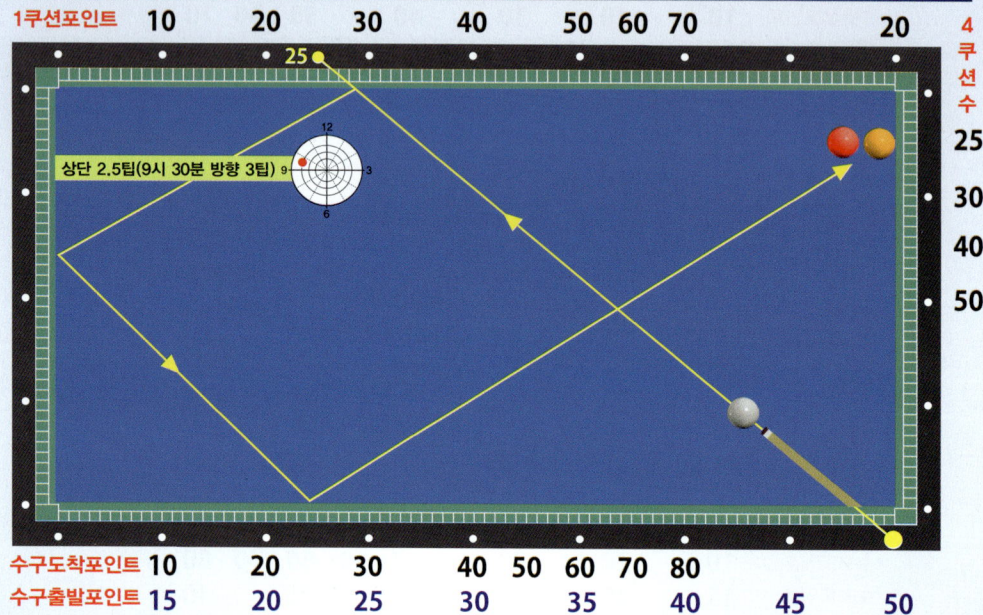

⑦. 도착 30포인트 (중단 3팁 당점 / 미들 팔로우)

▶ 4쿠션 30포인트의 공을 득점하기 위해 50 − 30 = 20 프레임 포인트를 겨냥해서 PBA 뱅킹 속도로 치시면 30레일 포인트 도착하여 득점이 됩니다.

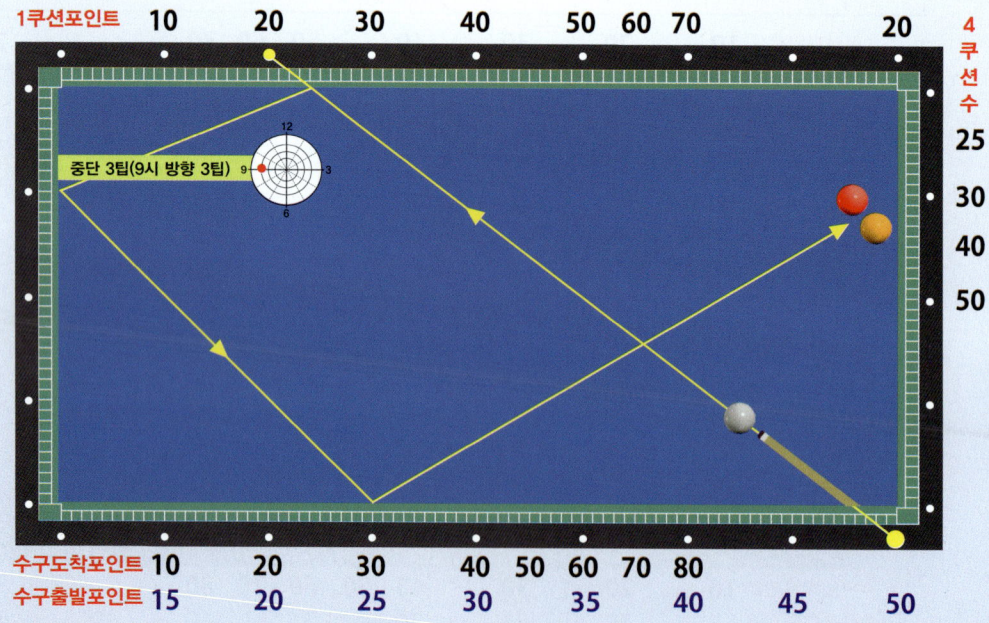

⑧. 도착 40포인트 (맥시멈 당점)

▶40포인트의 공을 득점하기 위해 50 − 40 = 10프레임 포인트를 겨냥해서 PBA 뱅킹 속도로 치시면 40포인트 레일 포인트 도착하여 득점이 됩니다.

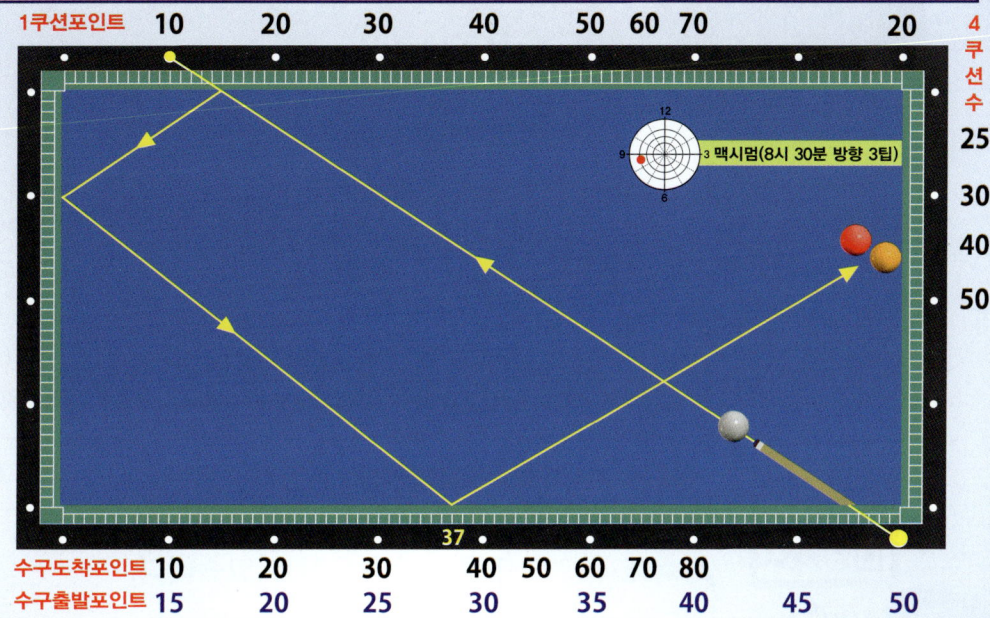

⑨. 도착 50포인트 (맥시멈 당점)

▶50포인트의 공을 득점하기 위해 50 − 50 = 코너 프레임 포인트를 겨냥해서 PBA 뱅킹 속도로 치시면 50포인트 레일 포인트 도착하여 득점이 됩니다.

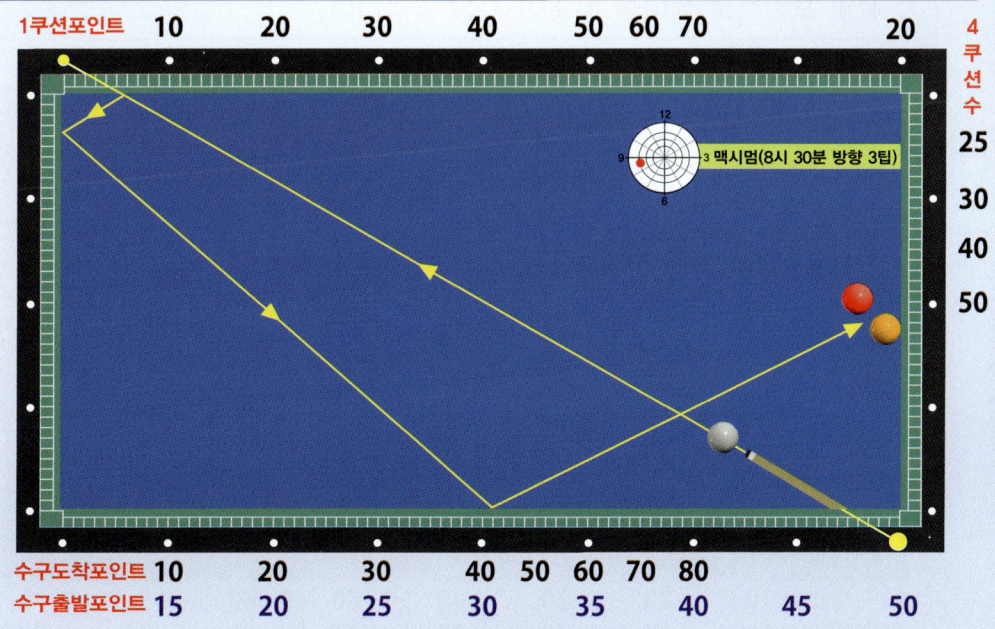

파이브앤하프 50라인 2편

15 chapter

1) 공식 : 수구출발 포인트 − 도착 포인트 = 1쿠션 포인트
2) 수구출발포인트 : 장 쿠션 50포인트
3) 1쿠션 겨냥 포인트 : 프레임 포인트 회전량이 많은 분들은 큐선으로 맞춥니다.(미들팔로우 큐길이만큼의 거리 커브현상???)
4) 당 점 : 상단 2팁(10시 방향 3팁)
5) 50출발 0도착 보정 : −3 포인트
6) 스트록 : PBA 뱅킹 속도 미들 팔로우

▶ 유튜브에서 **39탄 파이브앤하프 50라인의 비밀 2** 검색 또는 좌측에 **QR코드**를 통해서 배우실 수 있습니다.

숭그리 당당 Tip

①. 시청자 질문:4쿠션 30포인트 지점을 35포인트로 계산?

▶ 4쿠션 35포인트로 계산하고 50 − 35 = 15 프레임 포인트 2팁 회전으로 공략하시면 조금 짧게 떨어질 수 있습니다. 그리고 조금 더 강하게 치시면 조금 길게 떨어질 수 있습니다. 파이브앤하프는 2팁으로 치는 공식이 제일 어렵습니다. 30포인트로 계산하고 3팁에 PBA 뱅킹 속도로 치는 게 레일 포인트로 들어올 확률이 가장 높습니다.

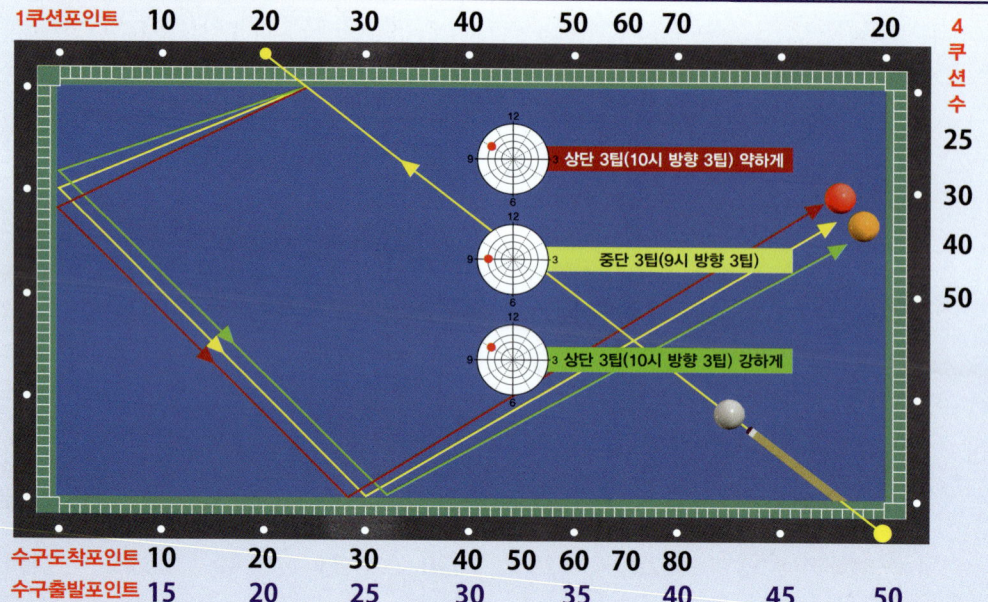

3쿠션은 설계이다
쉬운 공은 실수 없이 안정적으로 / 어려운 공은 창조적으로

②. 50포인트 출발 5포인트 도착 (상단 2팁 당점)

▶ 5포인트의 공을 득점하기 위해 50 − 5 = 45프레임 포인트를 겨냥해서 PBA 뱅킹 속도로 치시면 5 프레임 포인트로 도착하여 득점이 됩니다.

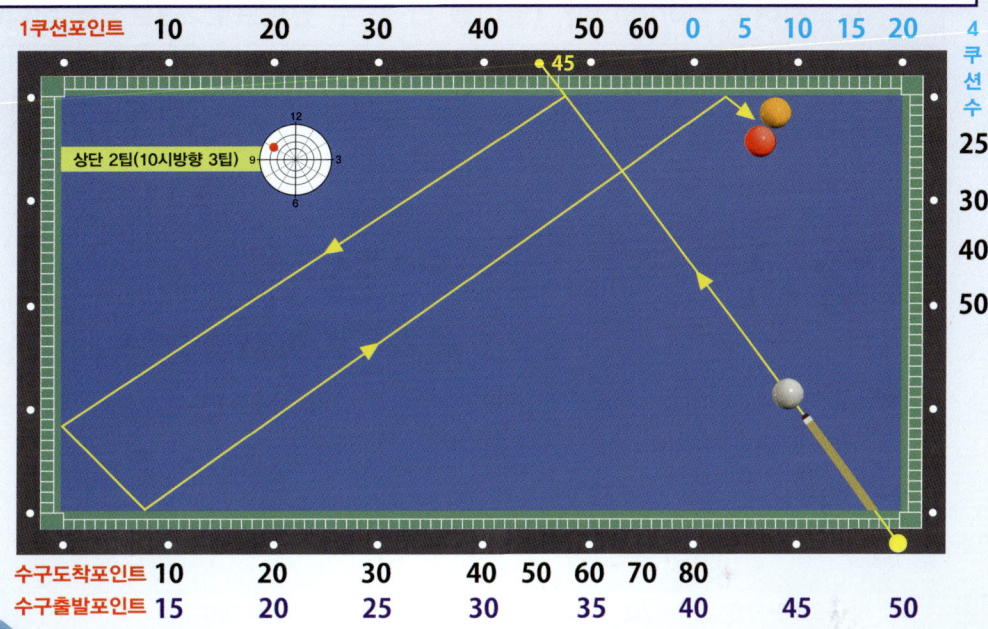

③. 50포인트 출발 10포인트 도착 (상단 2팁 당점)

▶ 10포인트의 공을 득점하기 위해 50 − 10 = 40프레임 포인트를 겨냥해서 PBA 뱅킹 속도로 치시면 10 프레임 포인트로 도착하여 득점이 됩니다. (15, 20포인트 공 동일한 방법)

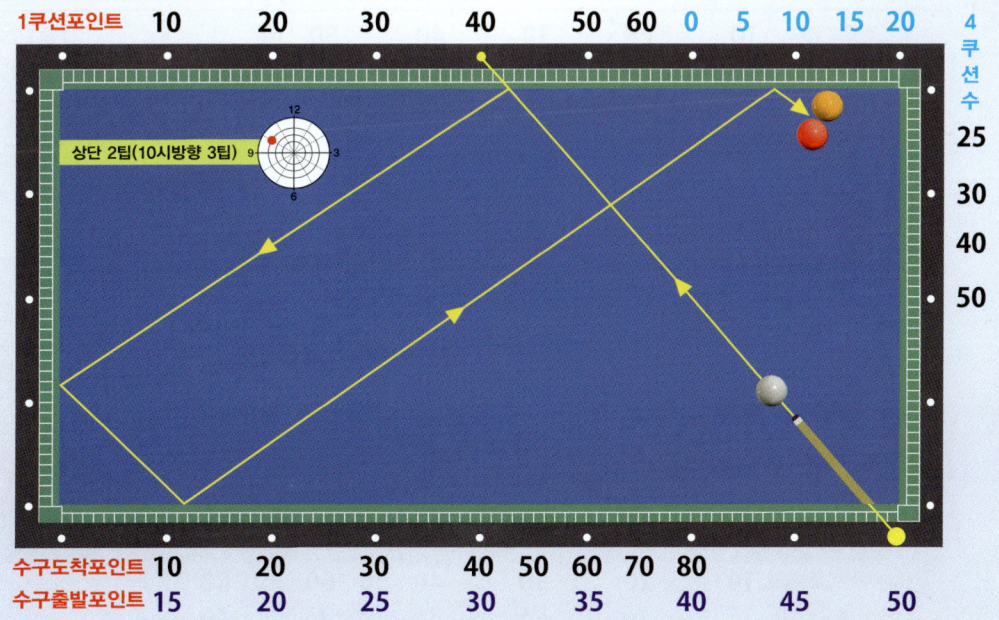

④. 50포인트 출발 0포인트 도착 (상단 2팁 당점)

▶0포인트의 공을 득점하기 위해 50 − 0(0지점 보정−3) = 47프레임 포인트를 겨냥해서 PBA 뱅킹 속도로 치시면 0 프레임 포인트로 도착하여 득점이 됩니다. (코너를 안 돌 수 있으므로 −3보정을 합니다.)

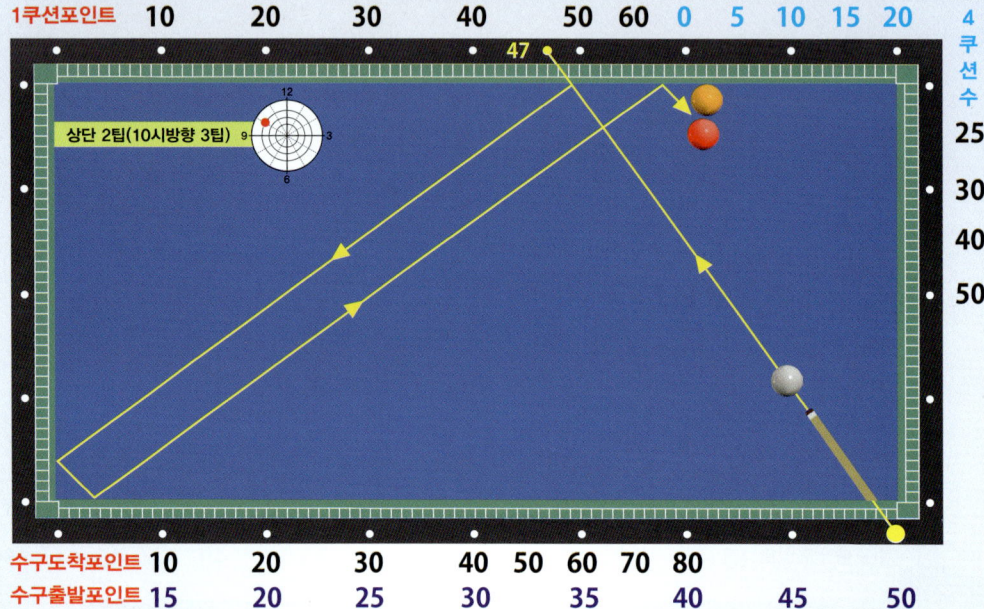

⑤. 단 쿠션 50포인트 출발 0포인트 도착 (상단 2팁 당점)

▶0포인트의 공을 득점하기 위해 50 − 0 = 50프레임 포인트를 겨냥해서 PBA 뱅킹 속도로 치시면 0프레임 포인트로 도착하여 득점이 됩니다.

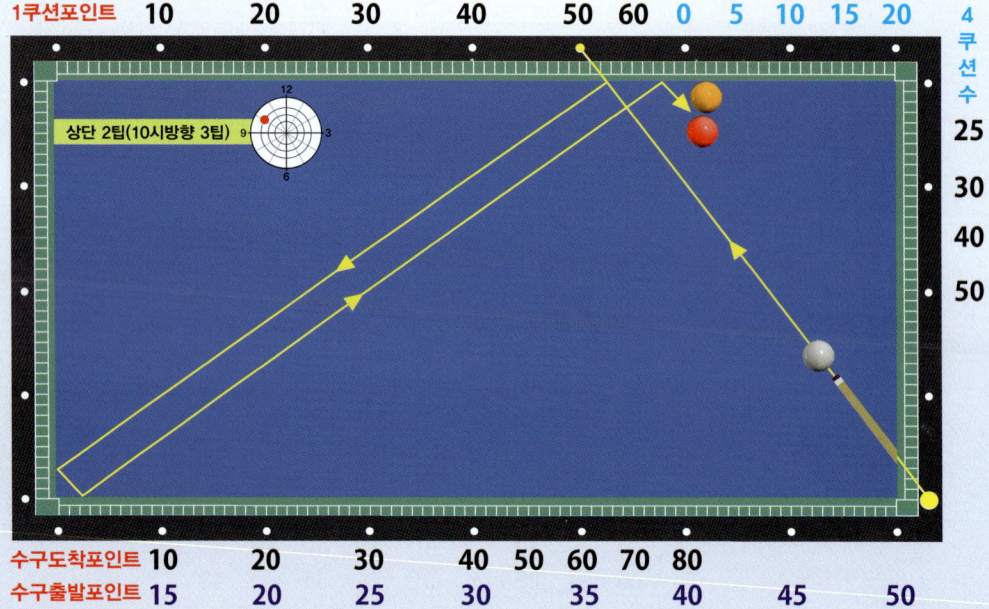

3쿠션은 설계이다
쉬운 공은 실수 없이 안정적으로 / 어려운 공은 창조적으로

15 chapter 파이브앤하프 45라인

1) 공 식 : 수구출발 포인트 – 도착 포인트 = 1쿠션 포인트
2) 수구출발포인트 : 장 쿠션 45포인트
3) 스트록 : PBA 뱅킹 속도 미들 팔로우
4) 보 정 :
  ㄱ. 3쿠션 레일에 인접한 3쿠션 값은 0~30포인트 상단 2.5팁
  ㄴ. 3쿠션 레일에 인접한 3쿠션 값은 40포인트
     맥시멈 4팁(8시 30분 방향 3팁) / (-3포인트 보정 + 9시 방향 3팁)
  ㄷ. 긴 각 4쿠션 30~40포인트(중단 3팁)
  ㄹ. 긴 각 4쿠션 50포인트(중단 3팁 코너 날로 공략)
  ㅁ. 짧은 각 4쿠션 5~20포인트 상단 2.5팁
  ㅂ. 짧은 각 4쿠션라인의 0지점은 상단 2.5팁(-3포인트 추가 보정)

▶ 유튜브에서 **40탄 파이브앤하프특집 45라인 마스터** 검색 또는 좌측에 **QR코드**를 통해서 배우실 수 있습니다.

숭그리당당 Tip
①. 3쿠션 레일에 인접한 0 ~ 30포인트 값 (상단 2.5팁 당점)

▶ 20포인트의 공을 득점하기 위해 **45 – 20 = 25프레임 포인트**를 겨냥해서 PBA 뱅킹 속도로 치시면 **20레일 포인트**로 도착하여 득점이 됩니다.
(0 ~ 30 포인트 : 보정 당점 상단 2.5팁 동일)

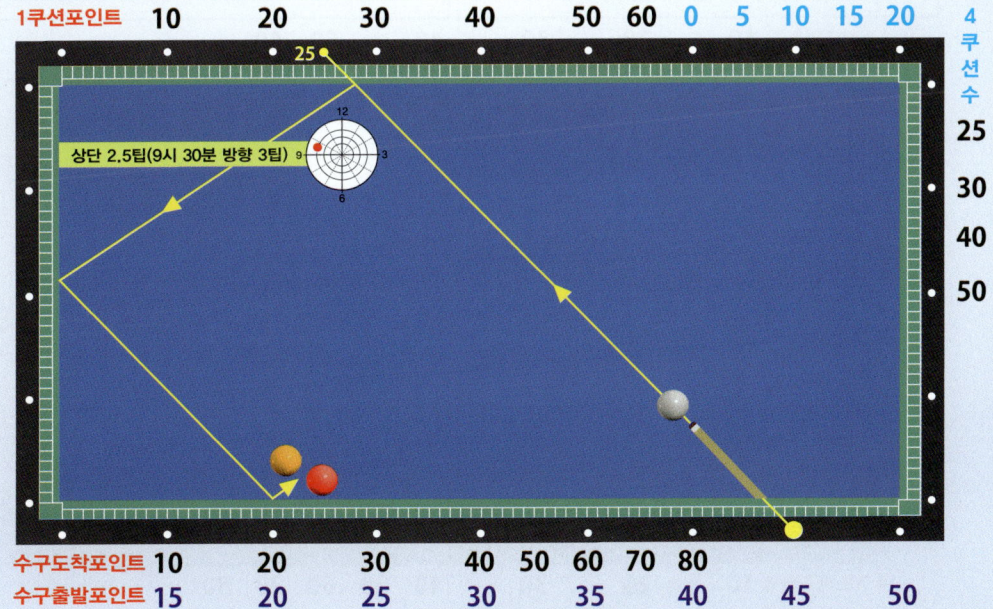

3쿠션은 설계이다
쉬운 공은 실수 없이 안정적으로 / 어려운 공은 창조적으로

②. 3쿠션 레일에 인접한 40포인트 도착 (1.당점 보정)

▶ 40포인트의 공을 득점하기 위해 45 - 40 = 5프레임 포인트를 맥시멈 4팁 당점으로 공략해서 치시면 40레일 포인트로 도착하여 득점이 됩니다.

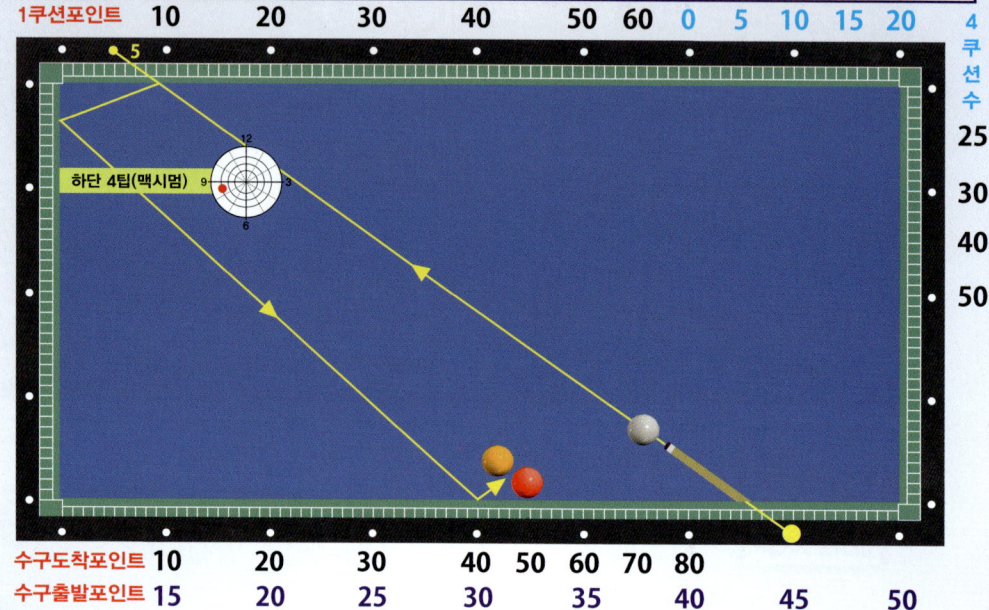

③. 3쿠션 레일에 인접한 40포인트 도착 (2.포인트 보정)

▶ 40포인트의 공을 득점하기 위해 45 - 40 = 5(일반적으로 47 도착 -3 보정) 2프레임 포인트를 중단 3팁 당점으로 공략해서 치시면 40레일 포인트로 도착하여 득점이 됩니다.

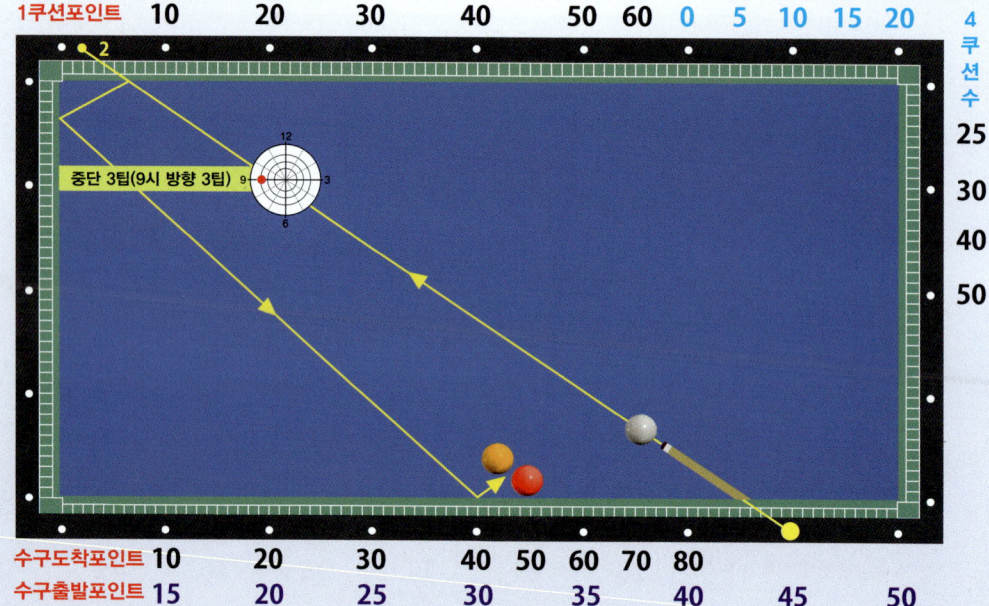

3쿠션은 설계이다
쉬운 공은 실수 없이 안정적으로 / 어려운 공은 창조적으로

④. 긴 각 4쿠션 25포인트 도착 (상단 2.5팁 당점)

▶25포인트의 공을 득점하기 위해 45 − 25 = 20프레임 포인트를 겨냥해서 PBA 뱅킹 속도로 치시면 25레일 포인트로 도착하여 득점이 됩니다.

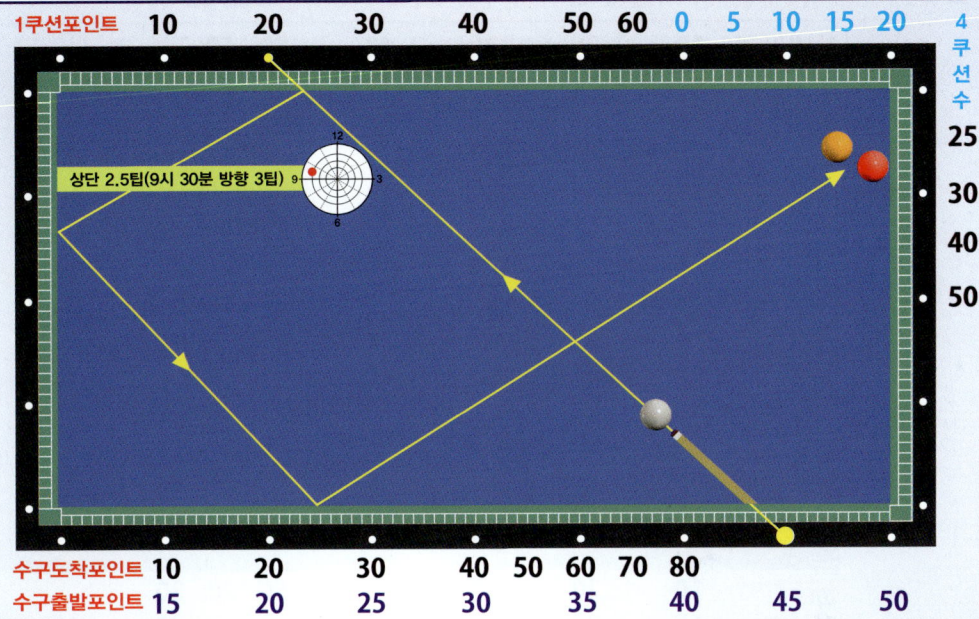

⑤. 긴 각 4쿠션 30포인트 도착 (중단 3팁 당점)

▶30포인트의 공을 득점하기 위해 45 − 30 = 15프레임 포인트를 겨냥해서 PBA 뱅킹 속도로 치시면 30레일 포인트로 도착하여 득점이 됩니다.

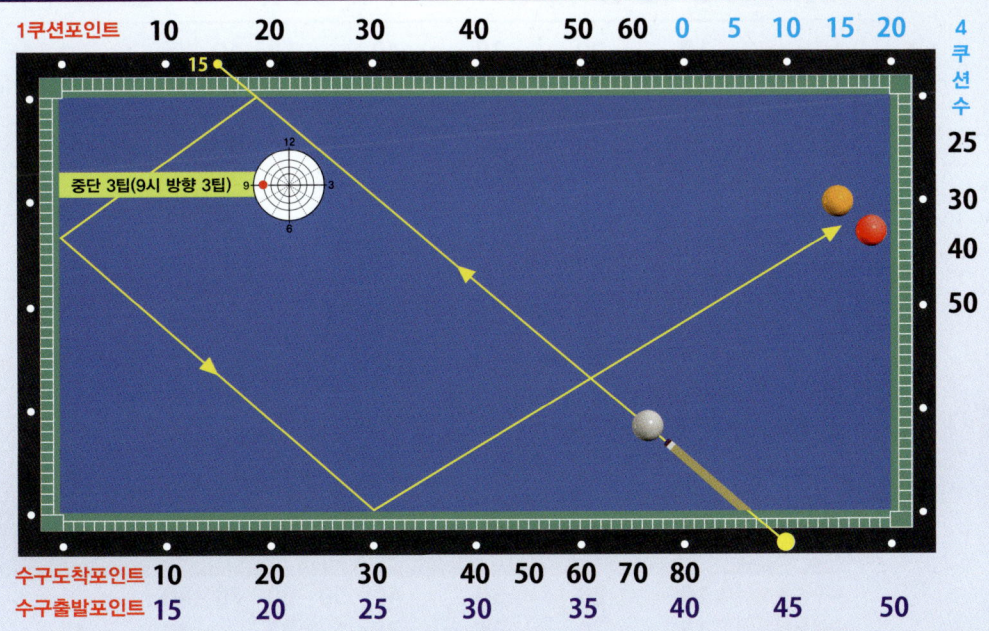

⑥. 긴 각 4쿠션 40포인트 도착 (중단 3팁 당점)

▶ 40포인트의 공을 득점하기 위해 45 − 5 = 5프레임 포인트를 겨냥해서 PBA 뱅킹 속도로 치시면 40 레일 포인트로 도착하여 득점이 됩니다. (3쿠션 37지점에 떨어지지만 4쿠션 40지점으로 도착)

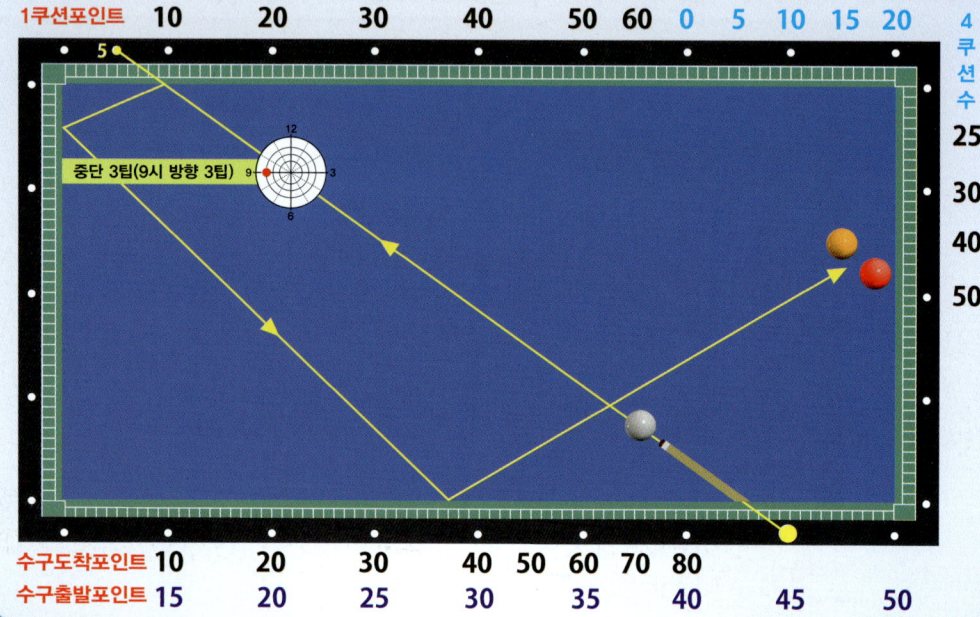

⑦. 긴 각 4쿠션 50포인트 도착 (코너 날을 향해 공략)

▶ 50포인트의 공을 득점하기 위해 45 − 50 = −5코너 날을 향해 3팁으로 겨냥하시면 5포인트가 길어져서 득점이 됩니다.(속도가 너무 강하거나 slow로 굴리면 공의 모양이 바뀝니다. 당구는 속도가 중요합니다.)

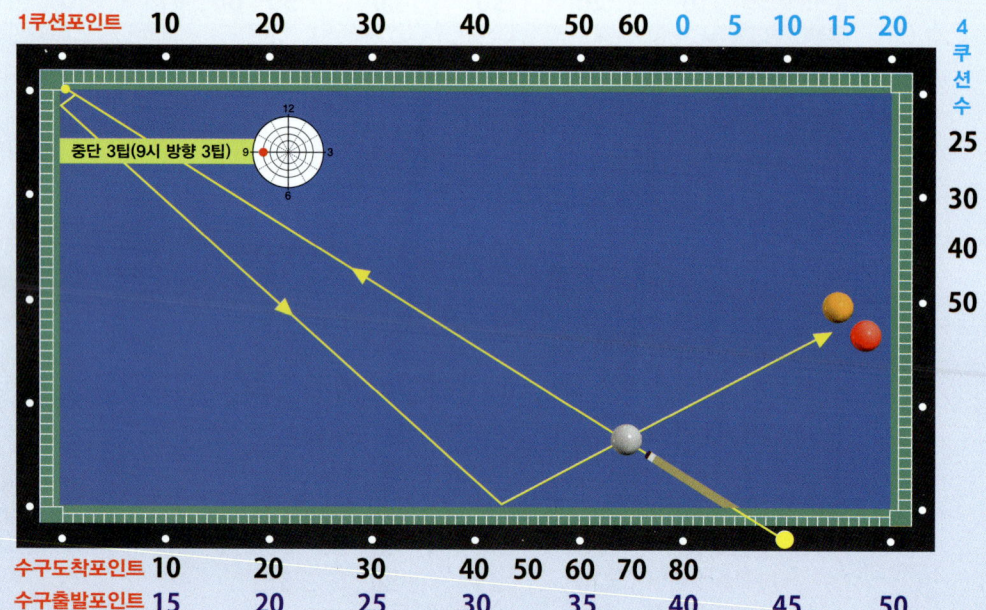

3쿠션은 설계이다
쉬운 공은 실수 없이 안정적으로 / 어려운 공은 창조적으로

⑧. 짧은 각 4쿠션 : 2.5팁(9시 30분 방향 3팁)

▶ 20포인트의 공을 득점하기 위해 45 – 20 = 25프레임 포인트를 겨냥해서 PBA 뱅킹 속도로 치시면 20프레임 포인트로 도착하여 득점이 됩니다.
2팁은 짧아지는 라인 2.5팁(9시 30분 회전)으로 공략,
(4쿠션 5,10,15,20포인트 보정값 동일: 상단 2.5팁 당점)

숭그리 당당 Tip

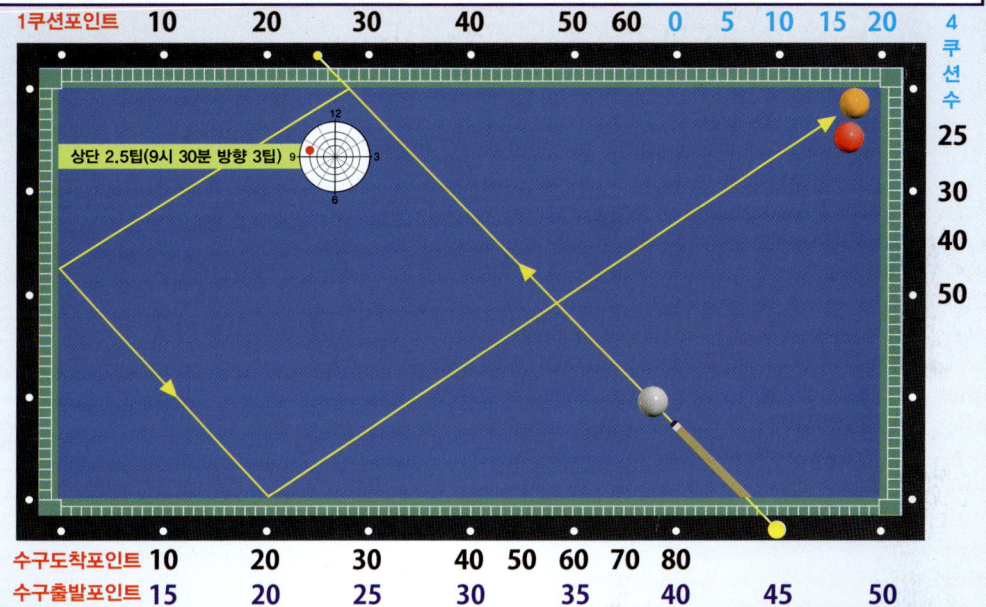

⑨. 짧은 각 4쿠션 0포인트 도착 (보정 : –3 상단 2.5팁 당점)

▶ 0포인트의 공을 득점하기 위해 45 – 0 –3(보정) = 47프레임 포인트를
2팁은 짧아서 2.5팁 부드러운 속도로 겨냥하면 0프레임 포인트로
도착하여 득점이 됩니다.

숭그리 당당 Tip

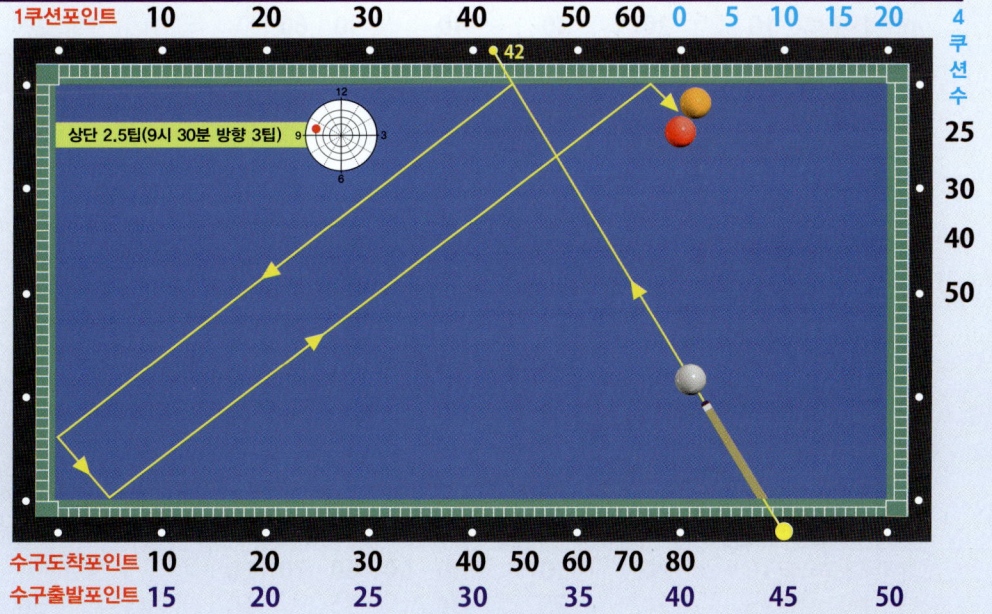

파이브앤하프

3쿠션에 꼭 필요한 시스템 유튜브 핵심 강의 총정리

15 chapter 파이브앤하프 40라인

주번 김성현
반장 김수진

1) 공 식 : 수구출발 포인트 − 도착 포인트 = 1쿠션 포인트
2) 수구출발포인트 : 장 쿠션 40포인트
3) 스트록 : PBA 뱅킹 속도 미들 팔로우
4) 보 정 :
   ㄱ. 3쿠션 레일에 인접한 3쿠션 값은 보정 없이 2.5팁(10,20,25포인트)
      30포인트 중단 3팁   40포인트 (코너 포인트)맥시멈 4팁
      50포인트 (코너 날)맥시멈 4팁
   ㄴ. 긴 각 4쿠션 출발 값 −5보정 / 30포인트(중단 3팁)   40포인트(중단 3팁 코너 날)
   ㄷ. 짧은 각 4쿠션 출발 값 −5보정 / 상단 2.5팁
   ㄹ. 짧은 각 4쿠션 라인의 0지점은 출발 값 −5보정 / −3 추가 보정 / 상단 2.5팁

▶ YouTube 41탄 파이브앤하프 40라인 마스터

▶ 유튜브에서 **41탄 파이브앤하프 40라인 마스터** 검색 또는
  좌측에 **QR코드**를 통해서 배우실 수 있습니다.

 **숭그리 당당 Tip**

① 3쿠션 레일에 인접한 0~20포인트 값 (당점 : 상단 2.5팁/9시 30분)

▶ **20포인트의 공**을 득점하기 위해 **40 − 20 = 20** 포인트로 공략하시면
  득점이 됩니다. (3쿠션 레일에 근접한 값은 −5보정없이 그대로 진행합니다.)
  (10포인트, 15포인트, 20포인트 동일하게 적용)

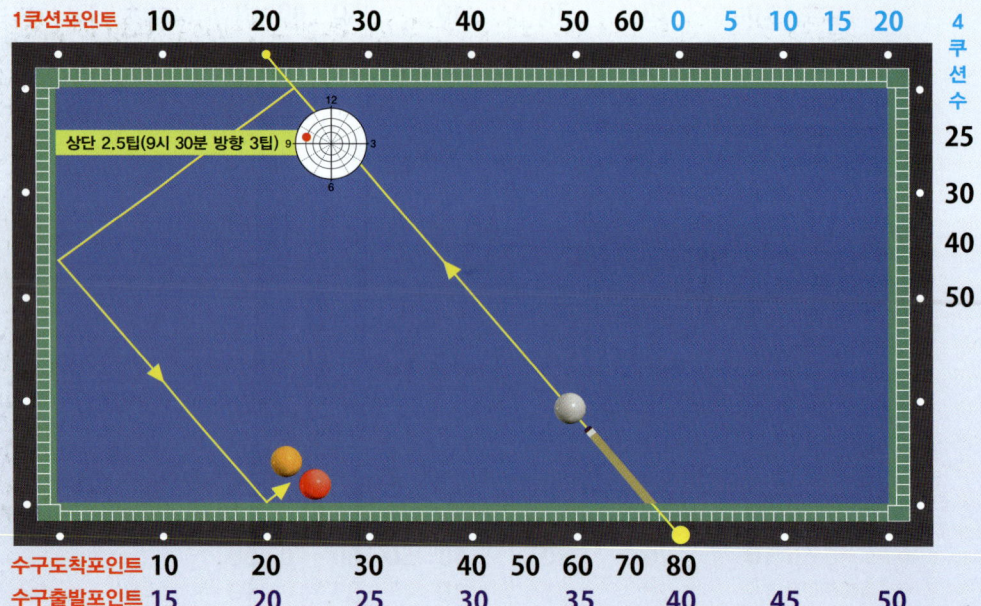

3쿠션은 **설계**이다
쉬운 공은 실수 없이 안정적으로 / 어려운 공은 창조적으로

②. 3쿠션 레일에 인접한 30포인트(당점 : 중단 3팁/9시)

▶ 30포인트의 공을 득점하기 위해 40 − 30 = 10프레임포인트로 공략하시면 득점이 됩니다. (레일에 근접한 값은 −5보정 없이 당점 만 보정)

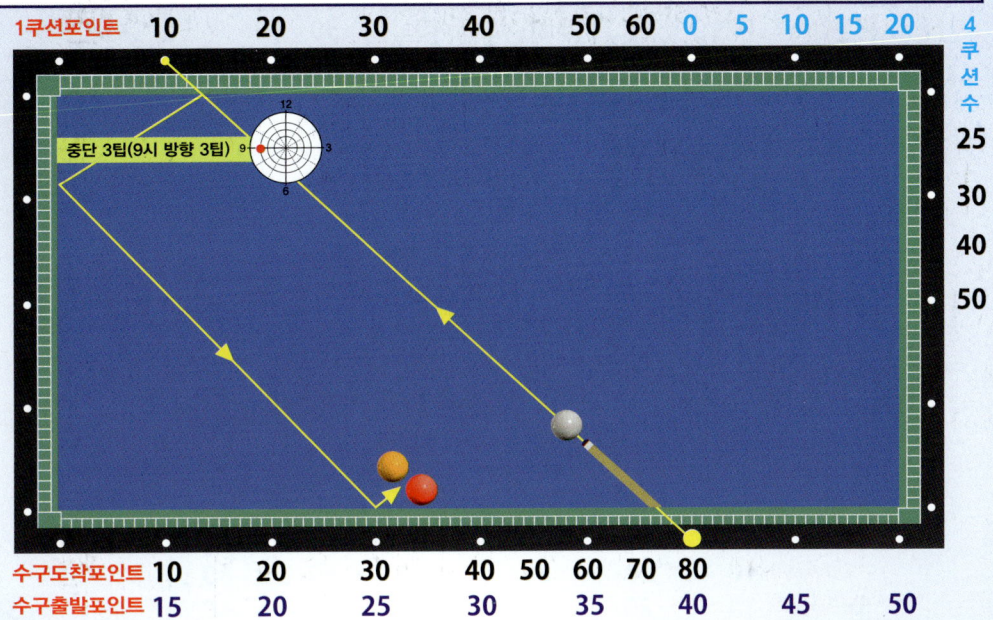

③. 3쿠션 레일에 인접한 40포인트(당점:맥시멈 4팁/8시 30분)

▶ 40포인트의 공을 득점하기 위해 40 − 40 = 0프레임포인트로 공략하시면 득점이 됩니다. (레일에 근접한 값은 −5보정 없이 당점 만 보정)
(50포인트의 공 역시 부드럽게 코너 날에 집어 넣으시면 가능합니다.)

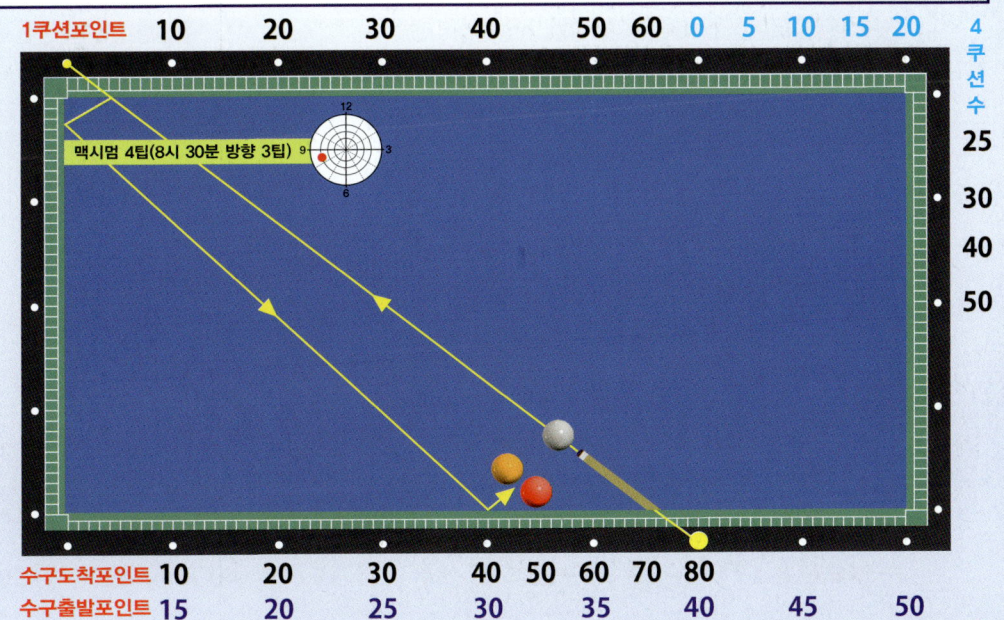

3쿠션은 설계이다
쉬운 공은 실수 없이 안정적으로 / 어려운 공은 창조적으로

④. 긴 각 4쿠션 25포인트 도착 (당점 : 상단 2.5팁/9시 30분)

▶ 25포인트의 공을 득점하기 위해 40(-5) - 25 = 10프레임포인트를 2.5팁 PBA 뱅킹 속도로 겨냥하시면 25레일 포인트로 도착하여 득점이 됩니다.

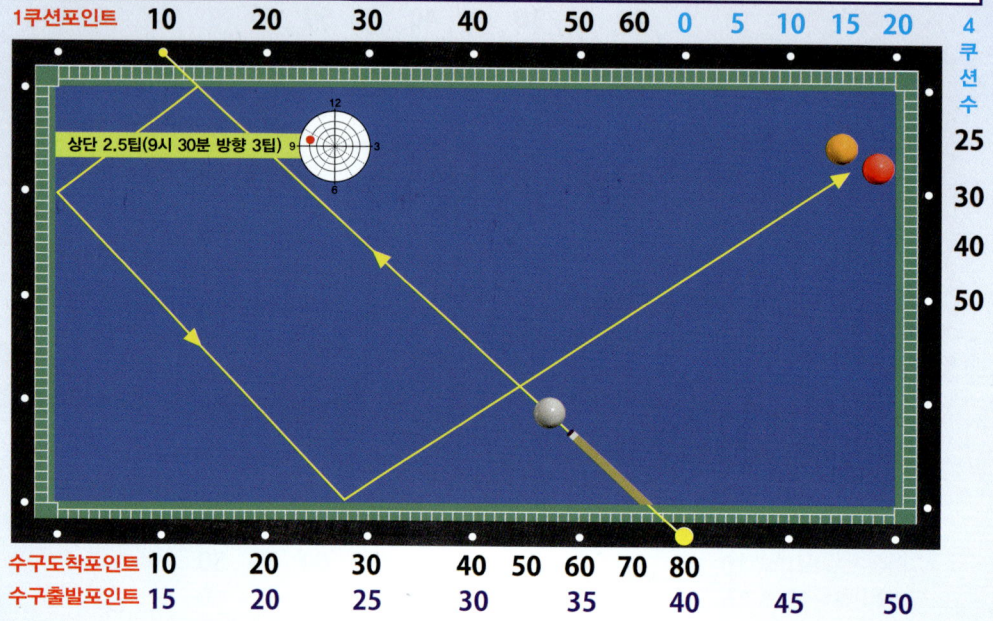

⑤. 긴 각 4쿠션 30포인트 도착 (당점 : 중단 3팁/9시)

▶ 30포인트의 공을 득점하기 위해 40(-5) - 30 = 5프레임포인트를 3팁 PBA 뱅킹 속도로 겨냥하시면 30레일 포인트로 도착하여 득점이 됩니다.

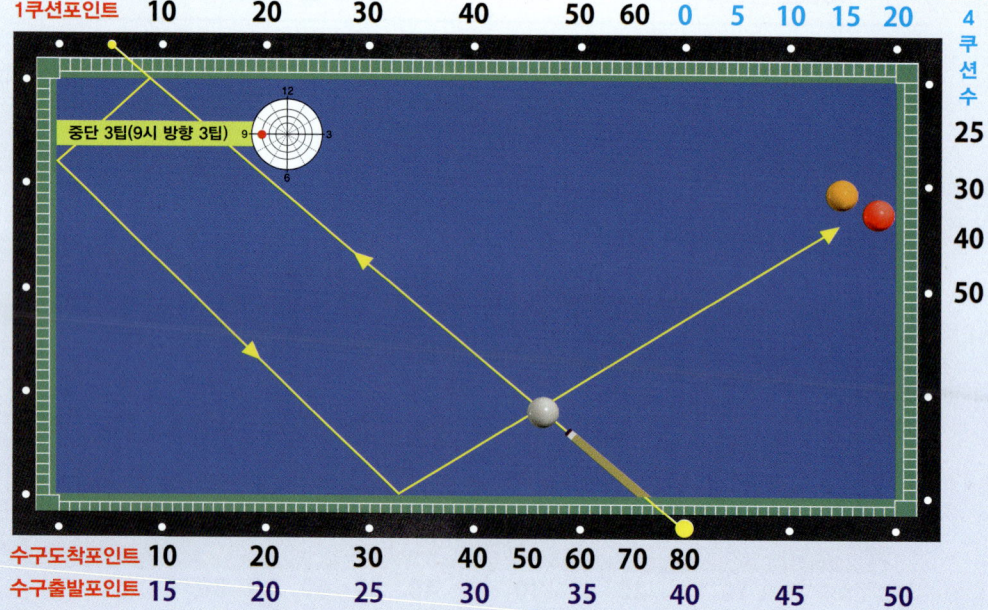

3쿠션은 설계이다
쉬운 공은 실수 없이 안정적으로 / 어려운 공은 창조적으로

3쿠션에 꼭 필요한 시스템 유튜브 핵심 강의 총정리

⑥. 긴 각 4쿠션 40포인트 도착 (당점 : 중단 3팁/9시)

▶ 40포인트의 공을 득점하기 위해 40(-5) - 40 = -5코너 날을 공략하시면 5포인트 길어져서 **40레일 포인트**로 도착하여 득점이 됩니다.

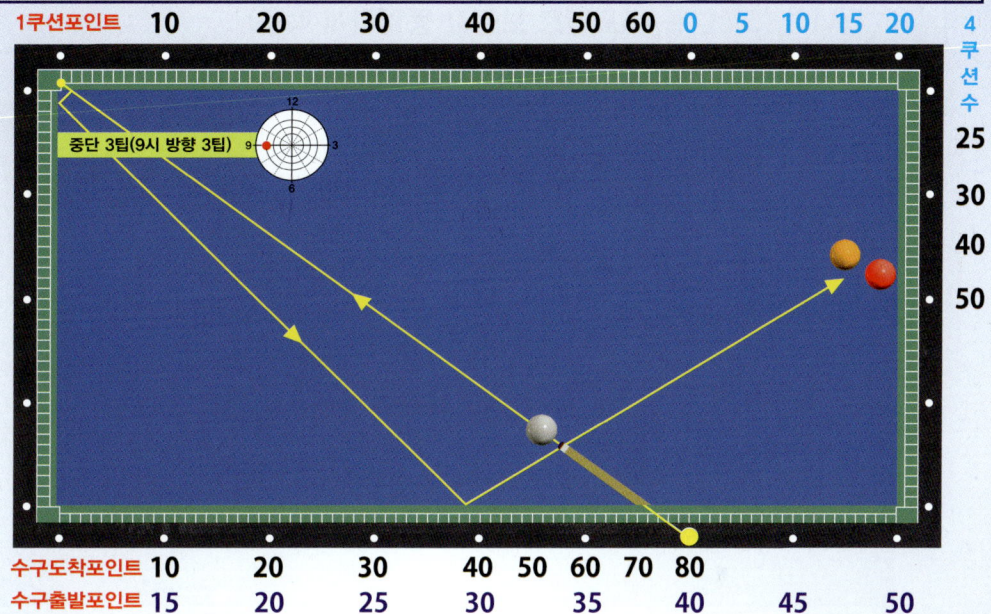

⑦. 짧은 각 4쿠션 20포인트 도착 : 2.5팁(9시 30분 방향 3팁)

▶ 20포인트의 공을 득점하기 위해 40(-5) - 20 = **15프레임 포인트**를 겨냥해서 PBA 뱅킹 속도로 치시면 **20 프레임 포인트**로 도착하여 득점이 됩니다. (당점 : 2.5팁(9시 30분 회전)으로 공략)

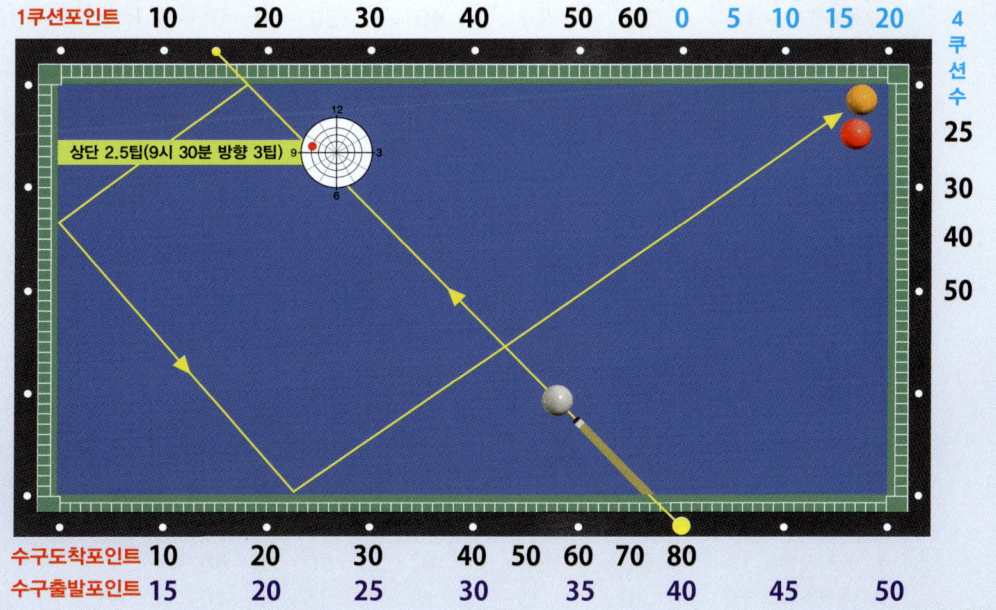

3쿠션은 설계이다
쉬운 공은 실수 없이 안정적으로 / 어려운 공은 창조적으로

⑧. 짧은 각 4쿠션 20포인트 도착 (당점 : 상단 2.5팁/9시 30분)

▶ 10포인트의 공을 득점하기 위해 40(-5) - 10 = 25 프레임 포인트를 2.5팁 PBA 뱅킹 속도로 겨냥하시면 10프레임 포인트로 도착하여 득점이 됩니다.(5포인트, 15포인트 보정값 동일하게 적용)

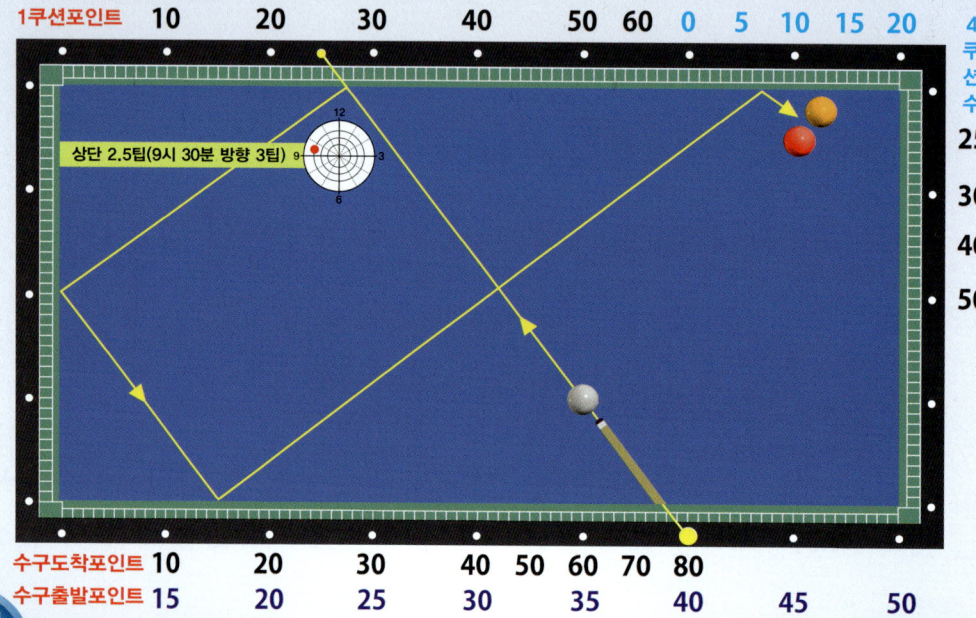

⑨. 짧은 각 4쿠션 0포인트 도착(당점 : 상단 2.5팁/9시 30분)

▶ 0포인트의 공을 득점하기 위해 40(-5) - 0 -3(0라인 보정) = 32 프레임 포인트를 2.5팁 PBA 뱅킹 속도로 겨냥하시면 0프레임 포인트로 도착하여 득점이 됩니다.

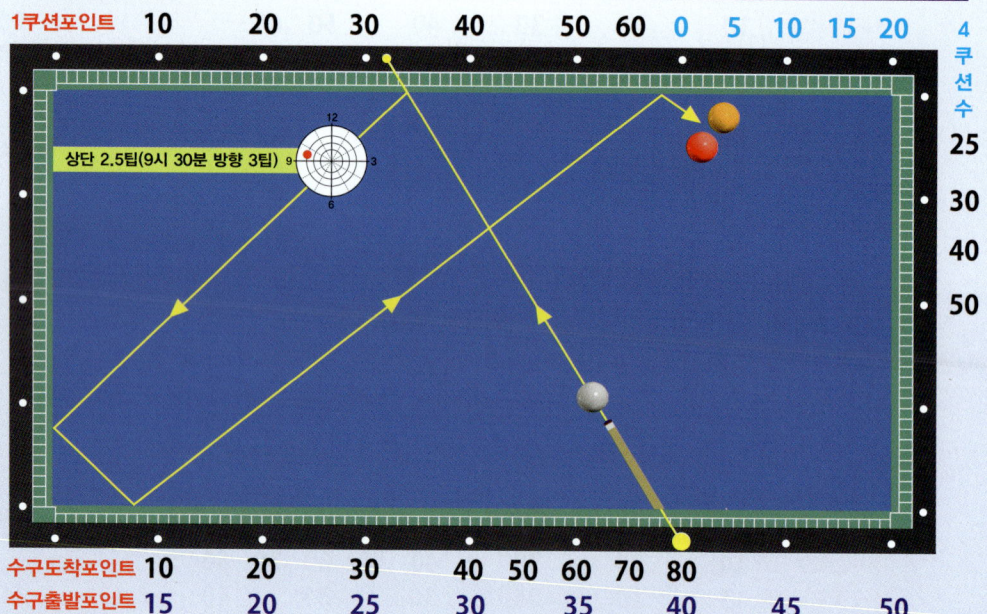

3쿠션은 설계이다
쉬운 공은 실수 없이 안정적으로 / 어려운 공은 창조적으로

15 chapter 파이브앤하프 35라인

주번 김성현
반장 김수진

1) 공 식 : 수구출발 포인트 - 도착 포인트 = 1쿠션 포인트
2) 수구출발포인트 : 장 쿠션 35포인트
3) 스트록 : PBA 뱅킹 속도 미들 팔로우
4) 보 정 :
   ㄱ. 3쿠션 레일에 인접한 3쿠션 값은 보정 없이 2.5팁(10,20,25포인트)
       30포인트 중단 3팁 40포인트 (코너 날 포인트)맥시멈 4팁
   ㄴ. 긴 각 4쿠션 출발 값 -5보정 / 30포인트(중단 3팁), 35포인트(맥시멈 4팁 코너
       포인트), 40포인트(맥시멈 4팁 코너 날)
   ㄷ. 짧은 각 4쿠션 출발 값 -5보정 / 상단 2.5팁
   ㄹ. 짧은 각 4쿠션 라인의 0지점은 출발 값 -5보정 / -3 추가 보정 / 상단 2.5팁

▶YouTube 42탄 파이브앤하프 35라인 마스터

▶유튜브에서 42탄 파이브앤하프 35라인 마스터 검색 또는 좌측에 QR코드를 통해서 배우실 수 있습니다.

숭그리 당당 Tip

① 레일에 인접한 3쿠션 값 보정 없이 : 2.5팁(9시 30분 방향)

▶20포인트의 공을 득점하기 위해 35 - 20 = 15프레임 포인트를 겨냥해서 PBA 뱅킹 속도로 치시면 20 레일 포인트로 도착하여 득점이 됩니다. (10포인트, 15포인트, 25포인트 보정값 동일)

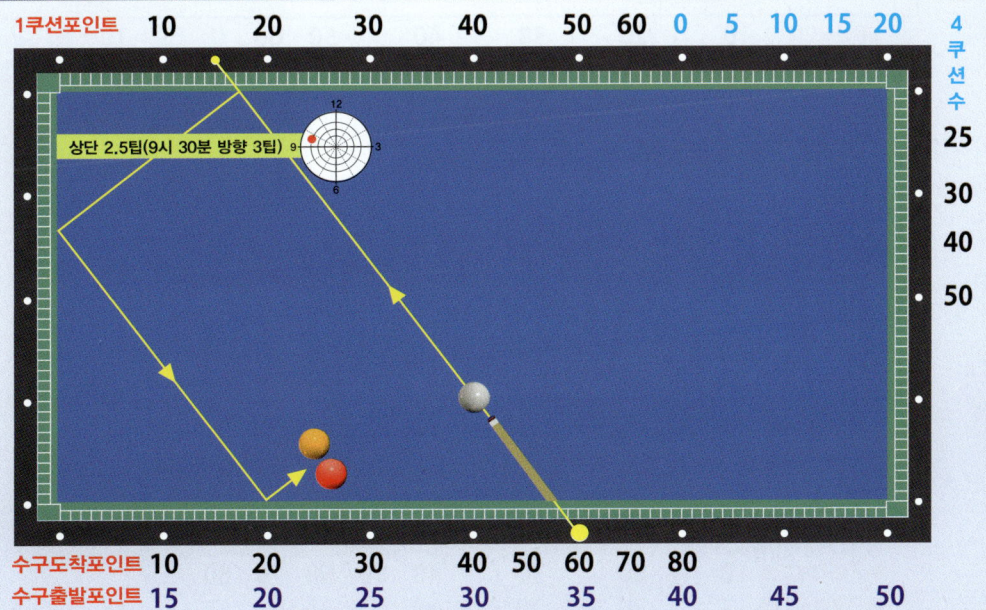

3쿠션은 **설계**이다
쉬운 공은 실수 없이 안정적으로 / 어려운 공은 창조적으로

②. 30레일 포인트 : 중단 3팁(9시 방향)

▶ 30포인트의 공을 득점하기 위해 35 − 30 = 5프레임 포인트를 중단 3팁(9시 방향)으로 겨냥해서 PBA 뱅킹 속도로 치시면 30레일 포인트로 도착하여 득점이 됩니다.

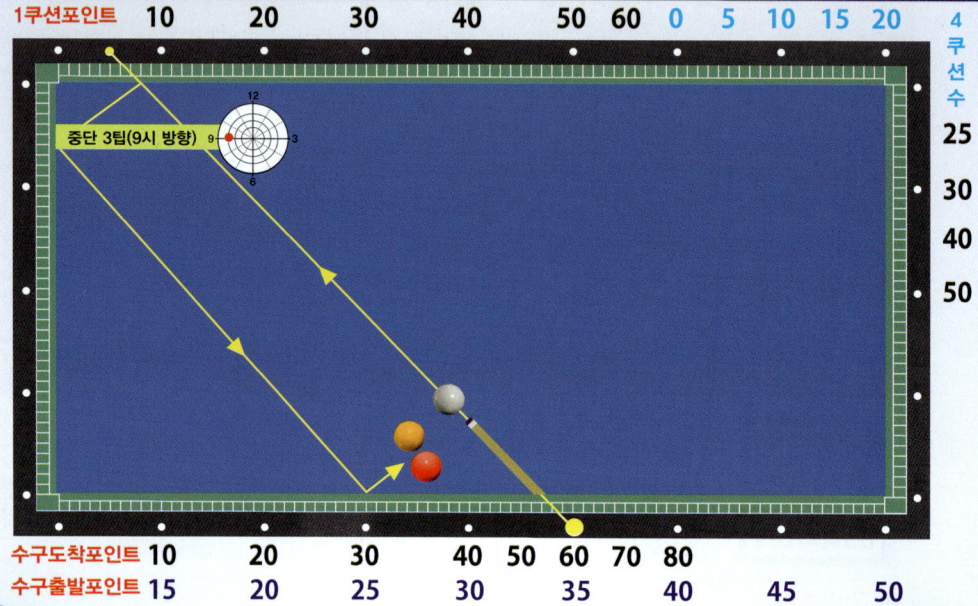

③. 40레일 포인트 : 코너 날 공략 : 맥시멈(8시 30분 3팁)

▶ 40포인트의 공을 득점하기 위해 35 − 40 = −5 코너 날을 바라보고 뒷큐를 살짝 들어주어 맥시멈(8시 30분 3팁 당점)으로 겨냥해서 PBA 뱅킹 속도로 치시면 40레일 포인트로 도착하여 득점이 됩니다.

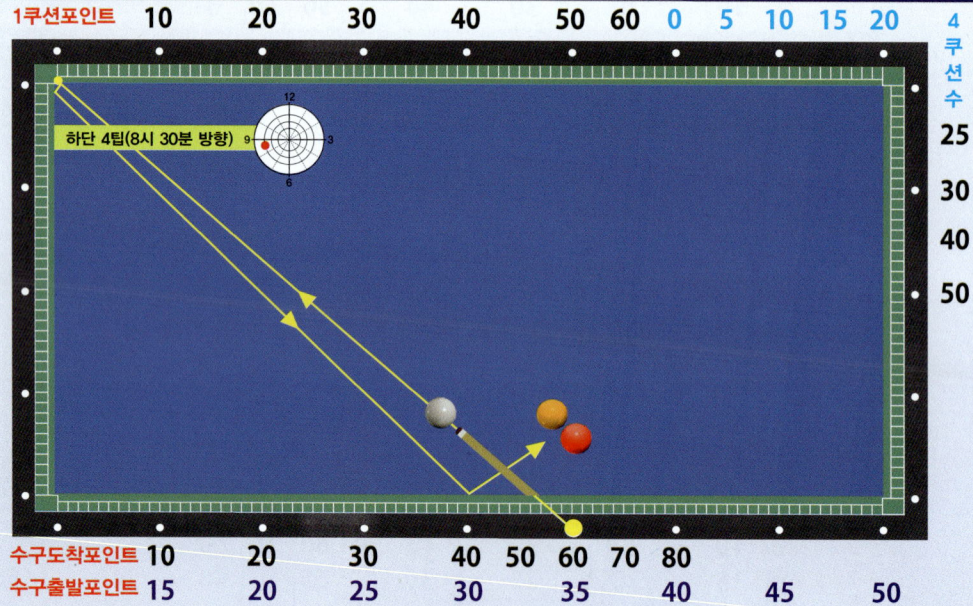

④. 4쿠션 25레일 포인트 : 보정 ▶ 2.5팁 / (-5)포인트

▶ 25포인트의 공을 득점하기 위해 35(-5) - 25 = 5프레임 포인트를 상단 2.5팁(9시 30분 방향)으로 겨냥해서 PBA 뱅킹 속도로 치시면 25레일 포인트로 도착하여 득점이 됩니다.

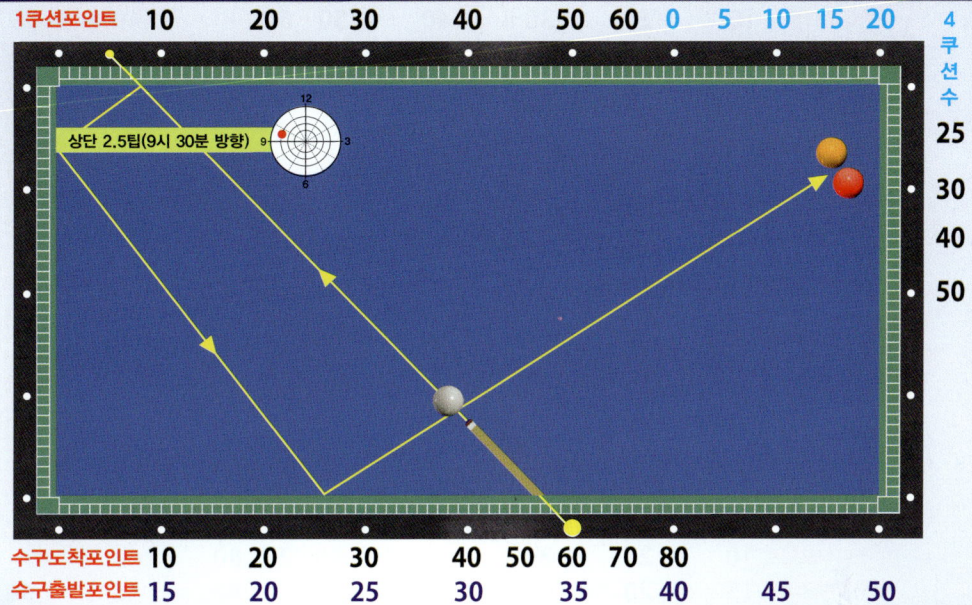

⑤. 4쿠션 30레일 포인트 : 보정 ▶ 3팁 / (-5)포인트

▶ 30포인트의 공을 득점하기 위해 35(-5) - 30 = 0 코너 포인트 중단 3팁(9시 방향)으로 겨냥해서 PBA 뱅킹 속도로 치시면 30레일 포인트로 도착하여 득점이 됩니다.

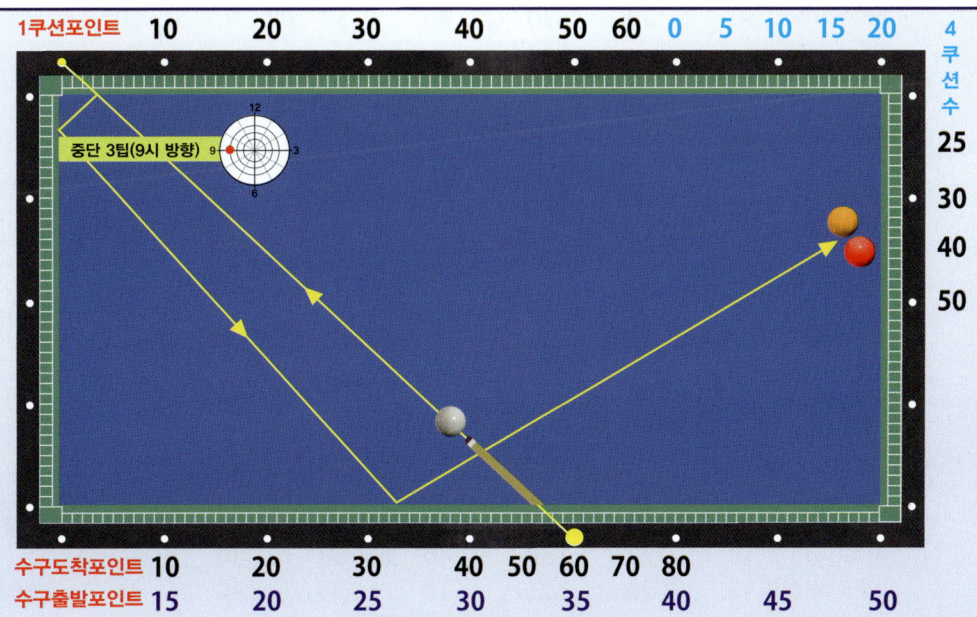

⑥. 4쿠션 35레일 포인트 : 보정 ▶ 맥시멈 4팁 / (-5)포인트

▶ 35포인트의 공을 득점하기 위해 35(-5) - 35 = -5 코너 포인트 맥시멈 4팁 (8시 30분 방향)으로 겨냥해서 PBA 뱅킹 속도로 치시면 35레일 포인트로 도착하여 득점이 됩니다.

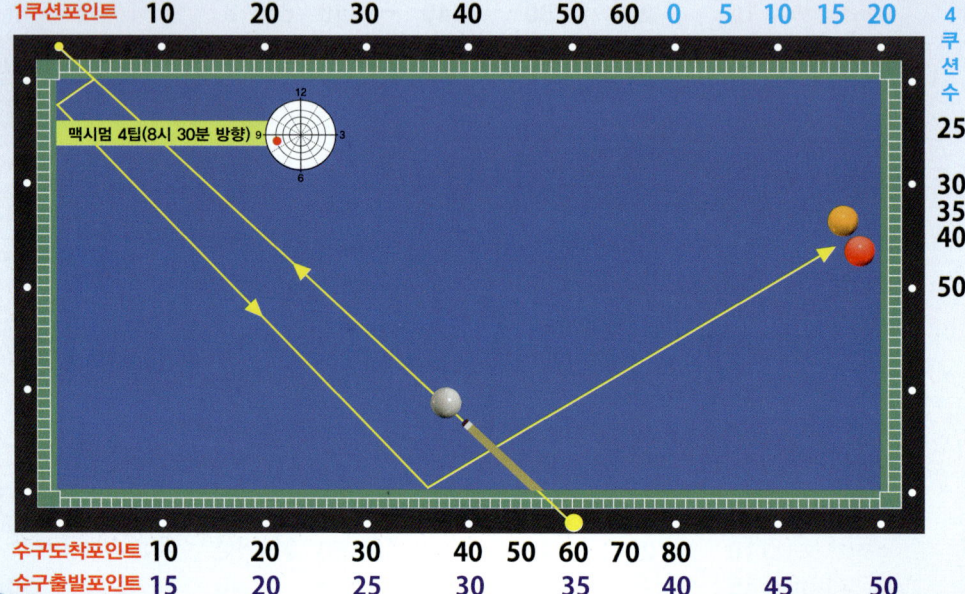

⑦. 4쿠션 40레일 포인트 : 보정 ▶ 맥시멈 4팁 / (-5)포인트

▶ 40포인트의 공을 득점하기 위해 35(-5) - 40 = -10 코너 날을 맥시멈 4팁 (8시 30분 방향)으로 겨냥해서 부드러운 스트록으로 공략하시면 40 레일 포인트로 도착하여 득점이 됩니다.

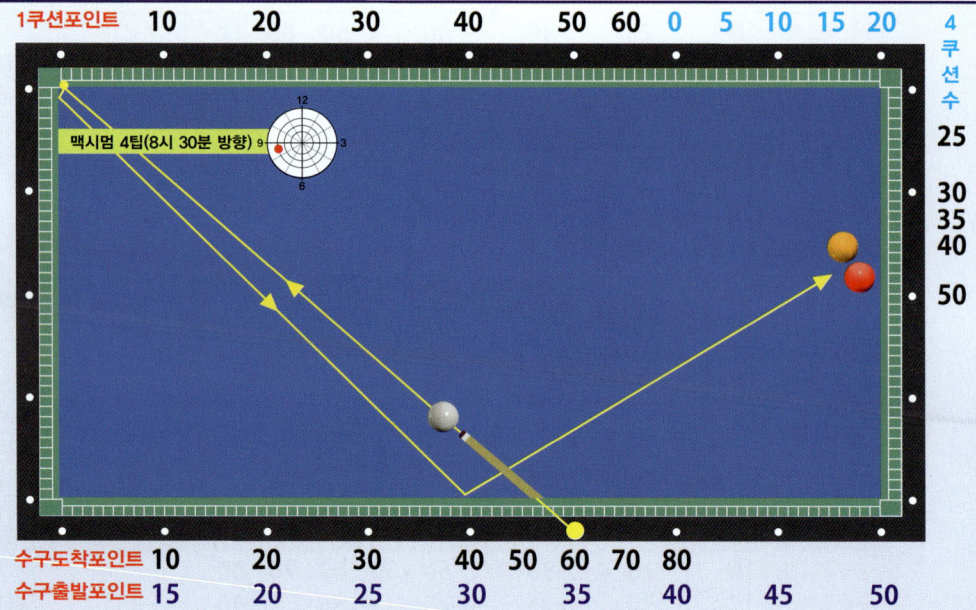

3쿠션은 설계이다
쉬운 공은 실수 없이 안정적으로 / 어려운 공은 창조적으로

⑧. 4쿠션 10레일 포인트 : 보정 ▶ 2.5팁 / (-5)포인트

▶ 10포인트의 공을 득점하기 위해 35(-5) - 10 = 20프레임 포인트를 상단 2.5팁(9시 30분 방향)으로 겨냥해서 PBA 뱅킹 속도로 치시면 10프레임 포인트로 도착하여 득점이 됩니다.
(20포인트, 15포인트, 10포인트, 5포인트 보정값 동일하게 적용)

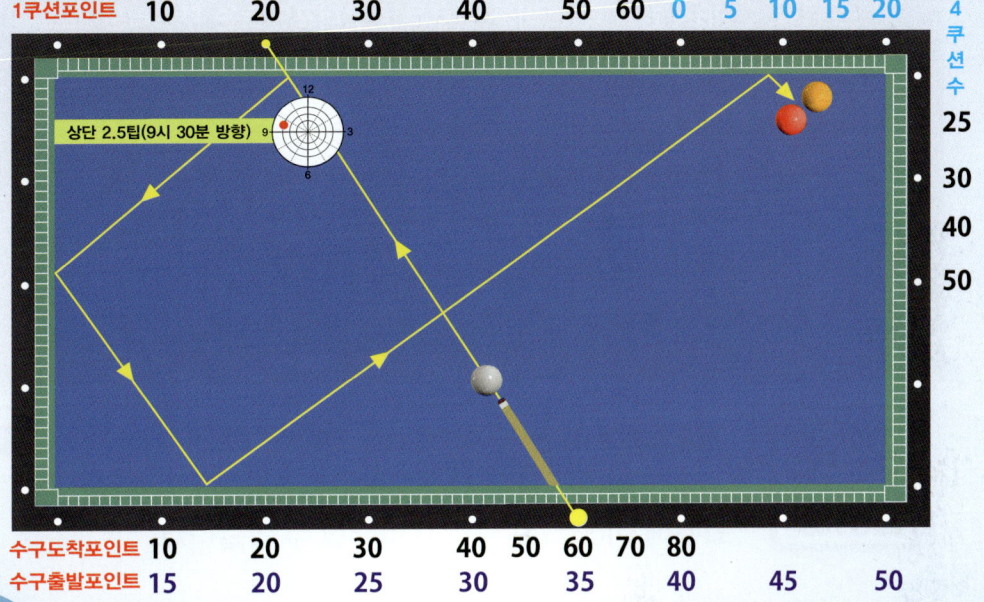

⑨. 4쿠션 0레일 포인트 : 보정 ▶ 2.5팁 / (-5)포인트

▶ 0포인트의 공을 득점하기 위해 35(-5) - 0 - 3(0지점 보정) = 27프레임 포인트를 상단 2.5팁(9시 30분 방향)으로 겨냥해서 PBA 뱅킹 속도로 치시면 0프레임 포인트로 도착하여 득점이 됩니다.

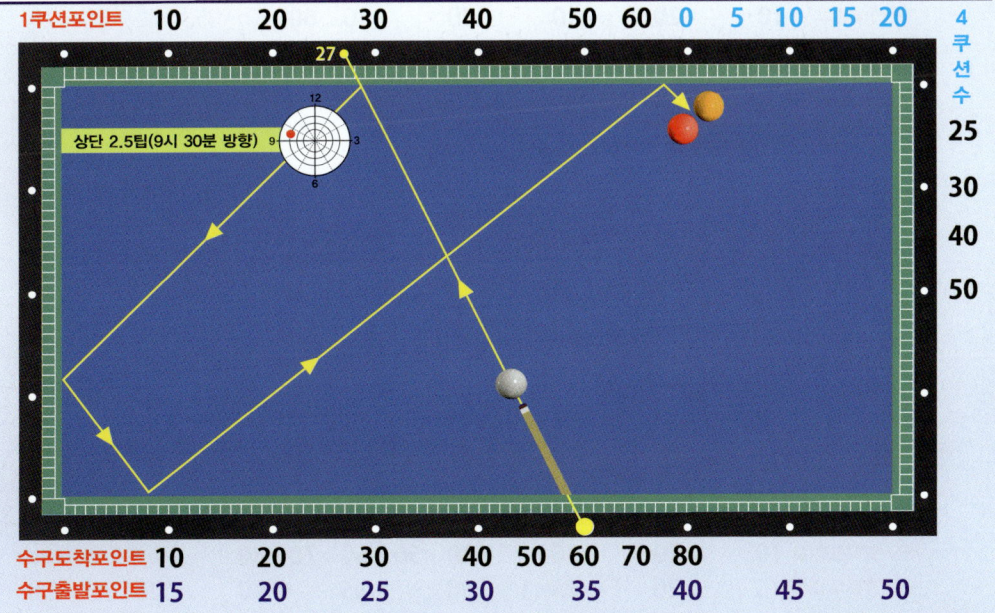

Chapter 15 파이브앤하프 30라인

1) 공 식 : 수구출발 포인트 − 도착 포인트 = 1쿠션 포인트
2) 수구출발포인트 : 장 쿠션 30포인트
3) 스트록 : PBA 뱅킹 속도 미들 팔로우 / 코너포인트는 부드러운 스트록
4) 보 정 :
   ㄱ. 3쿠션 레일에 인접한 3쿠션 값은 보정 없이 2팁(10,20,25,30포인트)
   ㄴ. 긴 각 4쿠션 출발 값 −5보정 / 25포인트(상단 2팁), 30포인트(중단 3팁)
       35포인트(맥시멈 4팁 코너 날)
   ㄷ. 짧은 각 4쿠션 출발 값 −5보정 / 상단 2팁
   ㄹ. 짧은 각 4쿠션 라인의 0지점은 출발 값 −5보정 / −3 추가 보정 / 상단 2팁

▶ YouTube 43탄 파이브앤하프 30라인 마스터

▶ 유튜브에서 **43탄 파이브앤하프 30라인 마스터** 검색 또는 좌측에 **QR코드**를 통해서 배우실 수 있습니다.

숭그리당당 Tip

①. 레일에 인접한 3쿠션 값 보정 없이 : 2팁(10시 방향)

▶ 30포인트의 공을 득점하기 위해 30 − 30 = 0프레임 포인트를 겨냥해서 부드러운 스트록으로 치시면 30레일 포인트로 도착하여 득점이 됩니다.
(10, 15, 20, 25포인트 보정값 동일 = PBA 뱅킹 스트록)

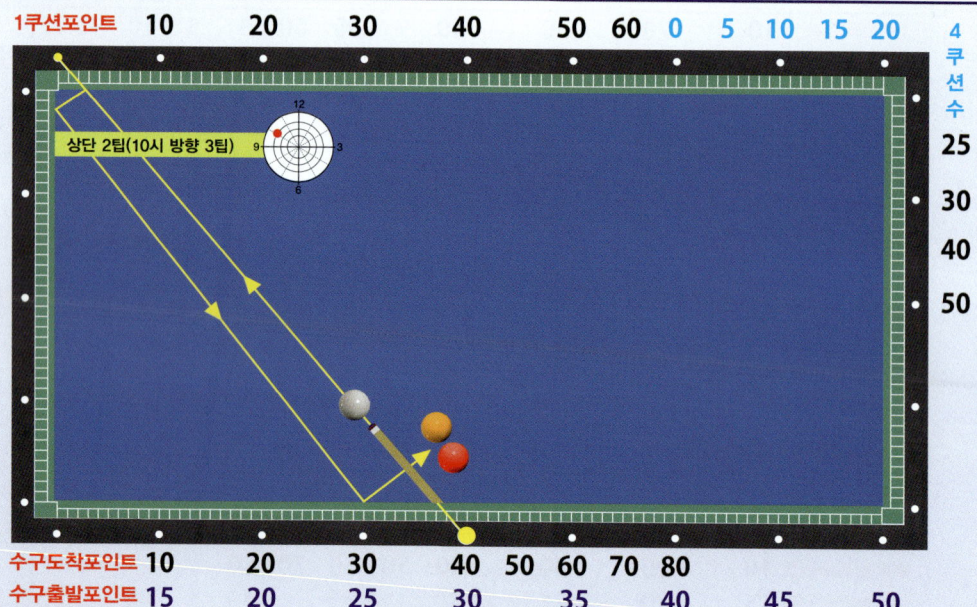

3쿠션은 설계이다
쉬운 공은 실수 없이 안정적으로 / 어려운 공은 창조적으로

②. 긴 각 4쿠션 값 보정 : -5보정, 2팁(10시 방향)

▶ 25포인트의 공을 득점하기 위해 30 -5(출발 값 보정) - 25 = 0코너 포인트를 향해 PBA 뱅킹 스트록으로 치시면 25레일 포인트로 도착하여 득점이 됩니다.

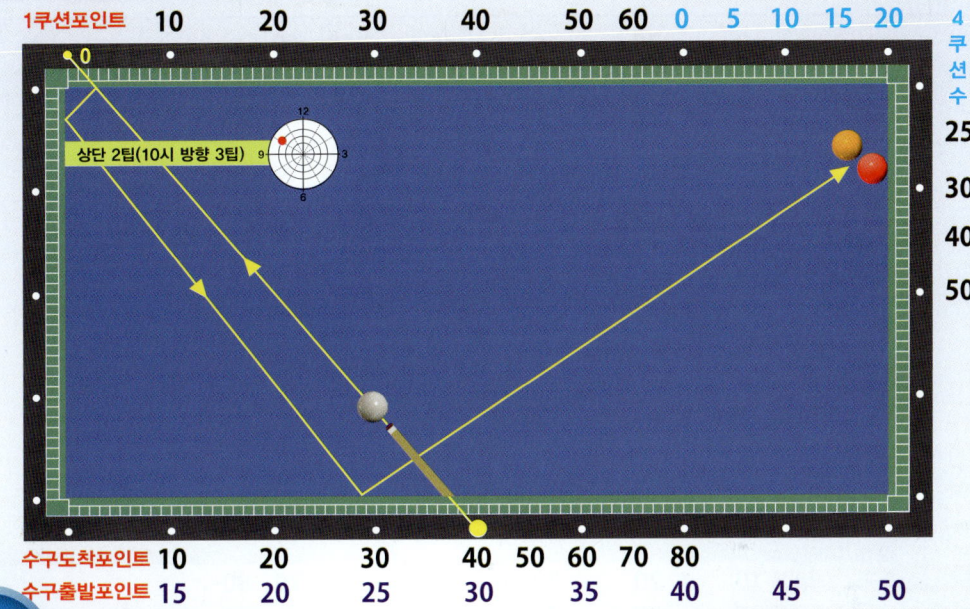

③. 긴 각 4쿠션 값 보정 : -5보정, 3팁(9시 방향)

▶ 30포인트의 공을 득점하기 위해 30 -5(출발 값 보정) - 30 = -5코너 프레임을 향해 PBA 뱅킹 스트록으로 치시면 30레일 포인트로 도착하여 득점이 됩니다.(맥시멈/8시 30분 방향으로 코너 날 겨냥하시면 35레일 포인트도 득점 가능합니다.)

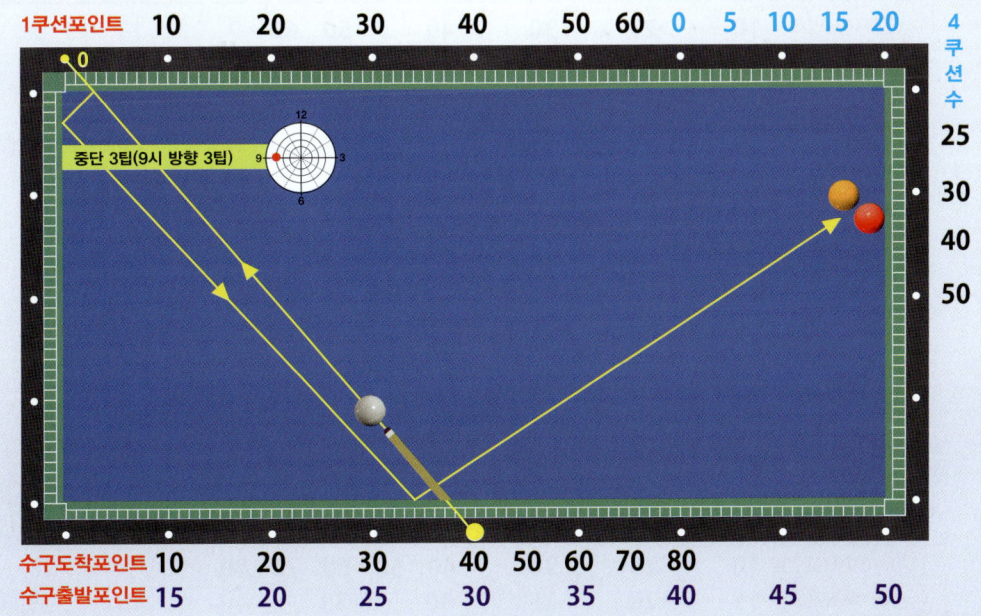

3쿠션은 설계이다
쉬운 공은 실수 없이 안정적으로 / 어려운 공은 창조적으로

④. 짧은 각 4쿠션 값 보정 : −5보정, 2팁(10시 방향)

▶ 10포인트의 공을 득점하기 위해 30 −5(출발 값 보정) − 10 = 15프레임 포인트를 겨냥해서 PBA 뱅킹 스트록으로 치시면 10프레임 포인트로 도착하여 득점이 됩니다. (5, 15, 20포인트 보정값 동일 = PBA 뱅킹 스트록)

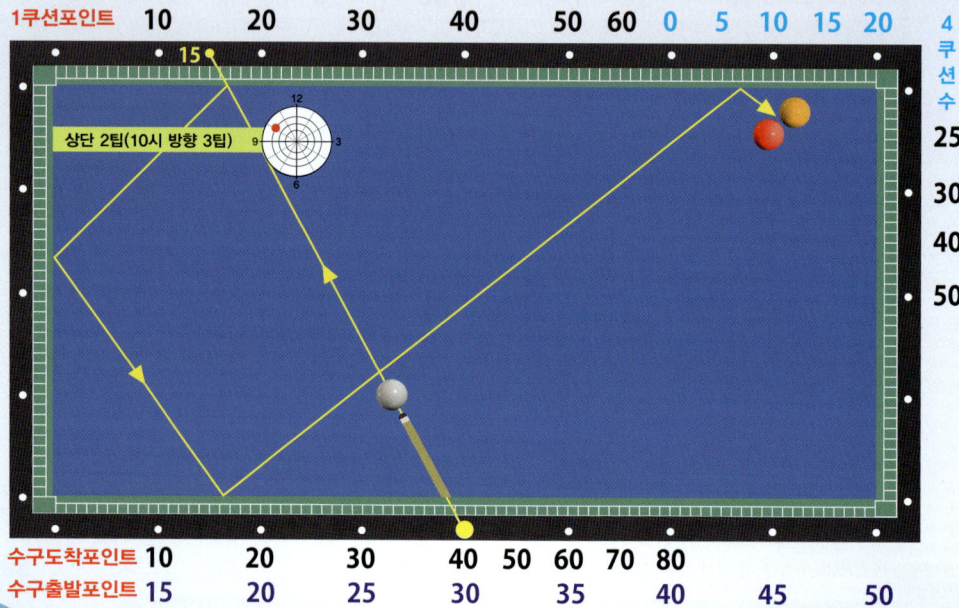

⑤. 짧은 각 4쿠션 값 보정 : −5보정, 2팁(10시 방향), −3보정

▶ 0포인트의 공을 득점하기 위해 30 −5(출발 값 보정) − 0 −3(0방향 보정) = 22프레임 포인트를 겨냥해서 PBA 뱅킹 스트록으로 치시면 0 프레임 포인트로 도착하여 득점이 됩니다.

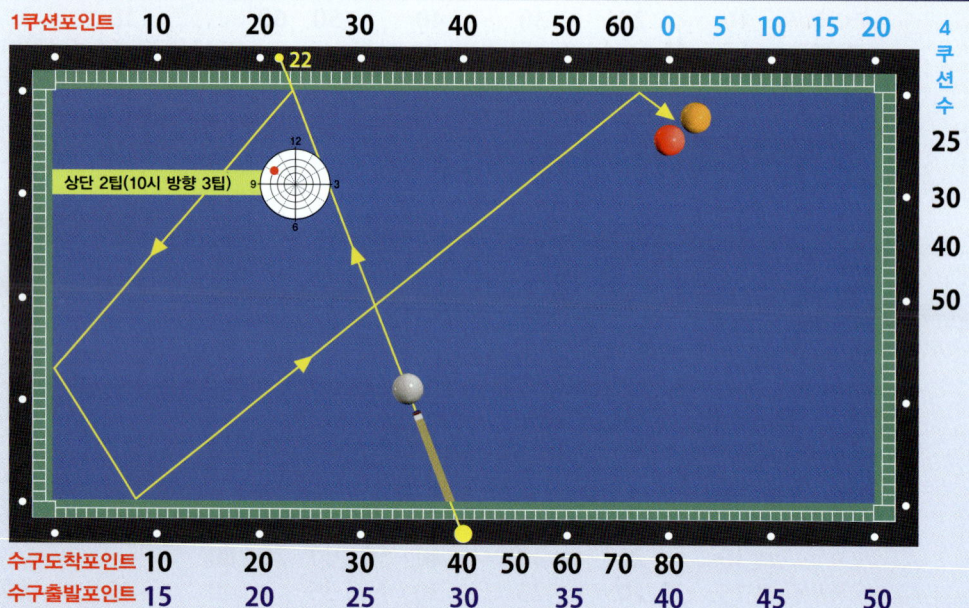

3쿠션은 설계이다
쉬운 공은 실수 없이 안정적으로 / 어려운 공은 창조적으로

Chapter 15. 파이브앤하프 25라인

1) 공 식 : 수구 출발 포인트 − 도착 포인트 = 1쿠션 포인트
2) 수구출발포인트 : 장 쿠션 25포인트
4) 스트록 : PBA 뱅킹 속도 미들 팔로우 코너 포인트는 부드러운 스트록
3) 보 정 :
ㄱ. 3쿠션 레일에 인접한 3쿠션 값은 보정 없이 2팁(10포인트)
ㄴ. 3쿠션 레일에 인접한 3쿠션 값 15포인트 이후에는
　　수구 출발 포인트 − 도착 포인트(−5) = 1쿠션 포인트 맥시멈 5시스템 사용
ㄷ. 짧은 각 4쿠션 출발 값 −5보정 / 상단 2팁
ㄹ. 짧은 각 4쿠션 라인의 0지점은 출발 값 −5보정 / −3 추가 보정 / 상단 2팁

▶ YouTube 44탄 파이브앤하프 25라인 마스터

▶ 유튜브에서 **44탄 파이브앤하프 25라인마스터** 검색 또는
좌측에 QR코드를 통해서 배우실 수 있습니다.

숭그리당당 Tip

① 첫 번째 방법 : 보정 없이 2팁 공략 상단 2팁 (10시 3팁)

▶ 10포인트의 공을 득점하기 위해 25 − 10 = 15프레임 포인트를 겨냥해서
PBA 뱅킹 속도로 치시면 10레일 포인트로 도착하여 득점이 됩니다.

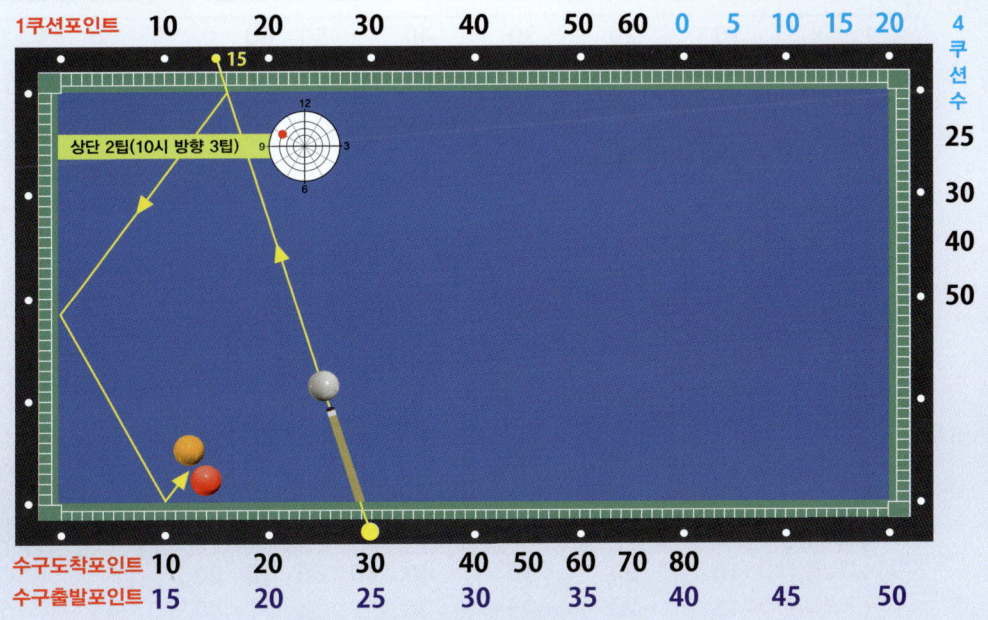

②. 첫 번째 방법 단점 : 보정 없이 2팁 공략 상단 2팁 (10시 3팁)

▶ 10포인트의 공은 첫 번째 방법으로 득점이 가능하지만, 15포인트의 공을 득점하기 위해 25 − 15 = 10프레임 포인트를 겨냥해서 PBA 뱅킹 속도로 치시면 길게 떨어져서 득점이 되지 않습니다.

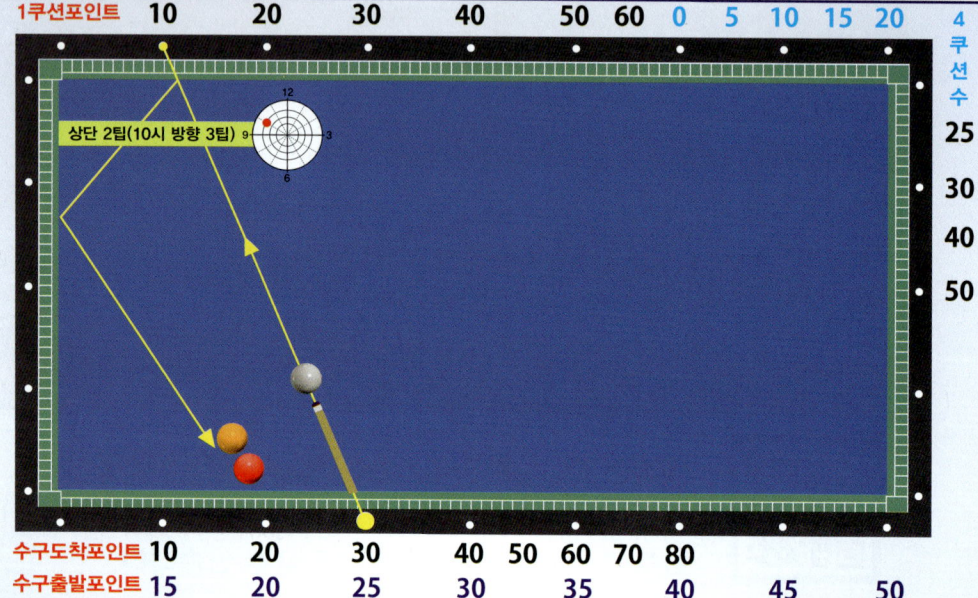

③. 두 번째 방법 : 맥시멈 5시스템 맥시멈 (8시 30분 3팁)

▶ 10포인트의 공을 득점하기 위해 25 − [10−5(맥시멈 5시스템)] = 20 프레임 포인트를 뒷 큐를 들어서 치시면 10레일 포인트로 도착하여 득점이 됩니다. (짧은 구간에서는 맥시멈 5시스템이 확률이 좋습니다.)

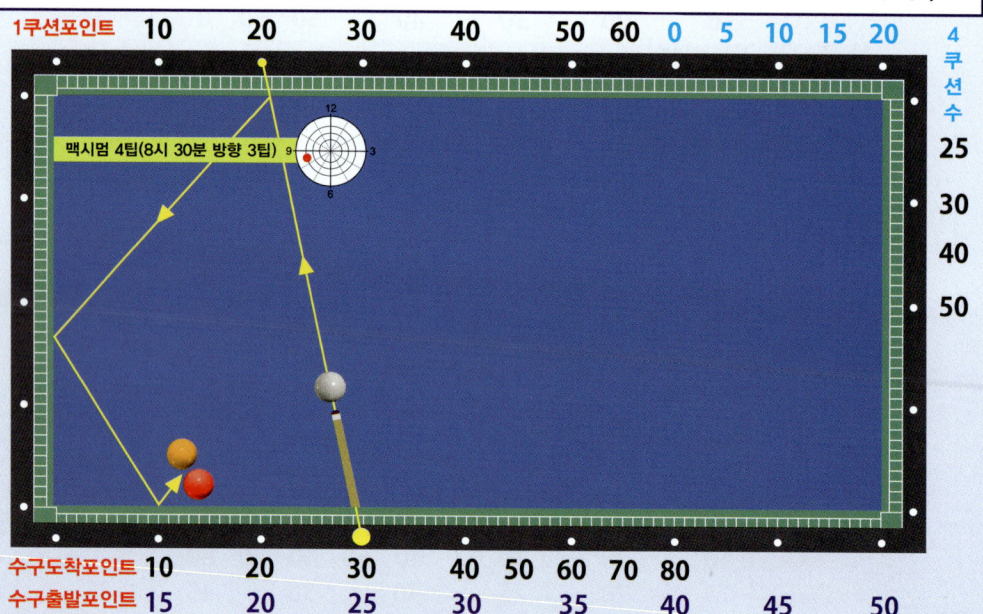

3쿠션에 꼭 필요한 시스템 유튜브 핵심 강의 총정리

④. 맥시멈 5시스템 맥시멈 (8시 30분 3팁) 큐 끝을 올려서

▶ 15포인트의 공을 득점하기 위해 25 − [15−5(맥시멈 5시스템)] = 15 프레임 포인트를 큐 끝을 살짝 들어서 찍어치기로 치시면 15레일 포인트로 도착하여 득점이 됩니다. (20포인트의 공 동일하게 적용)

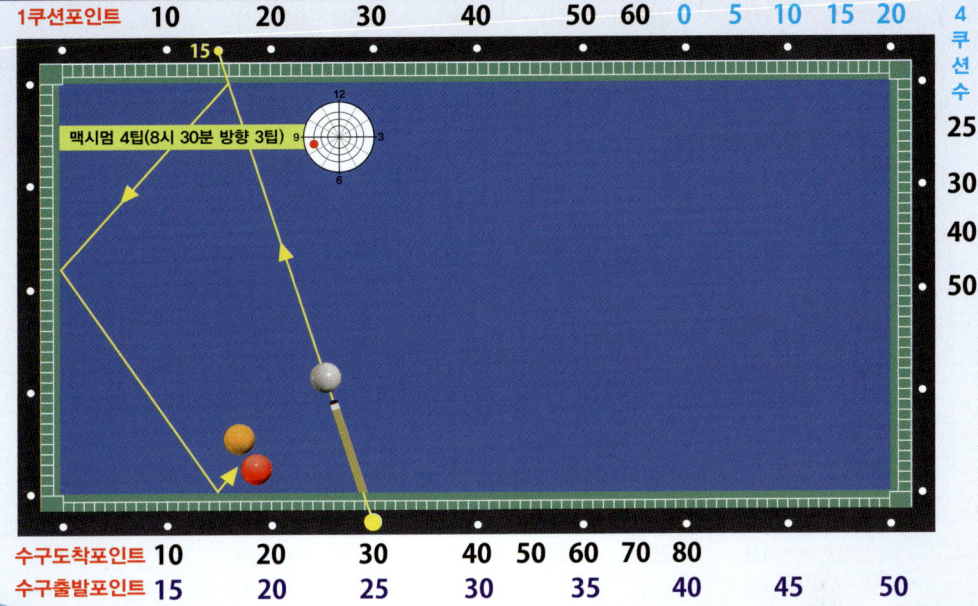

⑤. 25출발 30도착 중단 3팁 (9시 3팁) 큐 끝을 올려서

▶ 30포인트의 공을 득점하기 위해 25 − [30−5(맥시멈 5시스템)] = 0 코너 포인트를 큐 끝을 살짝 들어서 치시면 30 레일 포인트로 도착하여 득점이 됩니다. (당점은 3팁 / 9시방향 : 코너각은 예민하기 때문에)

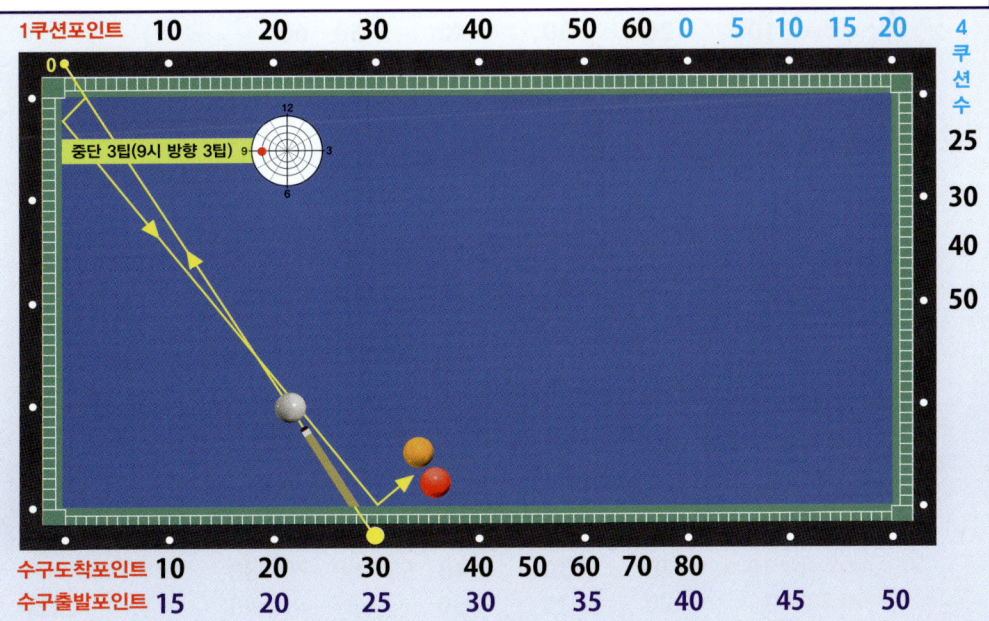

3쿠션은 설계이다
쉬운 공은 실수 없이 안정적으로 / 어려운 공은 창조적으로

⑥. 4쿠션 짧은 구간 20도착 상단 2팁 (10시 3팁)

▶ 20포인트의 공을 득점하기 위해 25 − 5(출발값 보정) − 20 = 0 각도가 코너 날이 맞아서 길어질 수 있기 때문에 코너 보정 3을 더해서 3프레임 포인트를 PBA 뱅킹 속도로 치시면 25 레일 포인트로 도착하여 득점이 됩니다.

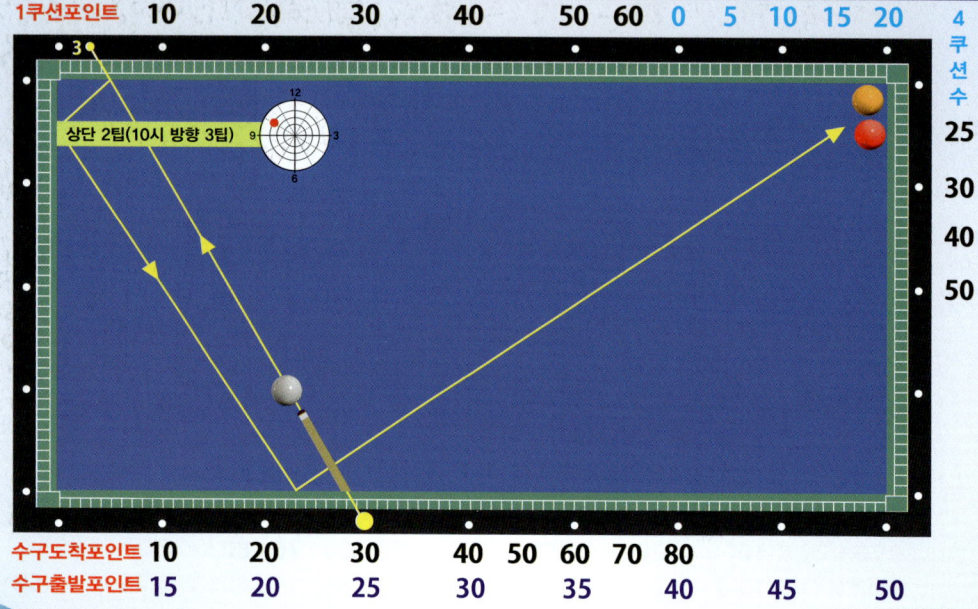

⑦. 4쿠션 짧은 구간 10도착 상단 2팁 (10시 3팁)

▶ 10포인트의 공을 득점하기 위해 25 − 5(출발값 보정) − 10 = 10프레임 포인트를 PBA 뱅킹 속도로 치시면 10프레임 포인트로 도착하여 득점이 됩니다. (15, 5포인트 보정값 동일)

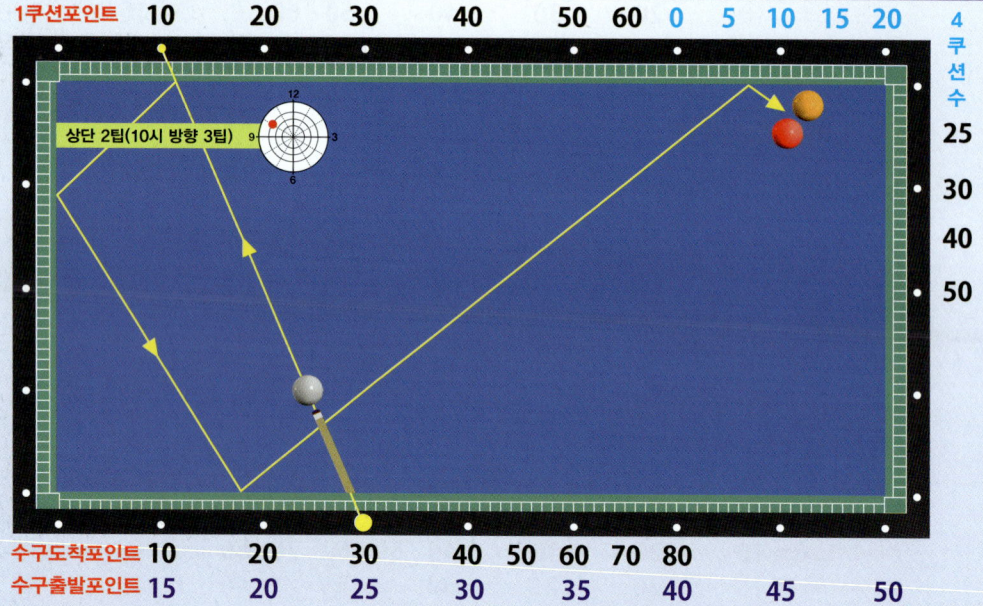

3쿠션에 꼭 필요한 시스템 유튜브 핵심 강의 총정리

숭그리 당당 Tip

⑧. 4쿠션 짧은 구간 0도착 상단 2팁 (10시 3팁)

▶0포인트의 공을 득점하기 위해 25 − 5(출발값 보정) − 0 −3(0방향 보정) = 17프레임 포인트를 PBA 뱅킹 속도로 치시면 0프레임 포인트로 도착하여 득점이 됩니다.

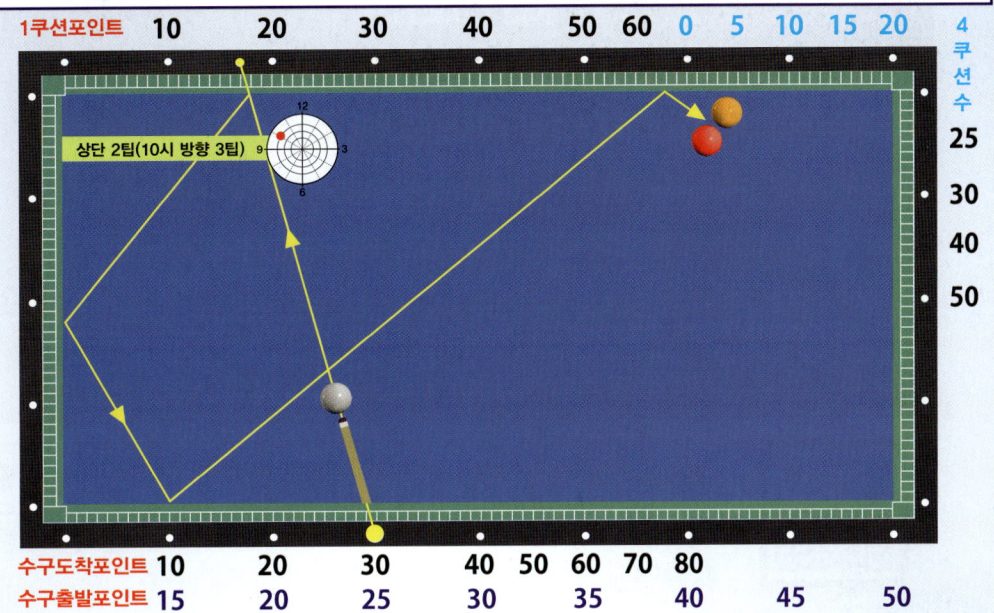

파이브앤하프

163

3쿠션은 **설계**이다
쉬운 공은 실수 없이 안정적으로 / 어려운 공은 창조적으로

15. 파이브앤하프 60라인

1) 공 식 : 수구 출발 포인트 - 도착 포인트 = 1쿠션 포인트
2) 수구출발포인트 : 단 쿠션 60포인트
4) 스트록 : PBA 뱅킹 속도 미들 팔로우 코너 포인트는 부드러운 스트록
3) 보 정 :
  ㄱ. 3쿠션 레일에 인접한 3쿠션 값은 10,20포인트 상단 2팁 25포인트 상단 2.5팁
     30포인트 중단 3팁 40,50,60포인트 맥시멈 4팁
  ㄴ. 긴 각 4쿠션 25,30포인트 출발 값 +5보정 / 중단 3팁
     35,40,50,60포인트 출발 값 +5보정 / 맥시멈 4팁
  ㄷ. 짧은 각 4쿠션 5,10,15,20 포인트 출발 값 +5보정 / 중단 3팁

▶ YouTube 45탄 파이브앤하프 60라인 마스터

▶ 유튜브에서 **45탄 파이브앤하프 60라인 마스터** 검색 또는 좌측에 **QR코드**를 통해서 배우실 수 있습니다.

①. 3쿠션 레일에 인접한 각 포인트 당점 보정값

▶ 60포인트의 공을 득점하기 위해 60 - 60 = 0코너 포인트를 겨냥해서 PBA 뱅킹 속도로 치시면 60레일 포인트로 도착하여 득점이 됩니다.
(10,20 = 상단 2팁 25 = 상단 2.5팁 30 = 중단 3팁 40,50,60 = 맥시멈 4팁)

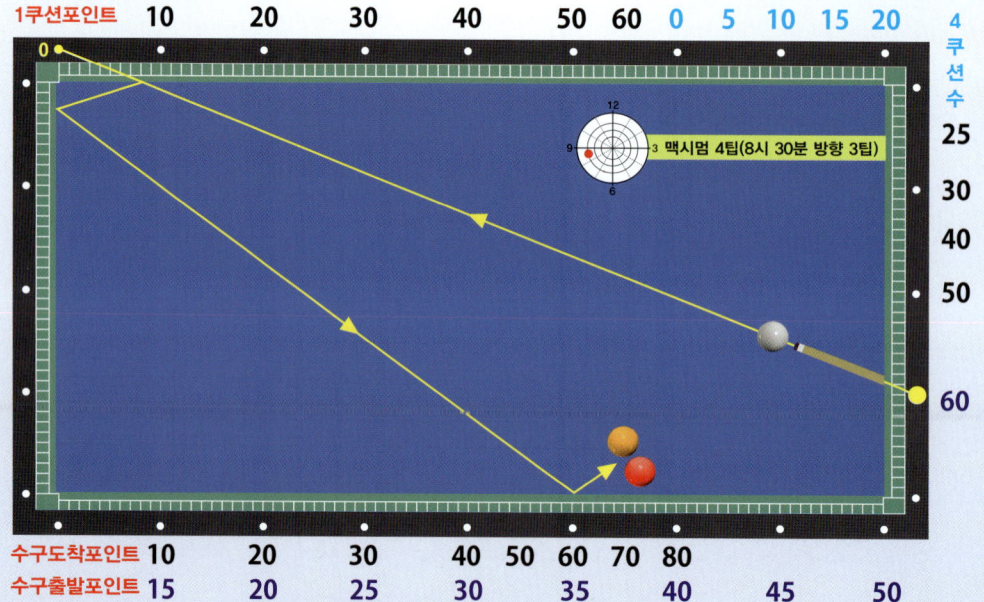

3쿠션은 **설계**이다
쉬운 공은 실수 없이 안정적으로 / 어려운 공은 창조적으로

②. 긴 각 4쿠션 25 포인트 +5보정 / 중단 3팁(9시 방향 3팁)

▶ 25포인트의 공을 득점하기 위해 60 +5(출발 값 보정) − 25 = 40프레임 포인트를 겨냥해서 PBA 뱅킹 속도로 치시면 25레일 포인트로 도착하여 득점이 됩니다. (30포인트 9시 방향 3팁 동일)

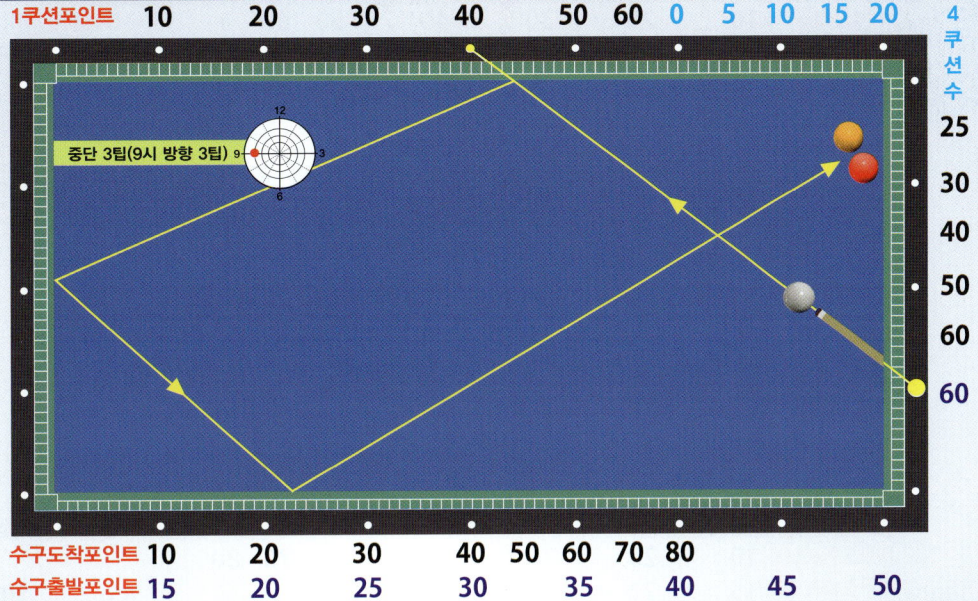

③. 긴 각 4쿠션 40 포인트 +5보정 / 맥시멈 4팁(8시 30분 방향 3팁)

▶ 40포인트의 공을 득점하기 위해 60 +5(출발값 보정) − 40 = 25프레임 포인트를 겨냥해서 PBA 뱅킹 속도로 치시면 40레일 포인트로 도착하여 득점이 됩니다. (+5보정으로 짧아질 수 있으므로 35,40,50,60포인트 맥시멈 4팁 동일)

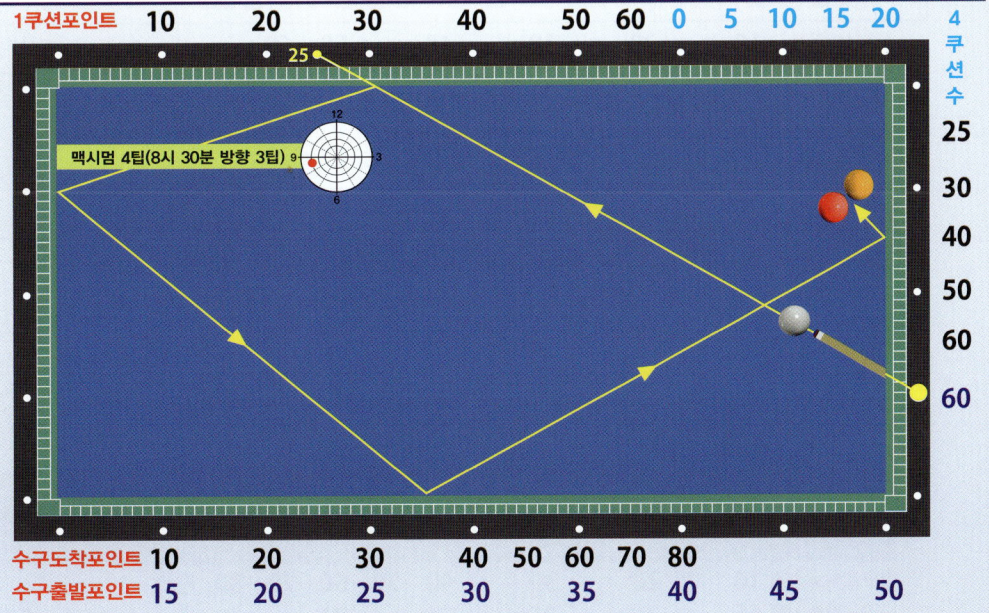

3쿠션은 설계이다
쉬운 공은 실수 없이 안정적으로 / 어려운 공은 창조적으로

④. 긴 각 4쿠션 60 포인트 +5보정 / 맥시멈 4팁(8시 30분 방향 3팁)

▶ 60포인트의 공을 득점하기 위해 60 +5(출발 값 보정) − 60 = 5프레임 포인트를 겨냥해서 PBA 뱅킹 속도로 치시면 60레일 포인트로 도착하여 득점이 됩니다. (+5보정으로 짧아질 수 있으므로 35,40,50,60포인트 맥시멈 4팁 동일)

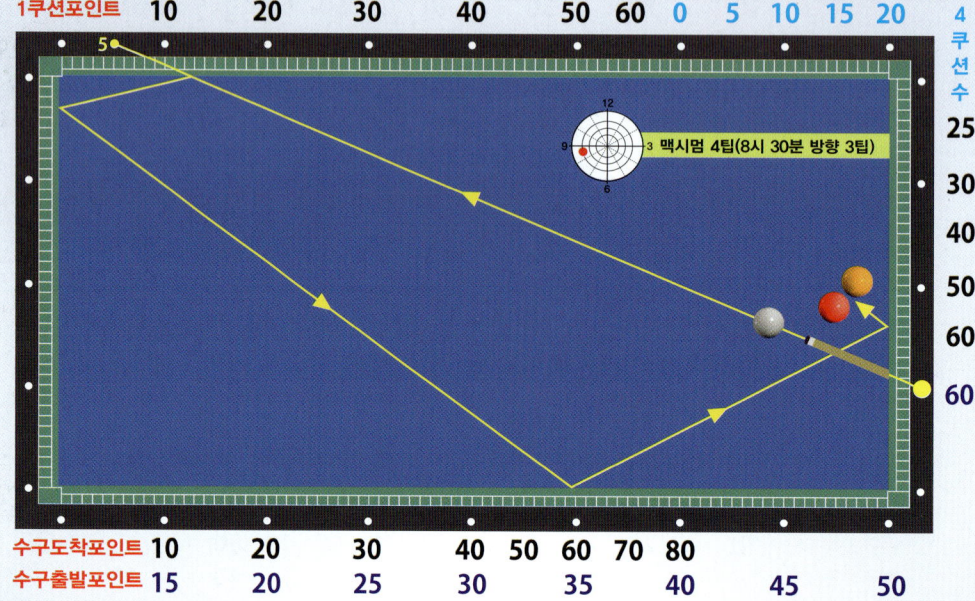

⑤. 짧은 각 4쿠션 10 포인트 +5보정 / 중단 3팁(9시 방향 3팁)

▶ 10포인트의 공을 득점하기 위해 60 +5(출발 값 보정) − 10 = 55프레임 포인트를 겨냥해서 PBA 뱅킹 속도로 치시면 10프레임 포인트로 도착하여 득점이 됩니다. (20,15, 5포인트 9시 방향 3팁 동일)

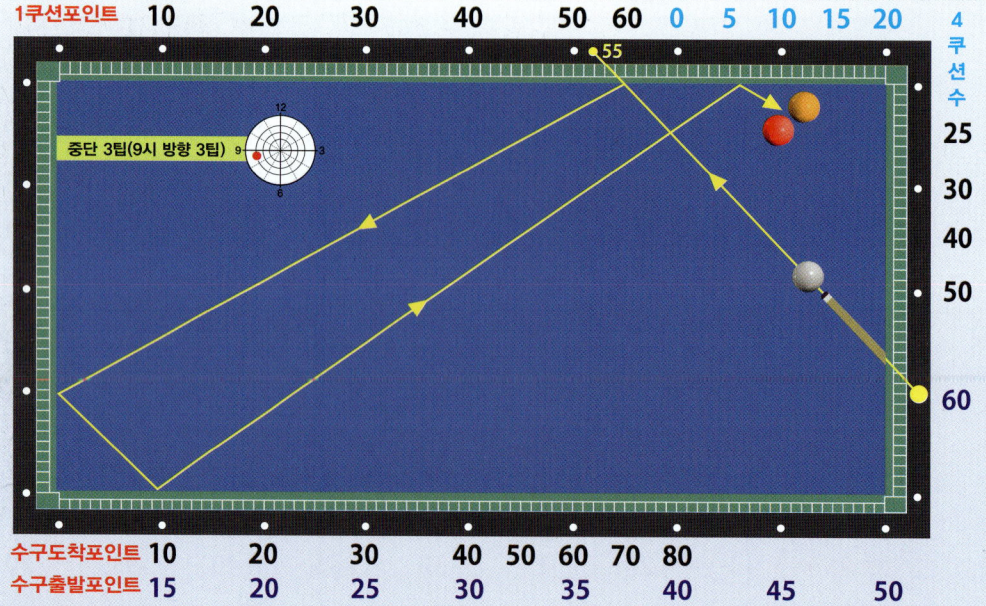

3쿠션은 설계이다
쉬운 공은 실수 없이 안정적으로 / 어려운 공은 창조적으로

15 chapter 파이브앤하프 65라인

1) 공 식 : 수구 출발 포인트 - 도착 포인트 = 1쿠션 포인트
2) 수구출발포인트 : 단 쿠션 65포인트
4) 스트록 : PBA 뱅킹 속도 미들 팔로우 코너 포인트는 부드러운 스트록
3) 보 정 :
  ㄱ. 3쿠션 레일에 인접한 3쿠션 값은 출발 값 +5보정 후 10,20,25포인트 중단 3팁
      30,40,50포인트 맥시멈 4팁
  ㄴ. 긴 각 4쿠션 20(프레임 도착), 25, 30포인트 출발 값 +5보정 / 중단 3팁
      40, 50, 60포인트 출발 값 +5보정 / 맥시멈 4팁
  ㄷ. 짧은 각 4쿠션 5,10,15 포인트 보정 없음 / 상단 2팁 (10시 방향 3팁)

▶ YouTube 46탄 파이브앤하프 65라인 마스터

▶ 유튜브에서 46탄 파이브앤하프 65라인 마스터 검색 또는
  좌측에 QR코드를 통해서 배우실 수 있습니다.

 숭그리 당당 Tip

①. 3쿠션 레일에 인접한 각 포인트 당점 보정값

▶ 30포인트의 공을 득점하기 위해 65 +5(출발 값 보정) - 30 = 40프레임 포인트를
  겨냥해서 PBA 뱅킹 속도로 치시면 30레일 포인트로 도착하여 득점이 됩니다.
  (출발 값 +5보정 후 당점보정 :10,20,25 = 중단 3팁 30,40,50 = 맥시멈 4팁)

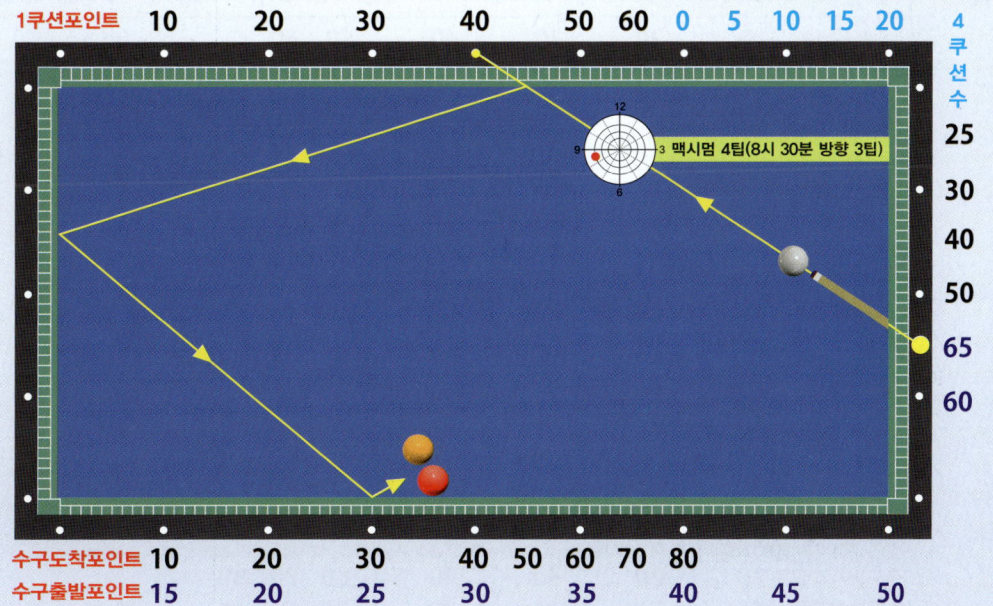

3쿠션은 설계이다
쉬운 공은 실수 없이 안정적으로 / 어려운 공은 창조적으로

②. 긴 각 4쿠션 25 포인트 +5보정 / 중단 3팁(9시 방향 3팁)

▶ 25포인트의 공을 득점하기 위해 65 +5(출발 값 보정) − 25 = 45프레임 포인트를 겨냥해서 PBA 뱅킹 속도로 치시면 25레일 포인트로 도착하여 득점이 됩니다. (25,30 포인트 중단 3팁 9시 방향 동일)

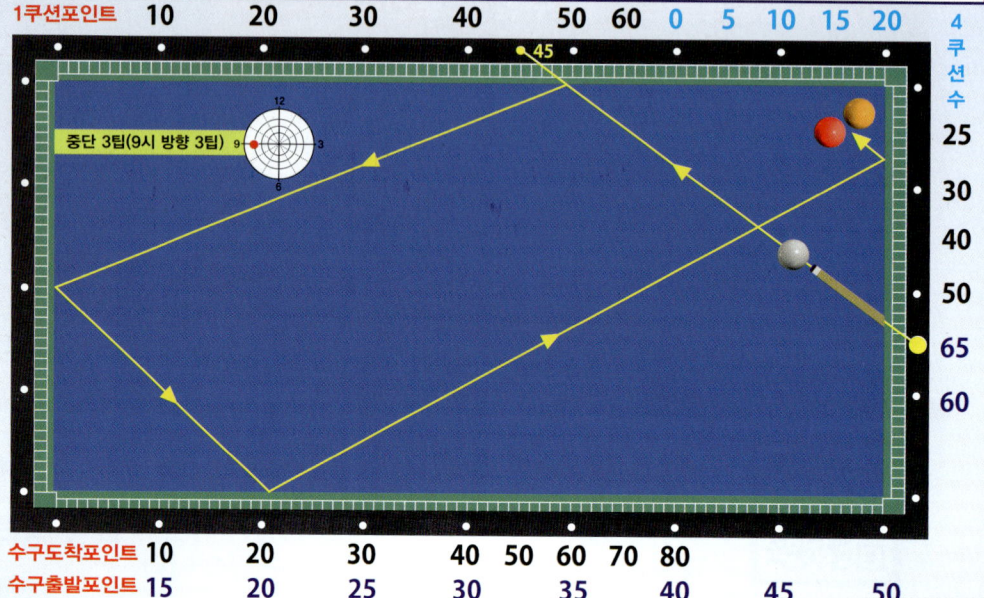

③. 긴 각 4쿠션 60 포인트 +5보정 / 맥시멈 4팁(8시 30분 방향)

▶ 60포인트의 공을 득점하기 위해 65 +5(출발 값 보정) − 60 = 10프레임 포인트를 겨냥해서 PBA 뱅킹 속도로 치시면 60레일 포인트로 도착하여 득점이 됩니다. (40,50,60포인트 맥시멈 4팁 8시 30분 방향 3팁 동일)

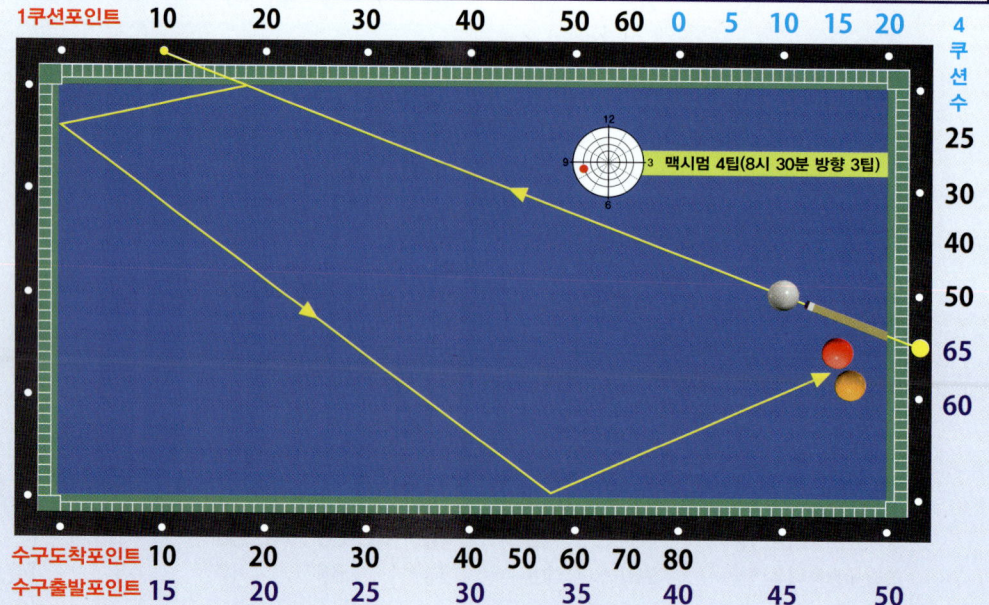

3쿠션은 설계이다
쉬운 공은 실수 없이 안정적으로 / 어려운 공은 창조적으로

④. 짧은 각 4쿠션 20포인트 +5보정 / 중단 3팁(9시 방향 3팁)

▶ 20포인트의 공을 득점하기 위해 65 +5(출발 값 보정) − 20 = 50프레임 포인트를 겨냥해서 PBA 뱅킹 속도로 치시면 20프레임 포인트로 도착하여 득점이 됩니다.

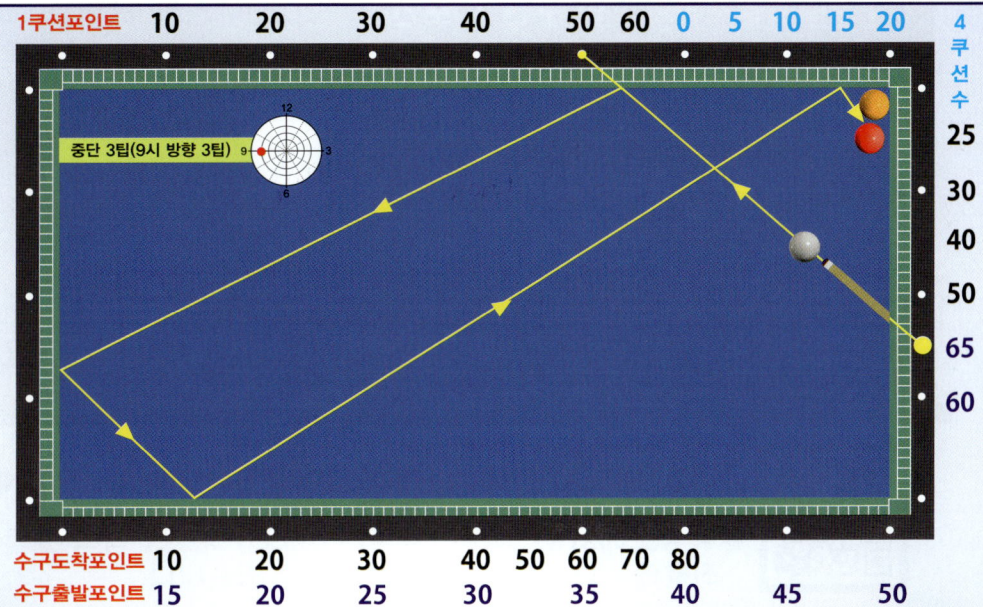

⑤. 짧은 각 4쿠션 5,10,15포인트 보정 없음 : 상단 2팁(10시 방향)

▶ 10포인트의 공을 득점하기 위해 65 − 10 = 55프레임 포인트를 겨냥해서 PBA 뱅킹 속도로 치시면 10프레임 포인트로 도착하여 득점이 됩니다.
(5,10,15포인트 보정 없이 상단 2팁 동일)

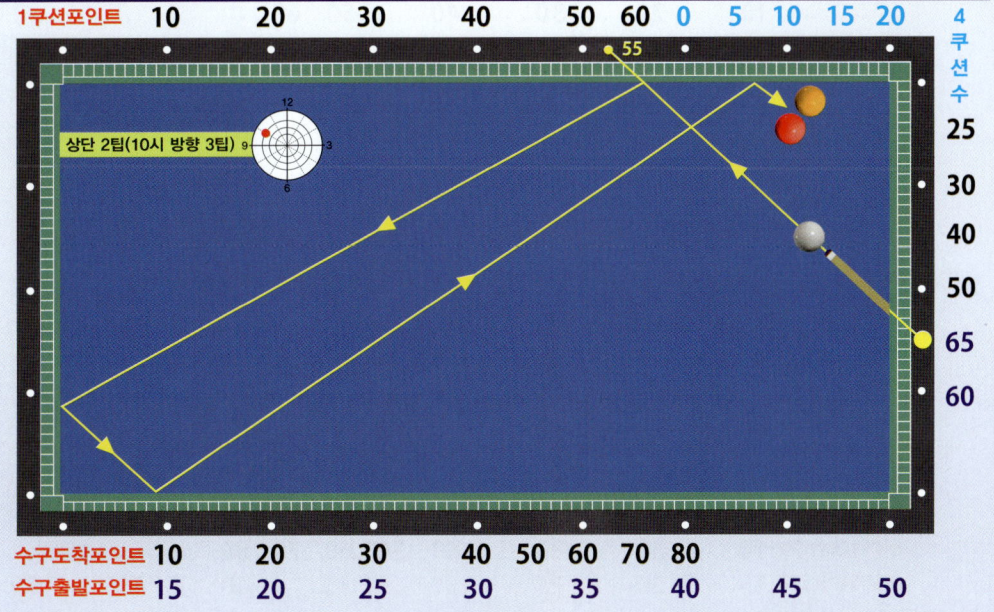

파이브앤하프 70라인

chapter 15

1) 공 식 : 수구 출발 포인트 – 도착 포인트 = 1쿠션 포인트
2) 수구출발포인트 : 단 쿠션 70포인트
4) 스트록 : PBA 뱅킹 속도 미들 팔로우 코너 포인트는 부드러운 스트록
3) 보 정 :
  ㄱ. 3쿠션 레일에 인접한 3쿠션 값은 출발 값 +5보정 후
      10,15,20,25포인트 중단 3팁 30,40,50,60,70포인트 맥시멈 4팁
  ㄴ. 긴 각 4쿠션 25,30,40,50,60포인트 출발 값 +5보정 / 상단 2팁
  ㄷ. 짧은 각 4쿠션 10,15,20 포인트 출발 값 +5보정 / 상단 2팁

▶ YouTube 47탄 파이브앤하프 70라인 마스터

▶ 유튜브에서 **47탄 파이브앤하프 70라인 마스터** 검색 또는 좌측에 **QR코드**를 통해서 배우실 수 있습니다.

①. 3쿠션 레일에 인접한 각 포인트 당점 보정값

▶ 10포인트의 공을 득점하기 위해 70 +5(출발 값 보정) – 10 = 65프레임 포인트를 겨냥해서 PBA 뱅킹 속도로 치시면 **10레일 포인트**로 도착하여 득점이 됩니다.
(출발 값 +5보정 후 당점보정 : 10,20,25 = 중단 3팁 30,40,50,60,70 = 맥시멈 4팁)

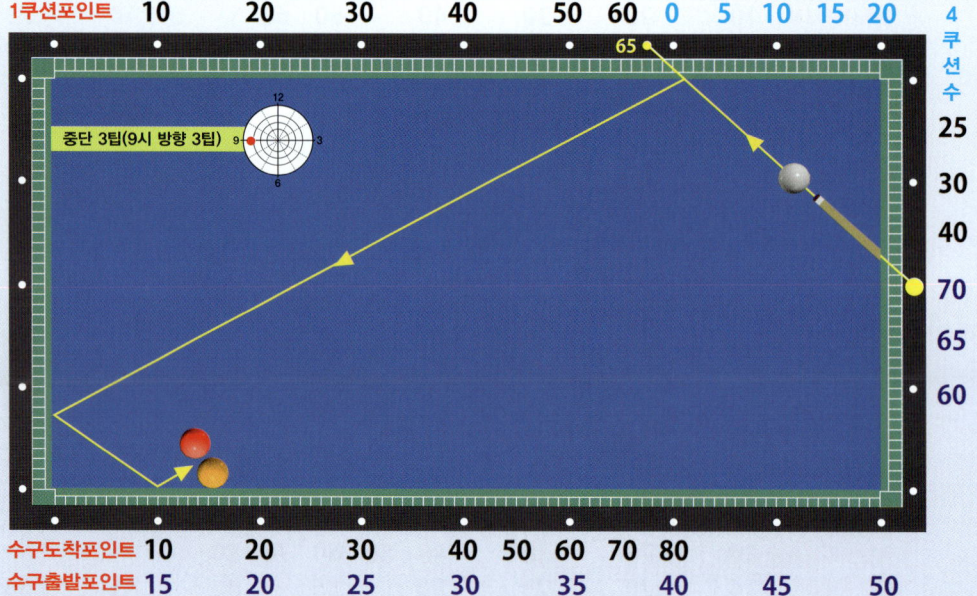

②. 긴 각 4쿠션 25인트 +5보정 / 상단 2팁(10시 방향 3팁)

▶ 25포인트의 공을 득점하기 위해 70 +5(출발 값 보정) − 25 = 50프레임 포인트를 겨냥해서 PBA 뱅킹 속도로 치시면 25프레임 포인트로 도착하여 득점이 됩니다. (25,30,40,50,60포인트 보정 없이 상단 2팁 동일)

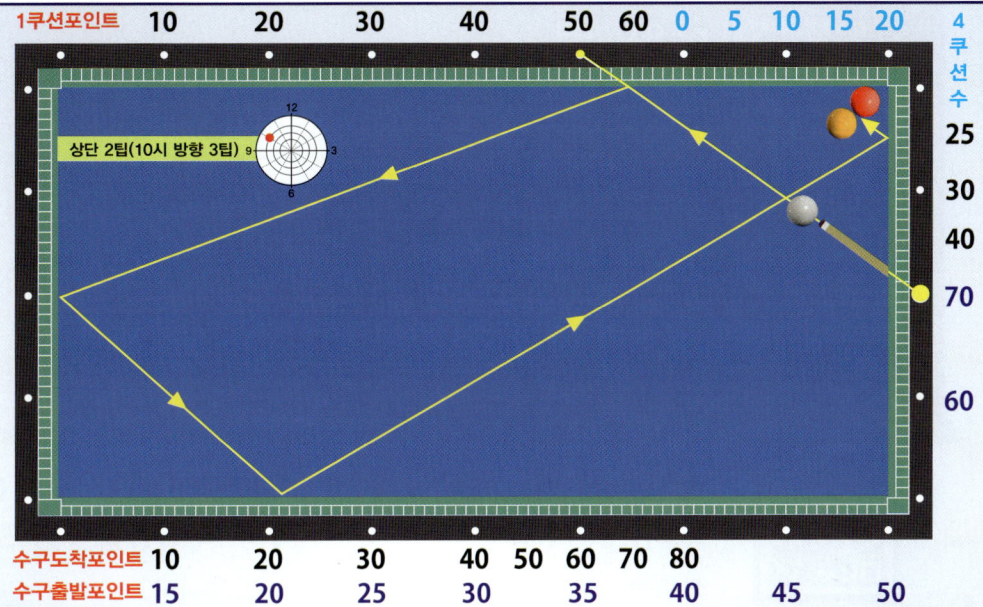

⑤. 짧은 각 4쿠션 10인트 +5보정 / 상단 2팁(10시 방향 3팁)

▶ 10포인트의 공을 득점하기 위해 70 +5(출발 값 보정) − 10 = 65프레임 포인트를 겨냥해서 PBA 뱅킹 속도로 치시면 10프레임 포인트로 도착하여 득점이 됩니다. (10,15,20포인트 보정 없이 상단 2팁 동일)

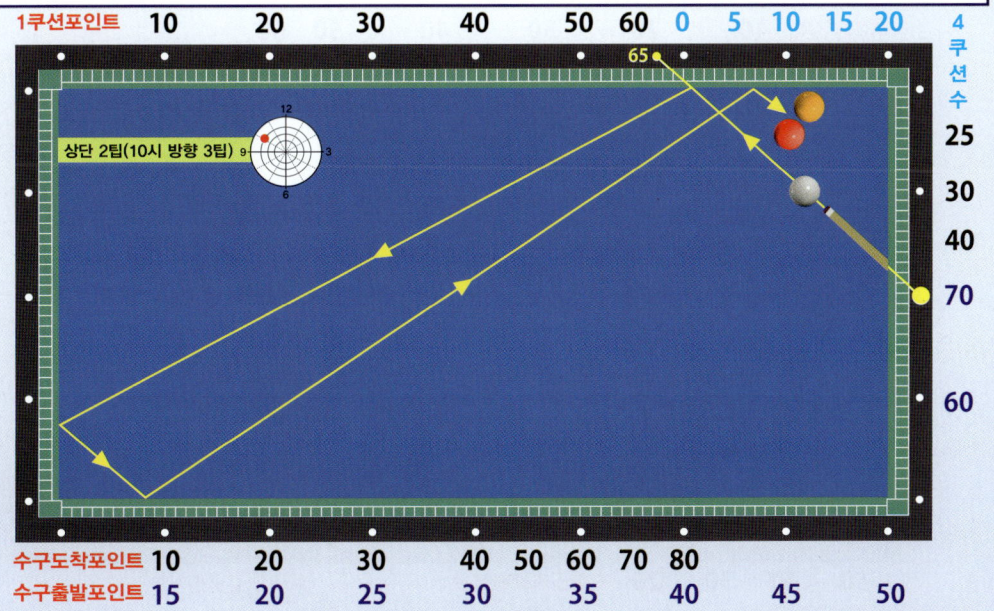

3쿠션은 설계이다
쉬운 공은 실수 없이 안정적으로 / 어려운 공은 창조적으로

15 chapter. 파이브앤 하프 대회전 뱅크샷/뒤돌려치기

1) 스트록 : 등속의 팔로우 샷
   (큐를 너무 뒤로 잡으시면 팔로우샷이 안됩니다. 25~30cm거리의 예비 스트록)
2) 당점 : 3시 or 9시 3팁
3) 스피드 : 3.5이상
4) 6쿠션 50 포인트 위치 : 50 장쿠션 코너포인트 도착
   단쿠션에 도착하는 경우는 새 테이블/경기하기전 테이블이 깨끗하고
   공이 새 공인 경우, 게임 20분쯤 지났을경우는 무조건 장쿠션 코너포인트 도착
5) 6쿠션 도착 포인트 : 레일포인트
6) 1쿠션 겨냥지점 : 큐선이 프레임 포인트를 향해진행
   (스쿼드 현상으로 실제 공은 프레임 포인트 보다 뒤쪽에 맞게 됨)

▶유튜브에서 **No50. 대회전 뒤돌려치기/대회전 뱅크샷** 검색 또는
좌측에 QR코드를 통해서 배우실 수 있습니다.

①. 6쿠션 도착지점 위치

▶40과 30의 위치는 아래 이미지와 같이 50과 20위치를 **3등분한 지점**
입니다.(6쿠션 레일 포인트로 도착) 50(수구수) − 20(6쿠션수) = 30(1쿠션수)
3쿠션에서 걸리지 않게 하기 위해서는 확실한 팔로우샷과 맥시멈 회전이 필요합니다.

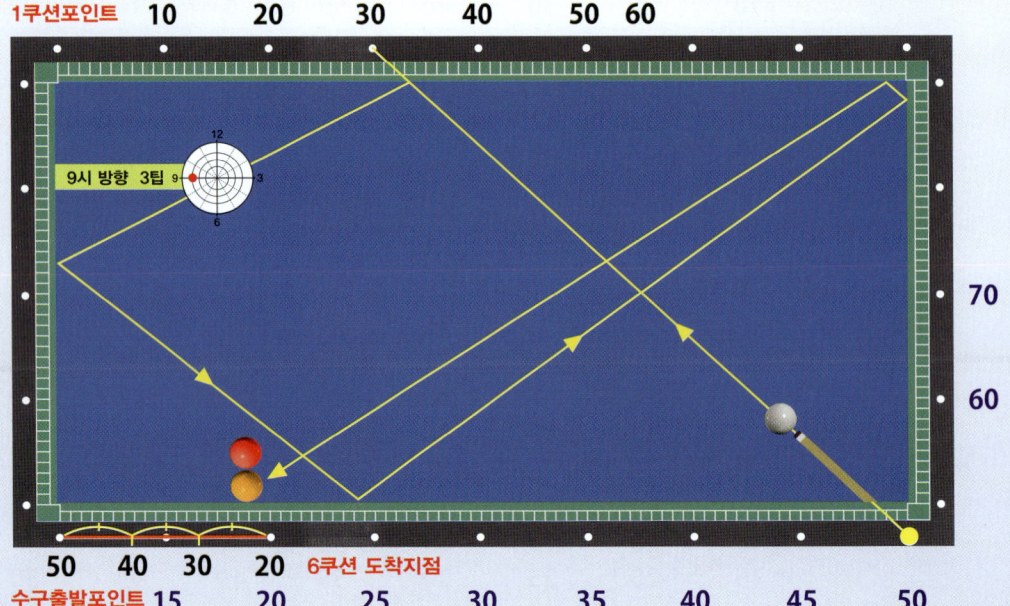

3쿠션은 설계이다
쉬운 공은 실수 없이 안정적으로 / 어려운 공은 창조적으로

②. 40지점으로 도착(길게/짧게 모두 득점)

▶아래의 공은 대회전 3뱅크샷이 가장 확률이 좋습니다. 50(수구수) − 40(6쿠션수) = 10(1쿠션수)포인트로 천천히 공략하시면 밀려서 득점이 됩니다. 혹은 조금 짧게 들어와도 더블레일 형태로 뒤에 공부터 맞고 득점이 됩니다.

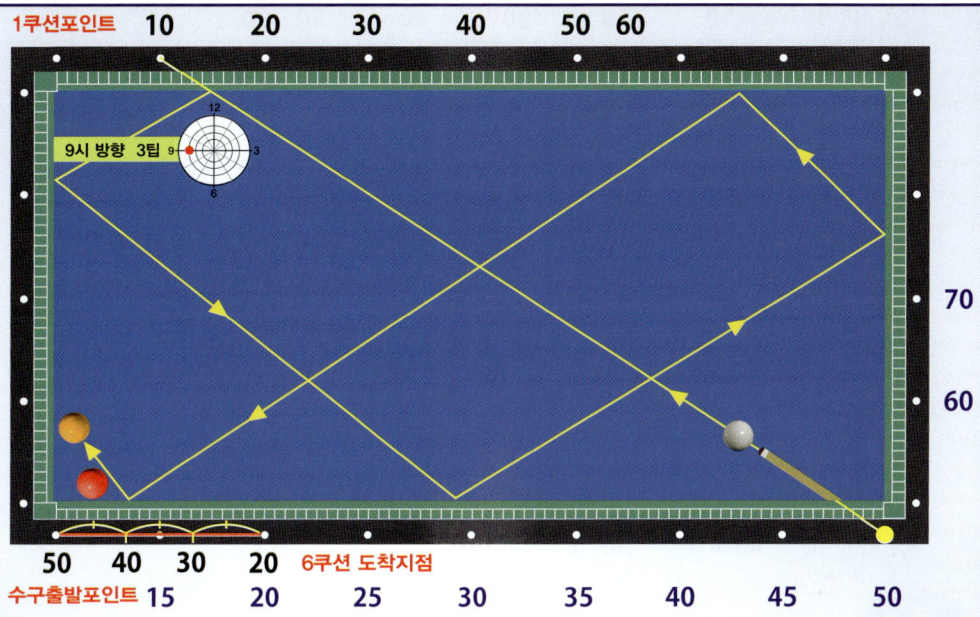

③. 30지점으로 도착

▶아래의 공은 대회전 3뱅크샷이 가장 확률이 좋습니다. 50(수구수) − 30(6쿠션수) = 20(1쿠션수)포인트로 공략하시면 득점이 됩니다. 라인 공부를 확실하게 하셔야 점수 1점이라도 올릴 수 있습니다. 대충치시면 실패합니다.

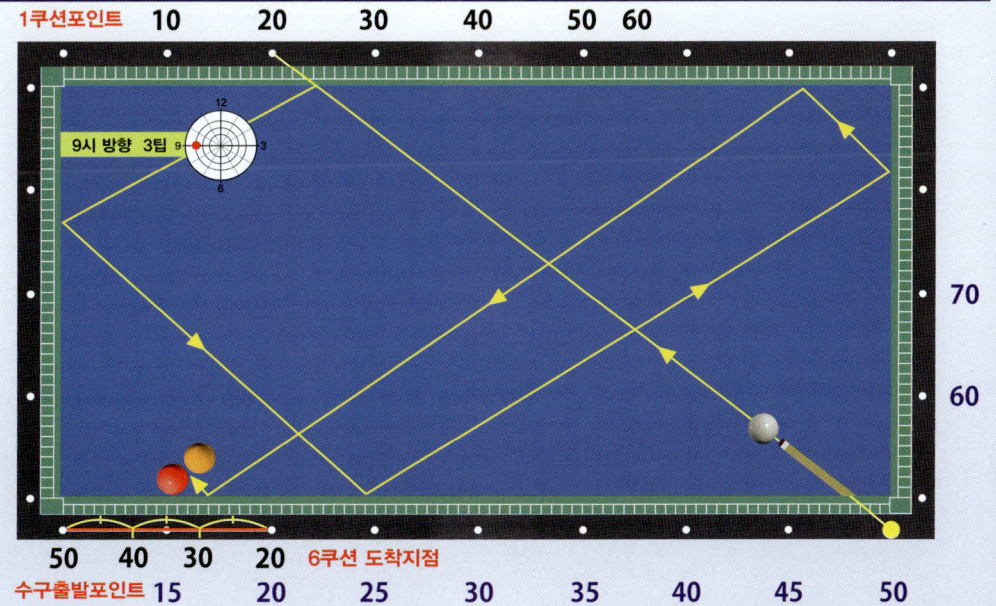

3쿠션은 설계이다
쉬운 공은 실수 없이 안정적으로 / 어려운 공은 창조적으로

④. 볼퍼스트 뒤돌려치기 응용

▶ **스트록** : 등속 팔로우샷　**당점** : 3시,9시 3팁　**스피드** : 3.5레일 이상　**주의점** : 큐를 똑바로, 브릿지 길게 안 잡으셔도 됩니다. 탄력있게 치시면 짧아질 수 있습니다.

60(수구수) − 50(6쿠션수) = 10(1쿠션수)

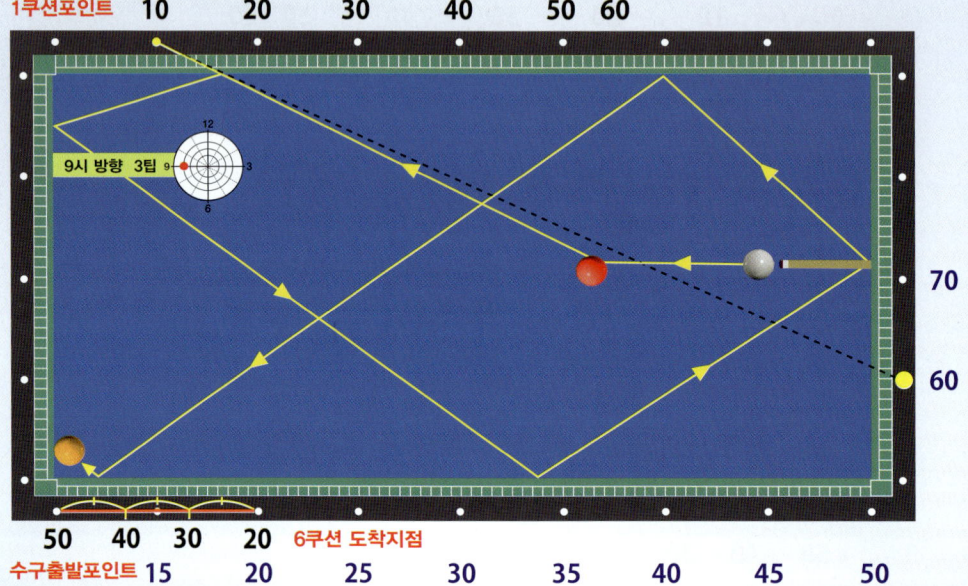

⑤. 볼퍼스트 옆돌리기 응용

▶ **스트록** : 등속 팔로우샷　**당점** : 3시,9시 3팁　**스피드** : 3.5레일 이상　**주의점** : 공을 끌어서 치시면 안 됩니다. 타격없이 맥시멈 부드러운 스트록

50(수구수) − 20(6쿠션수) = 30(1쿠션수)

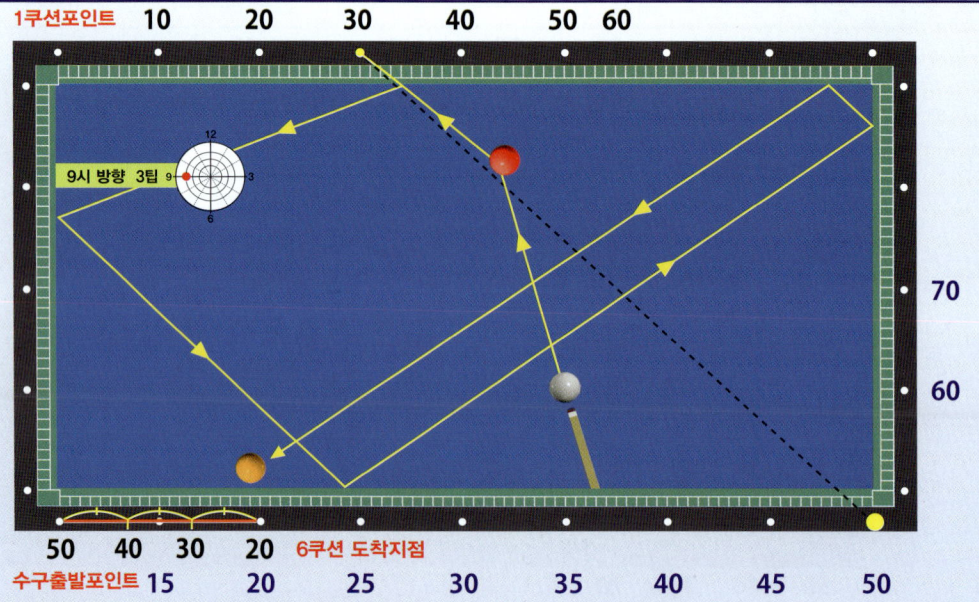

3쿠션은 설계이다
쉬운 공은 실수 없이 안정적으로 / 어려운 공은 창조적으로

Chapter 15 맥시멈 5시스템

1) 공 식 : 수구 출발 포인트 – (–5)도착 포인트 = 1쿠션 포인트
2) 당 점 : 맥시멈(8시 혹은 4시)
3) 스트록 : 옆 돌리기 적용 시 두꺼운 두께에 느리게 진행
4) 1쿠션 겨냥점 : 수구 중심 라인
5) 3쿠션 도착지점 : 레일 포인트
6) 시스템 적용 범위 :
  ㄱ. 짧은 각 뱅크 샷에서 보정 계산 없이 쉽게 활용
  ㄴ. 수구와 1목적구 엇각 옆 돌리기에서 활용(끌어치는 옆 돌리기)

 YouTube 25탄 맥시멈 5시스템 짧은 3뱅크

▶ 유튜브에서 25탄 맥시멈 5시스템 짧은 3뱅크 검색 또는 좌측에 QR코드를 통해서 배우실 수 있습니다.

숭그리당당 Tip

①. 공식 : 수구수 – 도착수(–5) = 1쿠션수

▶ 10포인트의 공을 득점하기 위해 25 – (10–5) = 20프레임 포인트를 겨냥해서 맥시멈 4팁 (8시 방향 3팁) 당점으로 PBA 뱅킹 속도로 치시면 10레일 포인트로 도착하여 득점이 됩니다. (파이브앤하프 보정값 계산 보다 더 쉽습니다.)

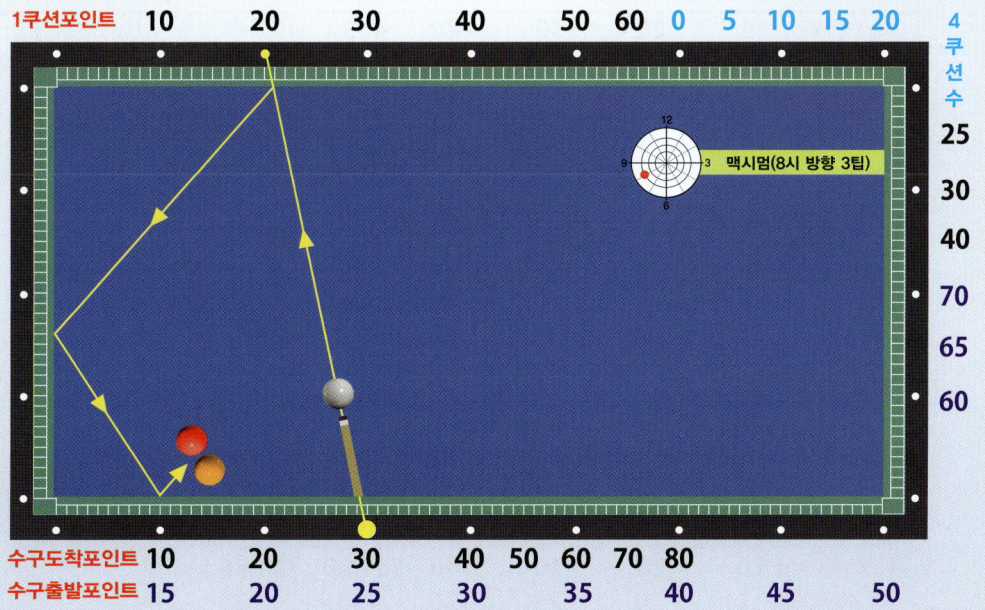

3쿠션은 설계이다
쉬운 공은 실수 없이 안정적으로 / 어려운 공은 창조적으로

②. 옆 돌리기 볼 퍼스트 적용 / 맥시멈 4팁(8시 방향 3팁)

▶ 20포인트 2적구를 득점하기 위해 40 − (20 − 5) = 25프레임 포인트를 겨냥해서 과도한 끌어 치기가 아닌 분리시킨다는 느낌으로 느리게 진행하시면 득점이됩니다.(하프시스템으로 적용하면 2쿠션 가능성 높음)

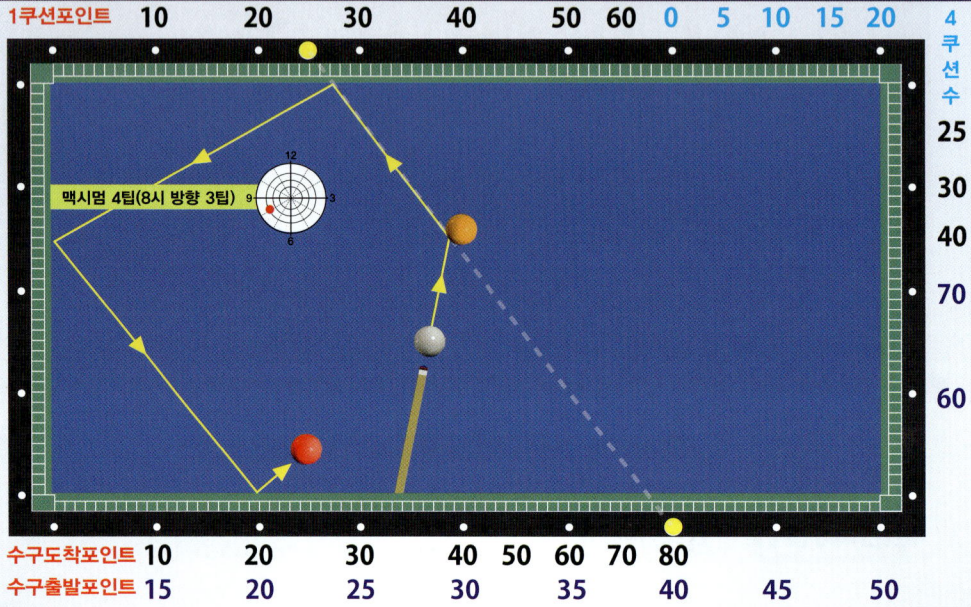

③. 옆 돌리기 볼 퍼스트 적용 / 맥시멈 4팁(8시 방향 3팁)

▶ 10포인트 2적구를 득점하기 위해 40 − (10 − 5) = 35프레임 포인트를 겨냥해서 과도한 끌어 치기가 아닌 분리시킨다는 느낌으로 느리게 진행하시면 득점이 됩니다.(회전 잘 살려서 부드럽게 천천히 스트록)

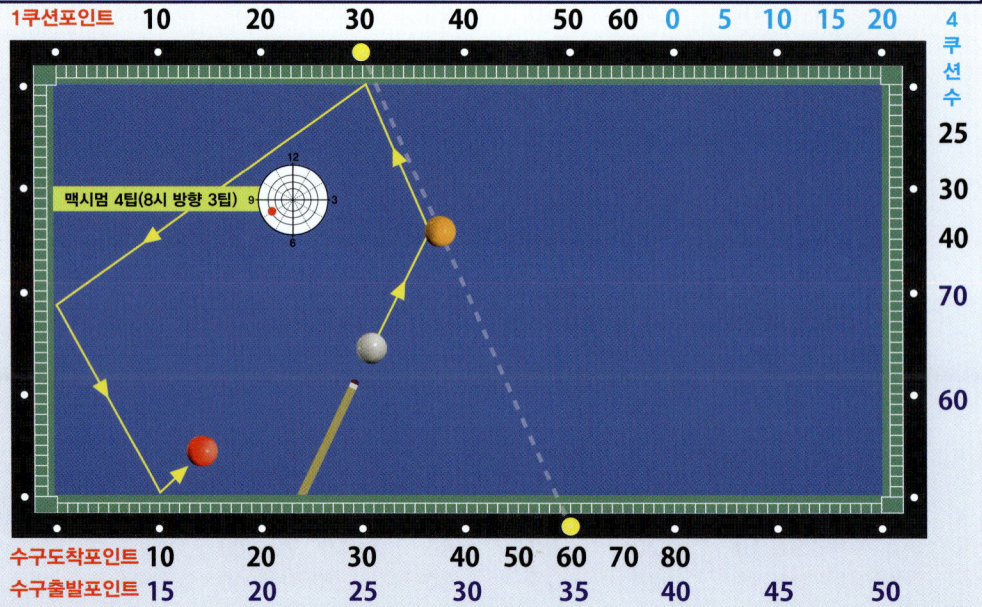

3쿠션은 설계이다
쉬운 공은 실수 없이 안정적으로 / 어려운 공은 창조적으로

15 chapter [35와 1/2시스템] 조이의 짧은 각 시스템

1) 당 점 : 3시 와 9시 3팁

2) 스피드 : 2~2.5레일(뱅킹과 PBA 뱅킹보다 0.5부족하게)
   너무 빠르면 테이블의 반발력에 의해 짧아지는 현상 생김, 너무 느리면 코너에서 회전력이 부족해서 퍼지는 현상 즉 둘 다 짧아지는 현상이 생길 수 있습니다.

3) 스트록 : 등속의 팔로우 샷
   맥시멈 회전을 살릴 수 있는 스트록은 팔로우 샷입니다.

4) 큐 : 수평을 유지하고 비틀지 마세요
   뒷부분을 들고 찍으면 회전이 많이 먹어서 이 숫자와 맞지 않습니다.
   비틀어서 치시면 똑같이 회전이 많아서 이 숫자와 맞지 않습니다.

5) 브릿지 : 고정
   브릿지는 바닥에 단단하게 고정해야 합니다. 공을 치고 나서 손을 빨리 때시면 당점이 3팁이 정확히 안 가고 팔로우도 되지 않습니다. 팔로우는 약간 시간이 필요합니다.
   안정적 자세로 치고나서 시간을 두고 브릿지를 때셔야 합니다.

▶ 유튜브에서 **당구뽀개기 조이의 짧은 각** 검색 또는 좌측에 **QR코드**를 통해서 배우실 수 있습니다.

①. 35 와 $\frac{1}{2}$ 시스템(조이의 짧은 각 시스템) 기본 개념

▶ **35포인트**에서 위 조건에 맞추어 코너를 향해 공략하시면 수구는 제자리로 돌아옵니다. 수구의 수 3쿠션 수 1쿠션 수 모두 **프레임 포인트 기준** / 35포인트에서 코너를 칠 때 공을 코너로 보내는 것이 아니라 **큐선이 35에서 코너를 향해야** 제자리로 돌아옵니다.

보정수 30   15   0

3시 3팁 공식 : (수구수 + 35)× $\frac{1}{2}$ = 3쿠션수
정답 : (35 + 35)× $\frac{1}{2}$ = 35
편법 정답 : 35라인에서 수구수와 3쿠션수 동일

한계구역
35포인트 안쪽구역

수구수 / 3쿠션수   40 35 30   20   10   0

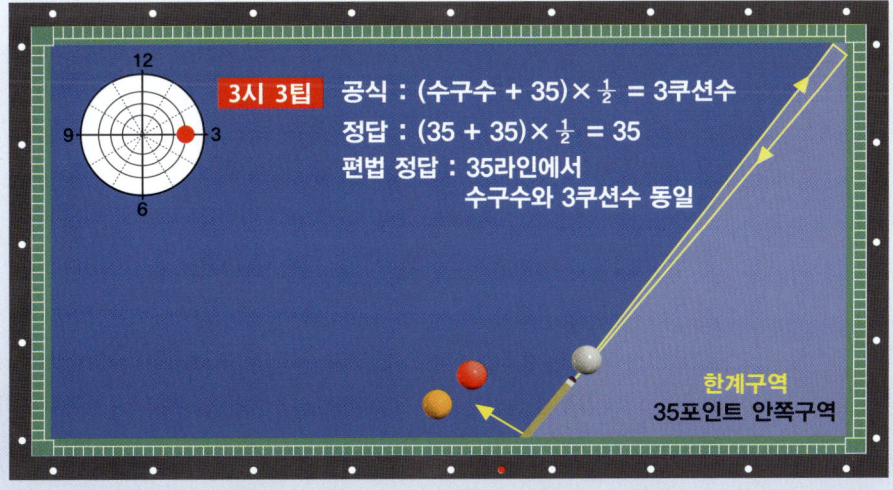

3쿠션은 설계이다
쉬운 공은 실수 없이 안정적으로 / 어려운 공은 창조적으로

②.10출발 22.5도착

▶ 수구수 **10포인트**에서 출발하여 공식에 적용하시면 **22.5포인트**로 도착하여 득점이 됩니다. 그런데, 여기서 편법으로 수구 출발과 **35포인트의 절반** 위치가 **22.5**란 것을 눈 짐작으로도 확인이 가능합니다.

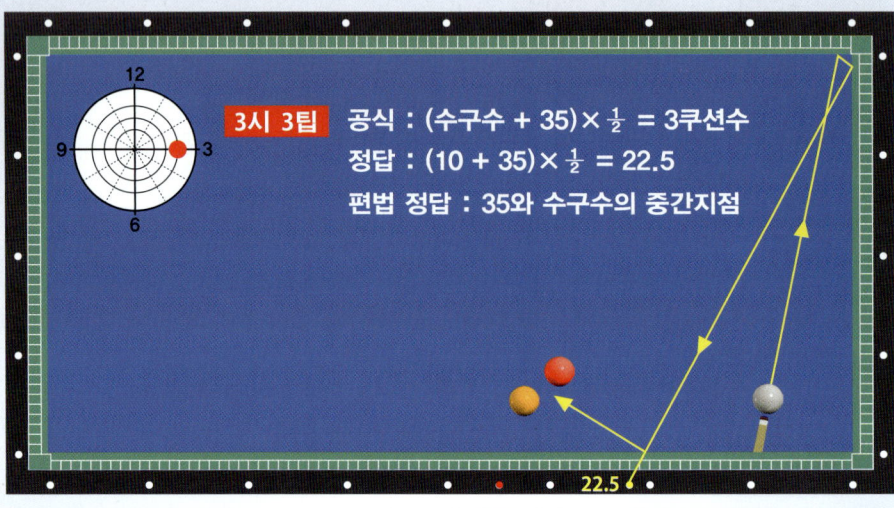

3시 3팁
공식 : (수구수 + 35) × $\frac{1}{2}$ = 3쿠션수
정답 : (10 + 35) × $\frac{1}{2}$ = 22.5
편법 정답 : 35와 수구수의 중간지점

③.10출발 22.5도착 빗겨 치기

▶ 수구수 **10포인트**에서 출발하여 공식에 적용하시면 **22.5포인트**로 도착하여 득점이 됩니다. 파이브앤하프시스템에서는 수구 15출발이므로 코너를 최대한 치시더라도 득점이 어렵습니다. 그런데, **3팁 당점**이면서 코너각이기 때문에 더 많이 꺾이게 되어 득점이 됩니다.

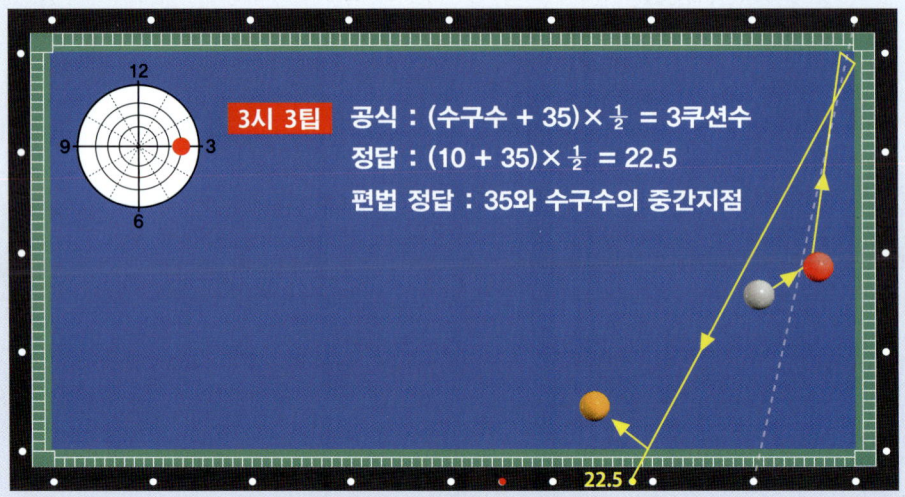

3시 3팁
공식 : (수구수 + 35) × $\frac{1}{2}$ = 3쿠션수
정답 : (10 + 35) × $\frac{1}{2}$ = 22.5
편법 정답 : 35와 수구수의 중간지점

3쿠션은 설계이다
쉬운 공은 실수 없이 안정적으로 / 어려운 공은 창조적으로

④. 10출발 22.5도착 옆 돌리기

▶ 수구수 10포인트에서 출발하여 공식에 적용하시면 22.5포인트로 도착하여 득점이 됩니다. 아래와 같이 옆 돌리기 역시 3번과 같은 형식으로 득점이 됩니다.

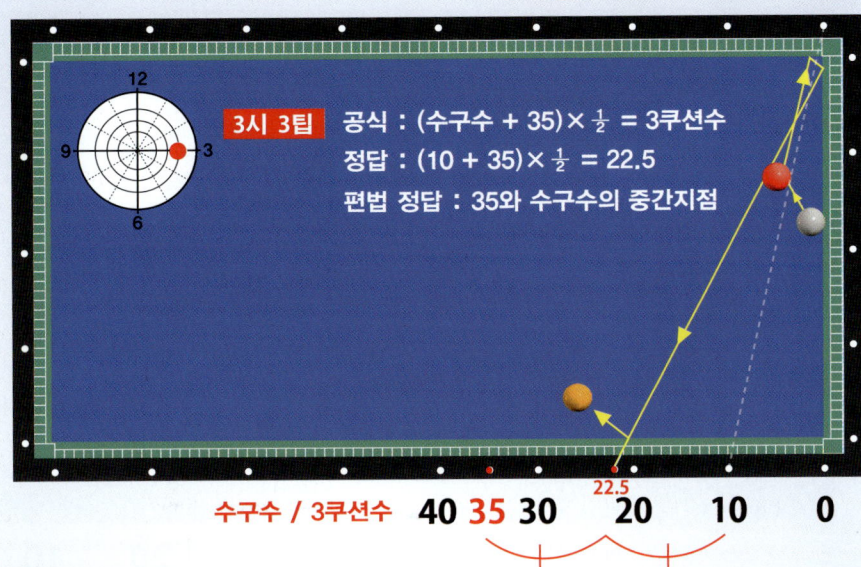

3시 3팁

공식 : (수구수 + 35) × $\frac{1}{2}$ = 3쿠션수
정답 : (10 + 35) × $\frac{1}{2}$ = 22.5
편법 정답 : 35와 수구수의 중간지점

⑤. 10출발 15도착 보정값 7.5

▶ 수구수 10포인트에서 출발하여 공식에 적용하시면 22.5포인트로 도착합니다. 그런데 아래의 경우는 15포인트로 들어와야 득점이 되므로 보정값 7.5포인트를 향해 겨냥하시면 득점이 됩니다.

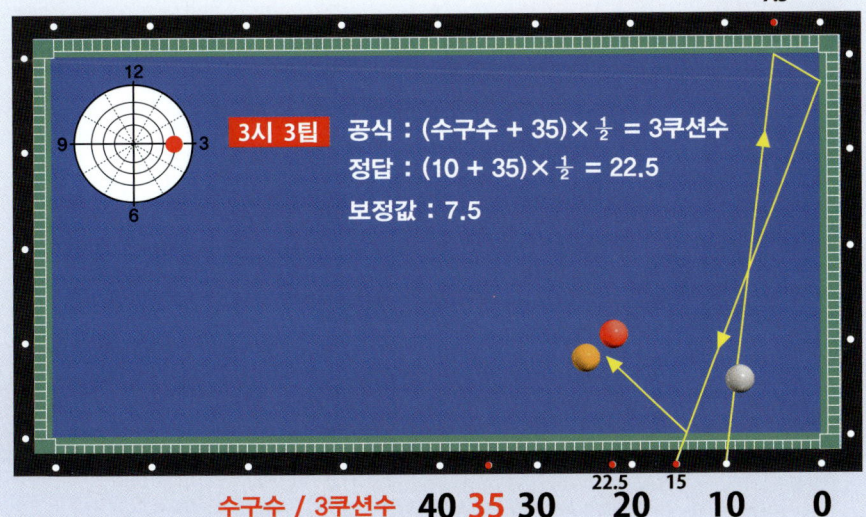

3시 3팁

공식 : (수구수 + 35) × $\frac{1}{2}$ = 3쿠션수
정답 : (10 + 35) × $\frac{1}{2}$ = 22.5
보정값 : 7.5

쓰리뱅크샷

3쿠션에 꼭 필요한 시스템 유튜브 핵심 강의 총정리

⑥. 20출발 27.5도착 빗겨 치기

당구 뽀개기 Tip

▶ 수구수 **20포인트**에서 출발하여 공식에 적용하시면 **27.5포인트**로 도착하여 득점이 됩니다.

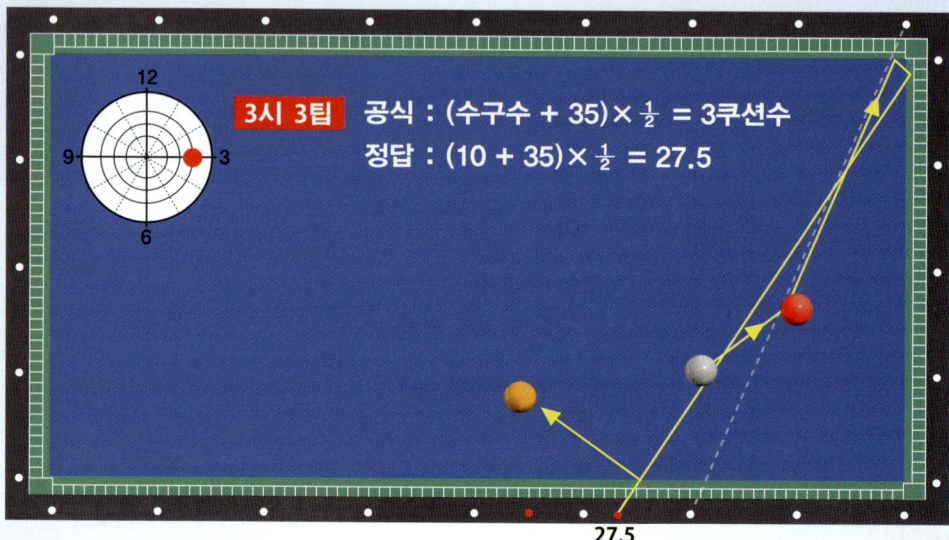

⑦. 25출발 30도착 (4쿠션 값 30포인트)

당구 뽀개기 Tip

▶ 파이브앤하프 시스템에서 4쿠션이 25포인트이지만, **조이 시스템**에서는 **이 지점이 30**이 됩니다. 수구 25포인트 출발이므로 공식에 적용시키면 3쿠션 **30포인트로 입사**가 되어 득점이 됩니다.

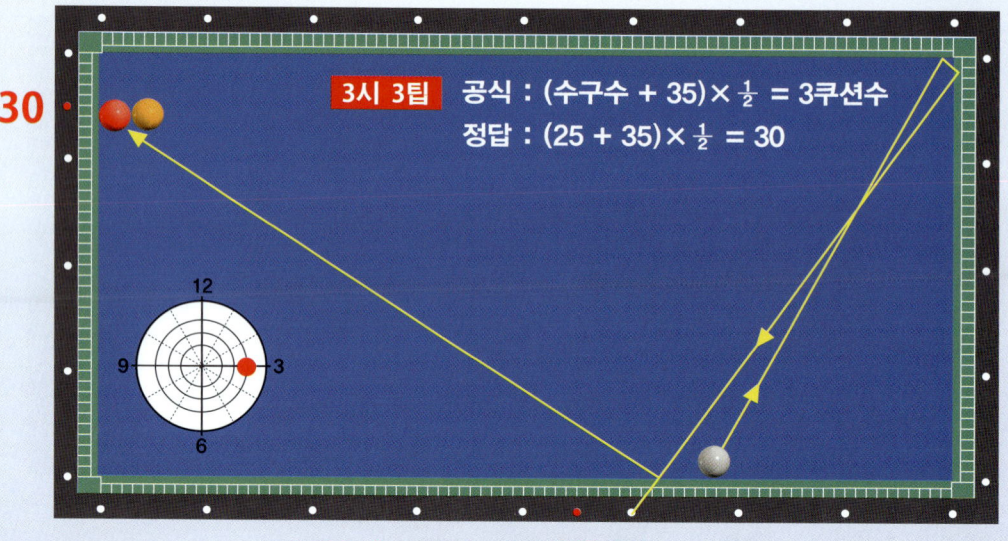

3쿠션은 설계이다
쉬운 공은 실수 없이 안정적으로 / 어려운 공은 창조적으로